李盛兵 主编

KUAGUO GAODENG
JIAOYU RENCAI
PEIYANG MOSHI YANJIU

跨国高等教育人才
培养模式研究

人民出版社

目　录

下篇　中国跨国高等教育人才培养模式

前　言

　　人才培养模式是跨国高等教育进入一定发展阶段所必须面对的核心问题。在我国,以"中外合作办学"为主要内涵的跨国高等教育发展,在经历了最初几年"跑马圈地"式的粗犷发展之后,以质量为关注点的人才培养模式及其研究逐渐被提到议事日程上。2004 年后,教育部暂停中外合作办学项目审批也从另一个角度佐证并保证了各合作办学单位对中外合作办学人才培养模式的重视和相关研究。

　　在此种背景下,我们于 2005 年承担了广东省教育厅"关于广东省中外合作办学人才培养模式探索与实践"的重大教改课题。课题组历时三年,通过多方收集资料和深入调查研究,形成了较为翔实系统的研究报告。在研究广东省中外合作办学人才培养模式的同时,我们还把视野投向了一些跨国教育发展各具特色的国家和国内其他省份的中外合作办学项目,选择了其中一些有代表意义的案例进行了深入的分析。在比较分析中,我们对涉及跨国高等教育人才培养模式的一些基本概念问题做了厘清,并以此奠定了本研究的理论基础。在针对广东省中外合作办学项目的实践研究中,高等教育理论研究工作者和中外合作办学项目的管理者一起合作,在理论—实践之间的数次穿梭来往后,最终形成了我们关于跨国高等教育人才培养模式的整体认识。

一、对跨国高等教育研究中若干概念的认识

　　(一)何谓跨国高等教育。跨国高等教育是在第三级教育领域发生的跨国办学现象,关于跨国教育的内涵问题,不同的组织和学者从不同的方面进行了相关探讨。在国际组织层面上,跨国教育全球联盟(Global Allinace of Tnan-snational Education,GATE)在 1998 年正式颁布的"跨国教育原则"认为:跨国

教育指的是任何教与学的活动,其中学习者学习的所在国(本土国)与教育提供国(宗主国、东道国)不是一个国家。根据联合国教科文组织(UNESCO)和欧洲理事会(Council of Europe)的工作定义,跨国教育指学习者不在颁证机构所在国而是在另一国接受的由该机构提供的各种高等教育学习项目、课程或教育服务(含远距离教育)。① 在国内学者层面上,有学者把跨国教育简单界定为:"跨国教育,顾名思义,是指一国到另一国实施的教育。"② 还有学者在梳理西方跨国高等教育概念研究的基础上提出了自己的观点,可以归纳为:"跨国高等教育是指跨越国家(司法的和地理的)边界提供教育的现象,而且主要指教育提供机构跨越边界提供教育的现象,而不包括学生跨越边界到教育机构所在国家学习的方式。"③ 还有学者在归纳跨国教育共同点的基础上认为:"跨国教育是通过机构流动和项目流动,旨在为他国学生单独或合作提供高等教育的办学活动。"④ 总体来讲,虽然国内学者对跨国教育概念论述在具体语词表达上区别于国际组织,但基本上仍是国际组织概念的简略或延伸。

由于跨国教育研究时间较短,缺乏约定俗成的定义,国际组织、学术人员研究内容和视角不同等原因,在跨国教育研究领域内涌现出无边界教育、跨境教育、国际合作办学、跨国办学、跨国合作办学、海外教育、中外合作办学、境外办学、跨国高等教育、跨边界教育、国际教育、跨国界教育等相关概念,这些概念之间或交叉、或等同、或包含与被包含,形成了错综复杂的关系。

在历史梳理和现实分析的基础上,我们认为跨国教育的基本内涵有三点:第一,形式上必须有项目或机构的流动,输出国方面有一定的实物投入(主要指资金、设备、师资、课程等),交换生、单纯的学术交流项目等不含在内。第二,输入国必须有"不出国门留学"现象的发生,招收的对象应该以当地学生为主。例如,传统意义上的留学生教育不含在内(部分海外分校或项目招收一定留学生,则属于该研究范畴,像莫纳什大学马来西亚分校)。第三,跨国

---

① 参见 UNESCO—CEPES. Code of Good Practice in the Provision of Transnational Education[Z]. Bucharest:UNESCO—CEPES,1999。
② 陈昌贵:《跨国教育:一个不可忽视的新课题》,《高等教育研究》2006 年第 4 期。
③ 粟晓红、姜凤云:《西方关于跨国高等教育的研究:概念和问题》,《北京大学教育评论》2007 年第 2 期。
④ 顾建新:《跨国教育发展理念与策略》,学林出版社 2008 年版,第 51 页。

教育不等同于地理意义上的跨越国界,还包括概念上的,例如,现代远程教育。按照以上分析,可以确定国际合作办学、跨国办学、跨国合作办学、中外合作办学、境外办学、跨国高等教育属于跨国教育研究范畴,其中跨国高等教育是最常见的形式。

（二）何谓中外合作办学。中外合作办学萌芽于20世纪70年代末,发展于90年代,是伴随着改革开放而在教育领域内出现的新事物,随着办学规模的扩大,国家先后颁布政策,对这种教育现象进行了界定,并在学术界达成共识,成为理论研究和实践研究的基础。

原国家教委在1995年1月26日颁布的《中外合作办学暂行规定》将中外合作办学定义为:是指外国法人组织、个人以及有关国际组织同中国具有法人资格的教育机构及其他社会组织,在中国境内合作举办以招收中国公民为主要对象的教育机构,实施教育、教学的活动。

进入新世纪,鉴于合作办学的主体混乱,违规操作活动不断出现,国务院先后于2003年3月和2004年6月分别颁布了《中外合作办学条例》及《中外合作办学条例实施办法》,在这两份文件中对于办学主体进行了更为清晰的说明并重点强调办学活动的合法性,将中外合作办学界定为:是指中国教育机构与外国教育机构依法在中国境内合作举办以中国公民为主要招生对象的教育教学活动。从政策内容和办学实践看,中外合作办学的内涵至少可以归结为以下几个方面:1. 在办学形式上,包括办学机构和办学项目两种,其中办学项目是指中国教育机构与外国教育机构以不设立教育机构的方式,在学科、专业、课程等方面合作开展的以中国公民为主要招生对象的教育教学活动。2. 在办学性质上,中外合作办学属于公益性事业,是中国教育事业的组成部分,中外合作办学机构不得从事营利性经营活动。同时,国家鼓励在中国西部地区、边远贫困地区开展中外合作办学。3. 在办学目的上,主要是引进国外优质教育资源,基于此,国家鼓励中国教育机构与学术水平和教育教学质量得到普遍认可的外国教育机构合作办学,2007年4月教育部公布的《教育部关于进一步规范中外合作办学秩序的通知》中,提出今后本科以上高等学历教育的中外合作办学机构和项目的审批,将以外国院校和项目的知名度作为主要依据。4. 在办学层次上,以高等教育为主体,实行有限开放,不得举办实施义务教育和实施军事、警察、政治等特殊性质教育的机构。

值得注意的是,中外合作办学并不是跨国高等教育在中国实践的唯一形式,完整意义上讲,跨国高等教育包括高等教育领域内中外合作办学和境外办学两种教育活动,但由于目前我国整体还处于引进优质资源,追赶国外高等教育的输入状态,因此,中外合作办学也就成为本研究关注的重点。

(三)何谓人才培养模式。查阅近年来的资料,我们可以列举出几十种人才培养模式的解释。为什么会有这么大的分歧?因为构成"人才培养模式"概念中的"人才培养"和"模式"两个概念本身就十分复杂。

人才培养就构成要素上来说,包括人才培养者、人才培养措施和人才培养对象三个。就范围来讲,包括社会的人才培养和学校的人才培养两种,通常所指的人才培养即学校的人才培养。学校的人才培养是学校的人才培养者采取某种人才培养措施以使人才培养对象(学生)的身心发生合乎目的的变化的活动。也就是说,人才培养者在培养活动开始之前就预先设立了一个目标,通过采取一定的措施作用于培养对象,以使培养对象的身心发生变化。如果培养对象达到了培养者预先设立的目标,那么,一个培养过程就算完成了。由此可见,在人才培养过程中,培养目标和培养措施是两个必不可少的重要因素。

按照《现代汉语词典》的解释,"模式"指"某种事物的标准形式或使人可以照着做的标准样式"。由此,人才培养模式即人才培养的标准形式或使人可以照着做的人才培养标准样式。《现代汉语词典》对"标准"有两种解释:1. 衡量事物的准则;2. 本身合乎准则,可供同类事物比较核对的事物。人才培养模式中的"标准"取第二层意思为宜。

综上所述,我们可以对人才培养模式做一个概括:人才培养模式即人才培养的标准形式(或样式),它合乎一定的准则,使人可以照着做。这个概念包括以下几层含义:1. 人才培养模式是建立在一定人才培养思想或理论基础之上的,可以把人才培养模式看成是某种人才培养思想或理论的应用化、具体化、操作化。2. 人才培养模式并不是唯一的,作为人才培养的标准形式(或样式)是相对于同一人才培养思想或理论指导下的其他人才培养形式而言的。建立人才培养模式的人才培养思想或理论不同,人才培养模式就会不一样。3. 人才培养模式是较为稳定的人才培养活动结构框架和活动程序,这种结构框架和活动程序具有可复制性。4. 人才培养模式具有规范性和可操作性。5. 从整体构成看,人才培养模式包括培养目标、培养过程、培养制度和培养评价四个方面。

二、外国跨国高等教育人才培养模式

高等教育在许多方面是以满足各自所属的历史时期的不同程度的需要来获得各自的合法地位的,跨国高等教育的产生和发展也是现实需求的产物。对于教育欠发达国家来说,是积极引进国外优质教育资源,利用先进的办学观念和办学模式,培养适应经济全球化人才和提高高等教育水平的需要;对于教育发达国家而言,是输出本国教育资源,积极参与国际市场竞争,获得良好的经济效益的需要以及其他政治和文化的需要。目前,世界上国际学生总数达280万人,海外分校有162家。

在长期的历史发展和激烈的竞争中,世界范围内基本上形成了以美、英、澳、加等为主体的输出国和以新加坡、马来西亚及中国等为代表的输入国。由于办学理念、传统和制度等方面存在差异,各国在发展跨国高等教育方面采取的方式也有所不同,从而形成了独具特色的人才培养模式。本书第一部分共六章对国外跨国高等教育人才培养模式的基本情况进行了叙述总结。

第一章,美国跨国高等教育人才培养模式。美国对跨国教育的关注较晚,但发展迅速,呈异军突起之势。可以预见,21世纪,在经济全球化浪潮的推动下,凭借雄厚的高等教育实力,美国必将在跨国高等教育领域占据一席之地。美国跨国高等教育主要形式包括海外分校、姐妹项目、虚拟大学和公司大学等。通过对霍普金斯—南京中心和日本天普大学案例研究得出,美国跨国高等教育在人才培养模式上具有培养目标明确、师资来源多样化、培养和质量保障制度完善等特点。

第二章,英国跨国高等教育人才培养模式。英国跨国高等教育历史悠久,殖民时代建立的海外分校被认为是跨国教育的滥觞。第二次世界大战后,虽然英国的政治、经济地位有所下降,但在世界经济一体化浪潮推动下,其跨国高等教育活动仍然十分活跃。据英国文化协会预测,2020年英国跨国教育项目参与学生人数将达到35万人,成为英国高等教育不可或缺的组成部分。英国跨国高等教育主要有海外分校、课程衔接和远程教育三种形式,在人才培养模式上具有多样化、培养制度严格和质量监控体系完备等特点。

第三章,澳大利亚跨国高等教育人才培养模式。凭借产业化的理念和各方面的高度重视,澳大利亚建立了规模庞大的跨国高等教育系统,成为世界跨国高等教育的领跑者。澳大利亚跨国高等教育办学形式主要有要有特许经营、课程衔接、海外分校、合作机构和远程教育五种。在长期的发展过程中,澳大利亚跨国高等教育形成了独具特色的人才培养模式,通过总结莫纳什大学马来分校工商学士(会计方向)和上海大学悉尼工商学院会计专业两个项目的办学模式可以发现,澳大利亚跨国高等教育人才培养模式具有国际化的人才培养目标、重视教师的输出和培养、课程设置与合作方实际相结合、应用型人才培养强调实践等特点。

第四章,加拿大跨国高等教育人才培养模式。加拿大高等教育发展自始就具备跨国性特点。在高等教育发展的初期,加拿大跨国高等教育的主要特点是教育输入。伴随着教育改革和交流的不断深入,加拿大高等教育逐渐从世界体系的边缘走向中心,并完成了从输入到输出的历史性转变。整体来看,加拿大跨国高等教育人才培养模式呈现出多样性、教学方法丰富、师资构成国际化等多种特征。

第五章,新加坡跨国高等教育人才培养模式。新加坡高等教育发展历史较短,但速度惊人,这与其跨国高等教育发展战略紧密相关。1998年,新加坡政府提出"在10年内至少引进10所世界一流大学"的目标,通过引进办学理念、课程、师资和教学方法等,新加坡一跃成为东南亚高等教育中心。通过长期发展,新加坡跨国高等教育形成高起点、高层次、高标准和注重全方位国际化的人才培养模式,成为教育输入国引进国外优质教育资源的成功典范。

第六章,马来西亚高校跨国合作办学人才培养模式。马来西亚跨国高等教育的发展是历史、政治和经济等多方面因素作用的产物。20世纪90年代以来,马来西亚政府以"实现成为亚洲卓越的高等教育中心"为目标,加大对国外高等教育机构和项目的引进力度,实现了本国高等教育规模与质量的跨越式发展,引起了各国尤其发展中国家的广泛关注,在跨国高等教育人才培养模式上逐渐形成了国际化的人才培养目标、移植式的课程设置、灵活多样的教学方法和评价方式、注重发挥母体高校的优势等特点。

三、中外高校合作办学人才培养模式

本书的第二部分是探讨中外高校合作办学人才培养模式。随着我国对外开放的领域不断扩大以及教育改革的不断深入,中外合作办学发展十分迅速,办学规模逐步扩大,办学层次逐渐提高,办学模式也趋于多样化。目前,中外合作办学这种形式已经成为我国教育事业的重要组成部分,构成了我国教育发展的新格局。2009 年,共有中外合作办学机构和项目近 1000 个,服务对象超过 10 万人。

考虑到中外合作办学的特殊性,本研究主要根据项目双方合作的程度以及人才培养的类型来提炼和归纳人才培养模式。通过对中欧国际工商学院 MBA、北京大学光华管理学院"1+1"MBA、广东外语外贸大学中英合作办学、华澳国际会计学院合作办学、广州大学中法旅游学院合作办学、广东技术师院中英合作办学、华南师范大学 RMIT"1+2"商务本科和广东农工商职业技术学院 BTEC 这八个中外合作办学项目的调研和分析,我们总结出移植式、嫁接式和本土式三种模式,并分章节对八个项目人才培养模式进行专题介绍。

第七章,中欧国际工商学院全日制本土化 MBA 人才培养模式。中欧国际工商学院成立于 1994 年,是由上海交通大学和欧洲管理发展基金会合作举办的,以培养具有参与国际合作与国际竞争能力的高级经营管理人才为目标,属于研究生层次的本土式应用型人才培养模式。经过十多年的发展,在人才培养模式上形成了注重国际化、严格控制生源质量、采用多元互动的教学方式、强调对 MBA 学生综合素质和能力的培养,重视商业道德和社会责任教育、重视非教学途径。

第八章,北京大学光华管理学院"1+1"MBA 人才培养模式。北京大学光华管理学院采用的是学历对接式的全日制 MBA 教育模式,这类教育模式又称为两段式,即在国内商学院学习一年,在国外大学学习一年,这种分段联合培养模式,充分保留了双方各自的教学模式,属于研究生层次的本土式应用型人才培养模式。在发展过程中,北京大学光华管理学院"1+1"MBA 项目在人才培养模式上形成了综合+专业、"对接式"强强联合、重视通才教育和本土教材建设等特点。

第九章,广东外语外贸大学中英合作办学人才培养模式。该项目于2002年经国务院学位委员会批准,由广东外语外贸大学英语语言文化学院和英国利兹大学教育学院合办,属于本科层次的嫁接式应用型人才培养模式,即把英国利兹大学教育学院TESOL的学位、课程、教材、师资及评价与广东外语外贸大学英语语言文化学院的课程、教材和师资相嫁接,培养具有TESOL新理论、新观点和新方法的高素质英语教师。该项目人才培养模式具有深度合作性、强调应用型等特点,同时,也存在着缺乏对实践教学的指导、中英教学人员缺乏有效沟通等问题。

第十章,华南师范大学华澳国际会计学院人才培养模式。华澳国际会计学院成立于2002年,是经国家教育部和国务院学位办批准的中外合作办学机构,学院的合作方为南昆士兰大学。该项目的人才培养模式为本科层次的嫁接式应用型,其主要特点在于深度合作性、应用性、专业化和国际化等,存在的问题包括中方教师水平难以达到要求、本土化课程比例难以达成共识等。

第十一章,广州大学中法旅游学院合作办学人才培养模式。中法旅游学院项目由广州大学与法国昂热大学、尼斯大学合办,是中法两国政府的交流合作项目,于2002年经广东省政府批准,属于本土式应用型人才培养模式。该项目的特点是本土色彩浓厚、重视外向型和应用型人才的培养,与此同时,这一融入式应用型的模式在实施过程中存在的问题也是显而易见的,主要体现在合作深度不够、非营利项目使法方持续合作动力不足等。

第十二章,广东技术师范学院中英跨国高等教育人才培养模式。广东技术师范学院与英国哈德斯费尔德大学合作举办的“教育管理与发展学士学位”于2004年经国务院学位办公室正式批准,属于本科层次的移植式应用型人才培养模式。该项目的特点在于全面移植和较强的应用性,缺点在于英方集中面授的教学方式影响学生与教师的沟通及学生对课程的理解、缺乏实践环节等。

第十三章,华南师范大学RMIT“1+2”商务本科项目人才培养模式。华南师范大学RMIT“1+2”商务本科项目于2001年经广东省教育厅批准创办,合作方为澳大利亚皇家墨尔本理工大学,属于非学历教育性质的移植型应用人才培养模式。该项目人才培养的特点包括重视英语语言培训、保证专业课程的质量,注重应用性人才的培养、教学评价系统合理等,同时,也存在着澳方教师在中方教学时间较短、学生入学质量不高等问题。

第十四章,广东农工商职业技术学院 BTEC 人才培养模式。广东农工商职业技术学院和英国商业与技术教育委员会(BTEC)、英国爱德思国家学历及职业资格考试委员会(Edexcel)合作举办的 BTEC 教育项目是两国政府的合作交流项目。2009 年 9 月,该项目被确立为广东省中英职业教育合作项目,人才培养模式属于移植式应用型。该项目的特点是重视学生个性的发展和个人潜能的开发、重视社会实践等,缺陷在于,由于成本问题英方的教师没有参与专业课的教学、中方教师的培训需要加强等。

本书以广东省中外合作办学人才培养模式实践为缘起,但在研究中并未局限于此,而是从比较和实践两个视角和方法出发,以前者来拓宽视野,以后者来深入问题,力图从广度和深度上来全面反映国际、国内跨国高等教育人才培养模式的概貌,分析其特点和存在的问题。在这个意义上,也可以说本书是一本系统研究跨国高等教育人才培养模式的著作。

上　篇
外国跨国高等教育人才培养模式

第一章　美国跨国高等教育人才培养模式

经济全球化的浪潮正以其前所未有的力量影响着各国的高等教育,在此背景下,各国都大力倡导和发展高等教育国际化,而跨国高等教育正是其中的一种主要实践形式。美国拥有世界最发达的高等教育系统,是跨国高等教育的主要提供国之一,尽管美国目前尚没有关于跨国高等教育的权威统计数据,但不可否认的是,美国高等教育服务贸易的发展速度和规模是令人瞩目的,其在全球跨国高等教育中占有举足轻重的地位。

第一节　美国跨国高等教育的发展

一、美国跨国高等教育历史

17 世纪基督教会在世界各地举办教会学校的行为可以视为跨国教育的最初萌芽,而工业革命之后,西方列强在海外殖民地创办的各类高等院校,包括附属于宗主国的海外分校等,也可看做是跨国教育的早期形式。

但一般认为,美国跨国高等教育的发展历史相对来说要短些,其发展的源头一般追溯至第二次世界大战以前的教育援助政策。第二次世界大战前,尽管美国在教育政策方面较多地关注国内的发展,但也存在一定数量的对落后国家的教育援助项目,但总的来说规模较小。这种教育援助主要由教育人士、慈善性基金会和教会等民间团体组织进行,联邦政府很少参与,更无相关的法规政策引导,同时高校也极少介入其中。此外,这种教育援助还有个突出的特点,即很少会考虑到不同社会和文化之间的差异,援助往往都是将本国的教育模式照搬到其他国家。

第二次世界大战以后,美国联邦政府在关注国内教育的同时,也开始注重国际教育的发展,这一时期,美国颁布的相关法案和成立的相关机构主要有:1. 1946 年,国会通过《富布赖特法案》(*Fulbright Act*)。该法案规定把美国在海外的剩余财产(第二次世界大战结束时的战争物资)用做美国学生和教授在国外讲学和研究的基金;同时设立奖学金计划,支持外国学生和学者来美国学习和从事研究活动。此后,美国的高校逐渐开始了与其他国家的双向交流计划,教师与学生的国际流动呈现出快速发展的趋势,美国成为世界各国学者汇集之地和国际学生教育中心。① 2. 1958 年,美国国会通过《国防教育法》(*National Defense Education Act*)。该法案除了支持现代外语的教学和地区研究中心外,还规定资助学者的国际交流。"事实上,《国防教育法》以及后来的历次修正案是战后美国联邦政府一次最重要的、影响最深远的支持国际教育的努力。在该法案的资助下,美国高校出现了一大批现代外语教学和国际研究中心。"② 3. 1961 年,美国成立了国际开发总署(Agency for International Development)。该署的成立主要是为了向第三世界国家提供经济、技术和文化上的援助,但其中也包含部分院校的海外教育合作计划,一些美国高校在此期间和海外大学之间建立起最早的校际联系,这种联系包括教师、教材的支持和外国学生的训练等。4. 1966 年,美国国会正式通过了《国际教育法》(*International Education Act*),该法通过授权政府资助高等院校改善国际课程教学,扩大国际交流活动,进一步反映了美国联邦政府对于高等教育在全球扩张的强烈兴趣。

此外,第二次世界大战后的教育援助也得到了更大程度的发展,除第二次

---

① 参见陈学飞:《高等教育国际化:跨世纪的大趋势》,福建教育出版社 2002 年版,第 37 页。

② 陈学飞:《美国、德国、法国、日本当代高等教育思想研究》,上海教育出版社 1998 年版,第 97 页。

世界大战前的慈善性基金会和教会等民间团体组织外,政府也制定了相应的支持措施,同时,高校也开始积极参与此类活动。第二次世界大战期间,美国国会为了巩固其在美洲的成果,于1939年通过了旨在促进美洲国家合作的法案,授权联邦政府支持科技、教育信息和技术的外援计划。1947年,美国制定了向欧洲战乱的受害国家提供财政和其他援助的马歇尔计划(Marshall Plan)。1950年,《国际发展法案》(the Act for International Development of 1950)进一步扩大了援助的对象,而且援助项目除了包括经济、技术、工程、农业等项目外,还增添了教育援助。1961年,美国颁布了《国外援助法》(Foreign Assistance Act),把大学当做对外援助和履行技术援助计划的主要机构,并促成大学建立承包契约制度以担负提供技术的任务。受此推动,美国高校参与国际教育援助活动的积极性和主动性都得到了很大的提高。据统计,1967—1968学年度,美国有82所院校参与了国际发展署的251项技术援助计划,此外还有8所高校联手倡导和实施了10个技术援助计划。1951—1969年,美国高校根据教育援助合同对来自75个国家的11000余名人员进行了教育训练,并派出大量的外援人员,如派英语教师到亚、非、拉从事推进英语学习工作。①

美国大学早在20世纪60年代初就率先在欧洲建立海外分校。20世纪70年代以来,由于双边教育合作的异军突起,传统的技术援助形式开始逐步让位于强调伙伴关系、相互尊重和互惠的国际合作,各国的跨国教育都开始有了较大程度的发展。80年代以后,各国的跨国高等教育都进入了一个大发展时期,不论是学生在不同国家之间的流动,还是大学到其他国家开办分校或设立联合课程项目等,都昭示着跨国高等教育已然成为一股不能阻挡的发展潮流。在这个时期,美国跨国高等教育的主要途径是建立海外分校,其中有很大比例的高校选择在日本建立分校,继1982年Temple大学在日本设立分校后,美国高校在日本设立的分校曾一度达到30余所,但后来因为各种原因,大部分先后被关闭或解体,延续至今的只剩3所。②

进入90年代后,美国高校继续重视与国外同行开展国际合作,共同进行

---

① 参见王廷芳:《美国高等教育史》,福建教育出版社1995年版,第313—317页。
② 参见叶林:《美国大学在日分校的历史、现状和将来》,《清华大学教育研究》2005年第1期。

合作研究、合作培训、联合办学、共同开发等合作项目。如 1990 年，美国高校同澳大利亚高校分别签署了 8 项合作研究和 9 项共同研究协议。至 1992 年，约有一半的美国研究型大学和四年制大学同中欧和东欧国家开展了民用工业等形式多样的国际合作项目，其中由几所著名大学联合在波兰、捷克、斯洛伐克等国开设商业人才培训中心就是一个典型案例。此外，这一时期由 75 所小型私立四年制大学组成的基督学院联合会（Christian College Consortium）在苏联加盟共和国几所大学帮助实施的工商管理硕士教学计划也是颇具意义的一个项目。①

21 世纪，在经济全球化浪潮推动下，美国高校的跨国高等教育都会继续其强劲的发展势头。据有关的数据显示，2001 年美国在海外建立分校或者开设课程的高等教育机构中，获得认证的机构有 225 所，其中有 9 所通过美国国家认证机构认证，194 所通过地区认证机构认证，22 所通过专业认证组织的认证。② 尽管美国高校跨国高等教育已颇具规模，但美国国际高等教育专家菲利浦·G. 阿特巴赫却认为，"澳大利亚和英联邦才是跨国高等教育的领头羊，美国才仅仅在此领域开始占有一定的地位"③。对此，毕竟仁者见仁，智者见智，但有一点相信大家都不会否认，即跨国高等教育的发展必将会引来更多教育界和其他人士的关注。

二、美国跨国高等教育的主要类型

美国高校开展跨国高等教育的形式有多种，其中最主要的有以下几种形式：

第一，设立海外分校。海外分校指的是"一国高等教育机构为了在另一国提供教育计划或证书而在此国建立的校园"④。设立海外分校是美国跨国高等教育最常见的一种形式，自 1982 年美国的 Temple 大学首次在日本设立海外分校之后，其他大学（如斯坦福大学等）也开始在澳大利亚、英国、法国、

---

① 参见王留栓：《美国高等教育国际化进程展望》，《上海高教研究》1995 年第 3 期。

② 参见赵丽：《跨国办学的理论与实践研究》，华东师范大学博士学位论文，2005 年 4 月。

③ Philip G. Altbach, *Higher Education Crosses Borders*, Change. March-April 2004.

④ Irshad Hussain, *Transnational Education：Concept And Methods*, Turkish Online Journal of Distance Education, January 2007.

德国、加拿大和意大利等国设立分校,如 1998 年美国菲尼克斯大学正式在加拿大设立分校,面向不列颠哥伦比亚阿拉伯塔省招生,主要开设管理与信息技术课程。该校是美国最大的私立分校,办学非常成功,其股票已在美国上市。截至 2002 年 9 月,已有菲尼克斯大学、休斯顿大学等 10 所美国高校在温哥华设立了分校。[①] 据不完全统计,目前美国高校与教育服务公司在全世界 42 个国家设有 84 所分校或具有美国学位授予权的办学项目。[②] 美国高校的海外分校不但招收当地的学生,而且还为本国的学生提供到外国学习的机会,如 Temple 大学和芝加哥大学都制订了相关的计划。

第二,建立姐妹合作关系。与国外院校或其他教学、科研机构建立姐妹合作关系,直接送学生或教师到国外姐妹院校或科研机构学习、研究。例如,俄亥俄州的海德堡学院与德国的海德堡大学建立了校际姐妹关系,双方每年都会互换学生或互派教师到对方处学习或访学;艾德蒂斯学院(Adverdist College)每年都安排学生到法国、德国、阿根廷和黎巴嫩的姐妹学校学习。

第三,合办教学与科研机构。此合作形式的主要目的是为双方和第三国培养人才,如霍普金斯大学与中国南京大学设立的"中美文化研究中心",该中心由中美双方主任共同主持日常管理与科研工作,并负责招收具有硕士水平的中美学生各 50 名,以及招收少量第三国家或地区的学生,聘请本国教授来中心任教,学生学习结束后则可获得两校共同承认的学分和学习证书。

第四,建立跨国工读计划。如奥斯汀和德克萨斯的圣爱德华大学(St. Edward's University)、纽约的福德姆大学(Fordham University)、费城的圣约瑟夫学院(St. Joseph's College)等在拉丁美洲倡办的"工作营"(work-camp)计划。除美国本地高校的计划外,国际组织也制订了类似的计划支持跨国工读,如"卡尔·杜斯伯格协会美国分会"(The American Division of the Carl Duisberg Society)与美国 20 多所高校合作,为德国商、工、农等领域的大学生到美国工读提供机会;"国际技术经验学生交流协会"(The International Association for Exchange of Student for Technical Experience)在 40 个国家开展了工程专业学

---

① 参见张秋萍、谢仁业:《跨国合作办学的国际比较》,《教育发展研究》2002 年第 9 期。
② 参见贺长中:《美国高校在国外建立分校的基本状况》,《世界教育信息》2007 年第 5 期。

生的交流计划,为学生提供了到美国和其他国家企业的实践机会。①

第五,虚拟大学。这是指学习者所需的学习材料先通过邮寄或网上传递来获得,然后在学习者所在国自我组织学习的一种形式。它主要是通过信息通信技术(ICT)和互联网为本国或者国外的学生提供高等教育服务的,能使人们在任意的时间和空间十分便利地通过因特网学习各种课程和其他教育计划。在美国,以虚拟大学参加跨国高等教育的不但有传统的高校(如麻省理工学院的网络课程),还有传媒公司(通常与大学的网络学院合作,如 21 大学)或者网络大学(如亚利桑那州的菲尼克斯大学)。仅 1998 年到 2001 年,美国的网络招生人数就从 130 万发展到 290 万,占通过认证的高校招生人数的 56%。②

第六,公司大学。公司大学起源于 20 世纪美国一些制造业、金融企业的自办培训机构,起初它的服务对象仅限于本国或本公司内部的人员,但如今它作为一种反传统的高等教育形式已然跨越了国家的界限。如享誉世界的摩托罗拉大学,在 1974 年成立之初只是立足于为公司内部的员工提供继续教育和职业训练,到 2003 年已在全球建立了 14 个分校。这些分校,不但为企业内员工提供教育和培养服务,还为企业之外的顾客、供应商和合作伙伴提供咨询或培训服务。由于不断得到完善和发展,2005 年,摩托罗拉大学被亚太人力资源研究协会授予"杰出企业大学奖",同时,它被公认为企业培训、教育和咨询服务的楷模和世界顶尖的企业大学。

第二节　美国跨国高等教育人才培养模式案例研究

一、美国霍普金斯—南京中心(Hopkins-Nanjing Center)③

"霍普金斯—南京中心"位于中国南京大学(在美国亦将其称做中美中心,而在国内它的全称为"南京大学—约翰斯·霍普金斯大学中美文化研究中心,英文名称为 The Johns Hopkins University – Nanjing University Center for

---

①　参见王廷芳主编:《美国高等教育史》,福建教育出版社 1995 年版,第 322—323 页。

②　参见赵丽:《跨国办学的理论与实践研究》,华东师范大学博士学位论文,2005 年 4 月。

③　参见 http://nanjing.jhu.edu/index.html;http://nanjing.jhu.edu/index.html,2008-7-1。

Chinese and American Studies），它是美国约翰斯·霍普金斯大学（Johns Hopkins University）和中国南京大学共同创办的教学与研究机构。1979 年 11 月，时任南京大学校长的匡亚明率领"文化大革命"后的第一个高校代表团访问美国，并和当时的霍普金斯大学校长史蒂文·穆勒（Steven Muller）达成了联合建立一个旨在培养从事中美两国和国际事务的高级专门人才的教育机构的初步共识。1981 年 9 月，穆勒校长亲自率领霍普金斯大学代表团到南京访问，并与匡亚明校长签订了《创建中美文化研究中心的协议》。1986 年，中美文化研究中心正式成立。20 年来，中美中心利用其特殊资源优势培养了大批跨学科、复合性的涉外人才。从中心毕业的 1700 余名校友活跃在中美两国以及世界各地的政府、企业、高校、科研机构、媒体、非政府组织等各个部门。他们中有美国驻中国的高级外交官、跨国公司总裁以及国际著名学者等。可以说，这些校友今天已经成为中美两国在经济、政治、法律、外交、文化和社会等领域的精英。

目前，中心联合办学的项目主要有两个：证书计划（Certificate Program，国内将其称之为联合证书项目）和文学硕士（Master of Arts in International Studies，国内将其称之为联合硕士项目）。此外，还有一个专门为霍普金斯大学高级国际研究院（Paul H. Nitze School of Advanced International Studies，SAIS）的学生设立的"五学期计划"（Five-Semester Option），符合条件的学生只要到规定的地点按要求完成规定的学业即可获得中美联合颁发的证书和硕士学位。现选取文学硕士计划作为案例，就美国这种独特的跨国高等教育人才培养模式作出全面而深入的分析。

（一）培养目标

文学硕士计划设立于 2006 年，中美研究中心将其定位于一种跨学科的、应用型的学术性学位，而按照中国的相关规定，该计划的学科分类为法学，专业名称为国际关系。该专业下设国际政治、国际经济、比较与国际法三个主修专业方向。该计划下的所有研究生在入学后都可以从以上三个主修专业方向中任意选择一个作为自己的专业方向。在选择主修专业方向后，所有研究生还必须选择一个辅修或双修的专业方向，但是，中国学生只能选择美国研究为辅修或双修专业方向，国际学生只能选择中国研究为辅修或双修专业方向。

文学硕士计划为学生提供有关中美关系和国际事务的政治、经济、法律、社会和历史等各方面的知识,目的在于训练学生提出与解决有关领域中各类政策性和学术性问题的能力。同时,培养计划中的课程设置也强调训练学生用汉语和英语讨论国际关系中各领域复杂问题的能力,使学生对被引入项目管理和谈判中的中西方不同的文化前提、战略战术以及话语风格有切实的理解。它的培养目标为:造就出能适应当前与未来全球化发展趋势的,能在政治、经济、法律及社会文化等各领域中从事中美两国事务和国际事务的高级专门人才①。

(二)培养过程

1. 课程体系

本计划的研究生应当在两年(四个学期)中完成 14 门课程,其中至少有 10 门课程要用目标语言完成(即中国学生用英语上课,国际学生用汉语上课)。这 14 门课程中有六门为主修专业方向必修课,有两门为指定专业选修课,两门为方法论课程,其他为选修课程。学生至少要选修三门地区研究的课程才能满足辅修的要求,至少要选修六门地区研究的课程才能满足双修(即一个专业方向和一个地区研究方向)的要求。最后,为切实提高研究生的综合素质,中心还专门为地区研究辅修或双修方向的学生开设了丰富多彩的美国研究课程、中国研究课程和跨方向选修课程(详见表 1.1)。

表 1.1　霍普金斯—南京中心文学硕士计划开设的课程

专业或选修方向	课程性质	课程名称	授课语言
国际政治方向	必修课程	中美外交传统	中、英文
	必修课程	当代国际政治	中文
	选修课程	比较政治学	英文
	选修课程	当代中美关系	中文
	选修课程	国际关系理论	英文
	选修课程	国际政治经济学	中文
	选修课程	美国对外政策	英文

① 参见中美研究中心:联合硕士学位项目培养方案[DB/OL].[2008－6－8]. http://zmzx. nju. edu. cn/ZhongMei/page/main96/DisplayInfo. aspx？columnId＝372&articleId＝1077。

续表

专业或选修方向	课程性质	课程名称	授课语言
国际政治方向	选修课程	中国对外政策	中文
	选修课程	国际组织	英文
	选修课程	国际关系史	中文
	选修课程	战略研究	中文
	选修课程	重大国际问题1	英文
	选修课程	重大国际问题2	中文
	跨方向选修课	国际贸易体系	中文
	跨方向选修课	国际金融体系	英文
	跨方向选修课	法律与国际关系	英文
	跨方向选修课	谈判与冲突解决	英文
	方法论课程	中国社会与人文科学研究方法	中文
	方法论课程	论文写作与答辩	英文
比较法与国际法方向	必修课程	国际法	英文
	必修课程	美国法律体系	英文
	必修课程	中国法哲学与法律史	中文
	必修课程	比较中美法律文化	中、英文
	选修课程	美国宪法	英文
	选修课程	中国宪法	中文
	选修课程	中国法律体系	中文
	选修课程	西方法哲学与法律史	英文
	选修课程	谈判与冲突解决	英文
	选修课程	法律与国际关系	英文
	选修课程	环境法	中文
	选修课程	国际人权法	英文
	选修课程	国际组织	英文
	选修课程	国际知识产权法	英文
	选修课程	中国司法制度及其改革	中文
	选修课程	中国商法与经济法	中文
	选修课程	中国民法	中文
	选修课程	中国刑法	中文

续表

专业或选修方向	课程性质	课程名称	授课语言
比较法与国际法方向	选修课程	美国合同法与侵权法	英文
	跨方向选修课	当代中美关系	中文
	跨方向选修课	当代国际政治	中、英文
	跨方向选修课	国际贸易体系	中文
	跨方向选修课	国际金融体系	英文
	方法论课程	中国社会与人文科学研究方法	中文
	方法论课程	论文写作与答辩	英文
国际经济方向	必修课程	中美经济比较	中、英文
	必修课程	国际货币理论与政策	英文
	必修课程	国际贸易理论与政策	中文
	必修课程	数理经济学	中文
	选修课程	宏观经济学	英文
	选修课程	微观经济学	中文
	选修课程	发展经济学	英文
	选修课程	环境经济学	英文
	选修课程	公共部门经济学	英文
	选修课程	全球化研究	英文
	选修课程	东亚经济学	中文
	选修课程	中西方经济关系	中文
	选修课程	国际经济问题	英文
	跨方向选修课	当代中美关系	中文
	跨方向选修课	当代国际政治	中、英文
	跨方向选修课	法律与国际关系	英文
	跨方向选修课	谈判与冲突解决	英文
	专业必修方法论	博弈论	英文
	专业必修方法论	经济统计学	中文
	方法论课程	中国社会与人文科学研究方法	中文
	方法论课程	论文写作与答辩	英文

续表

专业或选修方向	课程性质	课程名称	授课语言
地区（中国）研究辅修或双修方向	中国研究课程	中国人的行为方式与人际关系	中文
	中国研究课程	中国城乡社会	中文
	中国研究课程	中国信仰体系	中文
	中国研究课程	中国政府与政治	中文
	中国研究课程	1949年后的中国历史	中文
	中国研究课程	中国少数民族问题研究	中文
	中国研究课程	中国文化思潮	中文
	中国研究课程	当代中国电影	中文
	中国研究课程	二十世纪中国制度变迁	中文
	跨方向选修课	中国宪法	中文
	跨方向选修课	中国经济法与商业法	中文
	跨方向选修课	中国外交政策	中文
	跨方向选修课	中国法律制度	中文
	跨方向选修课	当代中美关系	中文
	跨方向选修课	比较中美经济	中、英文
	跨方向选修课	比较法律文化	中、英文
	跨方向选修课	中美外交传统	中、英文
	跨方向选修课	中国法哲学与法律史	中文
地区（美国）研究辅修或双修方向	美国研究课程	美国历史	英文
	美国研究课程	美国政府与政治	英文
	美国研究课程	美国种族、族姓和两性问题	英文
	美国研究课程	美国宗教	英文
	美国研究课程	美国文化	英文
	美国研究课程	美国社会体制	英文
	美国研究课程	美国思想传统	英文
	美国研究课程	美国研究专题	英文
	美国研究课程	美国城市化	英文
	跨方向选修课	美国法律体系	英文
	跨方向选修课	美国宪法	英文
	跨方向选修课	美国外交政策	英文

续表

专业或选修方向	课程性质	课程名称	授课语言
地区（美国）研究辅修或双修方向	跨方向选修课	当代中美关系	英文
	跨方向选修课	比较中美经济	英文
	跨方向选修课	比较法律文化	英文
	跨方向选修课	中美外交传统	英文
	跨方向选修课	西方法哲学与法律史	英文
	跨方向选修课	美国合同法与侵权法	英文

　　由于所有被本计划录取的中国研究生都必须具有流利使用英语进行学习的能力，因此本学位项目不再为中国学生开设公共英语课程。同样，所有被录取的国际学生都要求必须具备较流利地使用汉语进行学习的能力。此外，为帮助国际学生顺利完成学业，中美中心还会根据入学后的测试情况，确定国际学生或者免修汉语课程，或者按规定选修一定课时的汉语语言课程。

　　在强调用目标语言完成大部分课程的同时，中美中心还鼓励学生按规定选修少量使用母语的课程，并且在同一课堂中与使用目标语言的同学一起讨论有关课程内容，这样做的目的是要帮助使用不同语言的学生对他们之间的不同的思维风格和话语模式有更深入的理解。对于文学硕士计划而言，所有用英语和汉语开设的课程，除少数方法论课程需要强调目标语言技巧外，其他专业课程和地区研究课程将对所有的学生开放。

　　2. 师资队伍

　　文学硕士计划所有的教师都拥有博士学位或相应的高级专业职称，同时，他们也都拥有较为丰富的教学经验，而且能够胜任指导研究生论文的写作和答辩。此外，这些教师还需要在本专业领域中取得一定的研究成果，并在担任教学任务的同时继续从事学术研究。

　　目前，中心共有 38 位专职教师，其中中方教师 30 位，他们中有 29 位来自南京大学法学院、商学院、公共管理学院、社会学系、历史系和哲学系等多个院系，另外一位来自扬州大学；美方教师委派的专职教师有八位，占专职教师总人数的 21.0%（见图 1.1）。另外，根据调查显示，38 位专职教师中拥有教授或副教授职称的专职教师达 34 位，占总数的 89.5%，其中拥有教授或副教授职称的专职教师分别有25位和九位,占总数的65.8%和23.7%(见图1.2)。

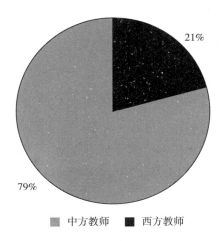

图 1. 1　霍普金斯—南京中心师资来源

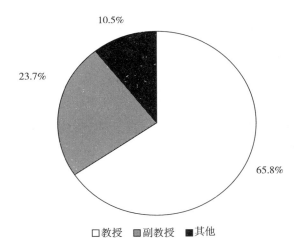

图 1. 2　霍普金斯—南京中心师资职称结构

3. 教学方式

　　文学硕士计划的整个教学过程都坚持美国大学传统的学术自由原则,鼓励学生进行批判性思考和独立的分析、讨论,其中大部分课程使用讨论班方法,通过预先布置小组作业,使得每个学生都有充分的针对性准备,然后再在课程教学过程中组织、鼓励学生的口头表达和多种形式的辩论。

为使学生及时迅速地了解有关领域的各种学术动态,中心还不定时地组织丰富多彩的各类国际与国内学术讨论会,以多种方式让学生参与到一流的学术活动中来。同时,中心每年也会邀请众多国内外资深学者和官员来讲演,近两年曾到霍普金斯—南京中心讲演的就有吴敬琏、李道豫、弗朗西斯·福山、傅高义等多位中外知名学者。另外,中心每年到访的众多国内外重要客人也为学生创造了与社会各界名流面对面的讨论和对话的机会,这可以激发学生产生更活跃的思想,使学生对未来世界有更全面和更深刻的认识。近年来到访中心的重要客人有美国前总统布什、中国前国家领导人万里等著名政治家和美国国会代表团等团体。

在课余时间,霍普金斯—南京中心会经常组织学生开展各种社会实践,如参观江苏的农村、企业和各类机构,利用假期到贫困地区进行教学培训,参观游览南京及周边地区的文化机构与风景区。中心还为学生组织了各种业余文化学习活动,如学习太极拳、中国书法、烹饪等。除此之外,中外学生们也自发组织各种各样的文艺体育活动,如自导自演戏剧、“国际队”与“中国队”的足球赛、羽毛球赛和乒乓球赛等。

(三)管理制度

1. 招生制度

文学硕士计划每年的招生人数为 15 名,培养形式为自筹经费或委托培养,该计划的学制为两年,总培养费为四万元,毕业后可获得美国霍普金斯大学和中国南京大学的硕士学位文凭。计划规定只有大学学习成绩优秀,并获得学士学位的学生(含能准时获得学士学位的普通高校应届本科毕业生)才可以报考,考生必须参加中国的国家研究生招生统一考试,不接受其他形式的单独考试。中国考生还须提供 TOEFL 成绩(600 分以上),以表明具有娴熟使用英语进行学习的能力。

2. 日常管理

中心在南京大学的监督下运行,日常事务必须遵照南京市和南京大学的有关规定,而不是霍普金斯大学的有关规定。日常工作由中美双方各派一名主任共同主持,他们分由霍普金斯大学和南京大学任命,双方主任各自担任本国教授的主席,并对各自录取的学生进行监督并负责管理。主任下面设有副主任若干,分别负责教学和行政工作,同时每位副主任也各自配有助理。霍普金斯大学高级国际研究院在华盛顿专门设有霍普金斯—南京办公室,由主任、发展主任、行政协调人、行政秘书和秘书各一名组成并为中心服务,中心的美方主任受其管辖并对其负责。同时,还设有高级国际研究院南京中心教授委员会,负责对中心美方教授的聘任和国际学生的录取进行监督并对学术上的问题提出建议。另外,霍普金斯大学高级国际研究院还专门针对中心项目设有一个委员会,成员主要由美国的一些大公司的领导组成,委员会的名誉主席是美国前总统布什,委员会主要任务是为中心提供纲领性的建议和致力于中心资源的发展。①

（四）培养评价

计划要求所有研究生必须在第四学期中独立完成一篇学位论文,它可以是传统的学术性论文,也可以是应用性的研究报告,但论文的写作和答辩必须以目标语言进行,答辩委员会的成员主要由中心和南京大学有关系科的教授组成。为帮助学生完成论文的写作和答辩,每个学生在入学后都将会有特定的指导教师。此外,为使学生切实掌握最基本的学科研究方法和论文写作及答辩的相关知识,霍普金斯—南京中心专门开设了人文和社会科学研究方法课程,以及论文写作与答辩课程,后一门课程主要根据学生写作论文的需要分散在不同学期中开设。

为保证毕业生的质量和培养目标的实现,霍普金斯大学和南京大学建立了一个联合学术委员会,由两所大学及霍普金斯—南京中心的14名教授和高级行政人员组成。联合学术委员会通过对教学的评估来监督和保证这一联合硕士学位项目的教学质量符合国际教学标准,同时,根据培养效果或社会与市场的需求适时对课程表的设置作出调整。

最后,文学硕士计划还要求所有的学生与教师都必须遵守学术诚信标准,任何剽窃、不列出引用文献的来源、将他人著作中观点作为自己的观点提出,以及任何形式的作弊在中美文化研究中心都是不能被容忍的,所有违反者都将受到相关管理条例方面的严肃处理。

---

① 　参见肖地生、陈永祥:《一个独特的中外合作办学模式——南京大学—约翰斯·霍普金斯大学中美文化研究中心》,《复旦教育论坛》2004年第2期。

二、美国天普大学日本分校（Temple University, Japan Campus）

天普大学（Temple University）位于美国东岸宾夕法尼亚州的费城,成立于1884年,是一所综合性公立研究型大学。该大学能提供300个学位课程,包括两个副学士课程、125个学士学位课程、113个硕士学位课程和52个博士学位课程,以及八个专业学位课程。其中,法律、牙医、内科学、药剂学和临床医学等专业教育在公立大学中居首位,目前有超过34000名学生,规模在全美排名第二十七。天普大学已取得中部院校协会（Middle States Association of Colleges and Schools,主要负责评估和认证美国东部地区的院校）的认证,此认证包括了天普大学日本分校和其他海外分校,由此保证了国际范围学术课程的高质量。在国际合作方面,天普大学目前在意大利罗马和日本东京建立了两个海外分校。其中,罗马分校建立于1966年,是美国最早在海外建立的分校之一;日本分校建立于1982年,是美国高校最早在日本建立的海外分校。天普大学目前在意大利、日本和西班牙三个国家开展了完整的学年或学期计划,在巴西、法国、德国和加纳等12个国家开展了暑假课程计划,在德国、波多黎各和英国三个国家有交换生计划,此外在拉丁美洲等地区还有其他数十个国际合作项目。

天普大学日本分校是日本规模最大、历史最悠久的外国大学,是日本第一所取得官方承认的外国院校。该校能提供从本科到博士的学位课程和英语语言预备课程、继续教育课程和公司训练班等非学位课程,分校自建立以来已招收了大约31500名学生（公司训练班除外）。目前,该校大约有2980名学生,学生来自美国、东南亚、俄罗斯和中东等40多个国家和地区,能够在日本本土获得从学士学位到博士学位的全程教育。总的来说,天普大学日本分校以其高质量的办学水平和成功的办学经验在世界范围内引起了广泛的关注。

天普大学日本分校的课程计划主要分为学位课程计划和非学位课程计划两部分:学位课程计划包括有本科教育（Undergraduate）、英语语言教育硕士/博士（M. S. Ed./Ed. D. in TESOL）、工商管理硕士（MBA Program）和法律（Law School）四种;非学位课程计划包括大学预科（Academic Preparation Program）、继续教育（Continuing Education）和公司教育（Corporate Education）三种。由于培养方向的差异,天普大学日本分校各课程计划的人才培养模式稍有不同,但限于篇幅,在此仅选取英语语言教育博士计划（The Doctor of Education Degree in TESOL)为案例,对天普大学日本分校的人才培养模式作出分析。

(一)培养目标

英语语言教育博士计划由研究生教育学院(Graduate College of Education)统一管理,分设 1988 年成立的东京和 1996 年成立的大阪两个教学点,学生可按照自己的意愿在任一教学点修读,并且只要按规定完成课程计划要求就能获得教育博士学位(Degree of Doctor of Education,Ed. D.)。

该计划的培养目标为促进对英语语言学习者教育理解的研究,主要着眼于培养学生从事语言习得相关工作的能力,以及敏锐发现英语教学中的相关问题和产生原因,并能运用合适的研究技巧提出问题及解决方法的能力。概而言之,英语语言教育博士计划的培养方向主要在于练就学生在承担英语语言教育过程中作为管理者、课程开发者和教师的领导能力。

(二)培养过程

1. 课程体系

学校为英语语言教育博士计划开设了四个领域的课程:(1)由教育学院(College of Education)主持的核心课程,它由五门分支课程构成,包括统计学(Statistics)、教育研究设计(Educational Research Design)、教育心理学研究(Psychological Studies in Education)、教育学理论基础(Context of Education)和课程理论(Curriculum);(2)由教育系(Department of Curriculum, Instruction, and Technology in Education,CITE)主持的核心课程,它也同样由五门分支课程构成,包括课程计划和评价(Curriculum Planning and Evaluation)、教育实践(Current Instructional Practice)、科技教育(Technology in Education)、高等统计与研究(Advanced Statistics and Research)和研究与实践(Implementation of Research Findings Into Practice);(3)TESOL 专业课:根据语言习得研究的主题为博士论文选题而开设的三门课程,主要以研讨班的形式进行;(4)TESOL 选修课:可根据自己的兴趣在天普大学日本分校 TESOL 研究生课程中任意选择三门,其中包括名家论坛讲座(Distinguished Lecturer Series)。

2. 师资队伍

英语语言教育博士计划教学培养工作主要由研究生教育学院承担,该学院目前有 2 名专职管理人员和 24 名教学人员,其中有 7 名专职教学人员和 17 名来自全球各著名大学的访问教授,分别占教学人员总数的 29.1% 和 70.9%

（见图 1.3）。此外,在这 24 位承担教学工作的人员中,有 23 位持有哲学博士或教育学博士学位,占教学人员总数的 95.8%（见图 1.4）。

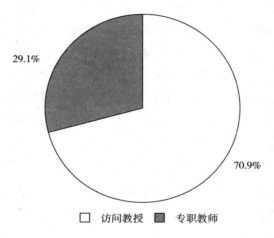

图 1.3　研究生教育学院师资构成

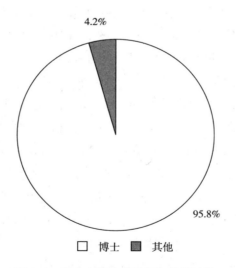

图 1.4　研究生教育学院师资学历结构

3. 教学方式

天普大学日本分校以其雄厚的师资力量全力帮助学生达成他们的目标,学校通过小班教学的方式为创造活跃生动的课堂讨论提供了可能,也使教师能给予每一个学生充分的关注。天普大学日本分校提供了与天普大学美国校园完全一致的课程内容,其所有的课程都用英语作为教学语言。因此,天普大学日本分校提供的是与天普大学美国校园同样高质量的教育,学生在完成天普大学日本分校的相关课程计划后,可以很方便地转学到天普大学美国校园和其他美国或北美国家的大学。

（三）**管理制度**

英语语言教育博士计划每年招收 36 名学生,其中东京和大阪各 18 名。天普大学日本分校规定,凡修读英语语言教育博士计划的候选人必须具备以下一些基本条件:(1)必须提供经认可高等教育机构的学士学位和硕士学位的证明;(2)必须提供截止申请时五年内参加相关标准化考试的成绩;(3)提供两份相关学位授予或其他曾修读高等教育机构的官方证明;(4)提供三份专家推荐信;(5)母语为非英语的申请者还必须提供不低于 600 分的 TOEFL成绩、不低于 250 分的电脑基础测试(computer-based test) 成绩和不低于 100分的网络基础(Internet-based test, iBT) 测试成绩。

如果一切进展顺利的话,英语语言教育博士计划在四年内可以完成。有关计划的所有课程在前三年便能完成,所以,如果博士论文能够在 6—12 个月内完成的话,便能在四年内拿到博士学位。应该说,博士论文是件棘手的事,由此要明确判断要花多长时间才能完成论文是困难的,但是,研究生教育学院的所有教职员工都会尽最大的努力帮助博士候选人尽快完成计划,博士候选人也被鼓励在计划开始时便思考有关博士论文选题的问题,以图在最后阶段只花几个月而不是几年去完成博士论文,从而将整个培养计划的持续时间缩到最短的四年。

（四）**培养评价**

天普大学日本分校规定:(1)所有硕博计划的学生在申请就读时,必须取得至少两年“B-”以上的成绩;(2)可参加部分或全部预备考试(Preliminary Examination)①,但不能超过两次;(3)必须取得 3.0 以上的平均学分等级才能

---

① 注:为使学生对自身及课程计划有更充分的认识,学校专门设置了预备考试,凡未完成相应课程的学生都可自由参与。考试的范围包括 TESOL 和其他与计划相关的内容,一般以笔试或口试的形式进行,持续的时间通常为 2 天以上。

毕业;(4)必须完成所有规定的课程和计划才能毕业。此外,在近三年通过参加其他经认证大学所获得成绩为"A"或"B"的课程,也被天普大学日本分校所认可。

英语语言教育博士计划评价的另一个重要环节是学位论文。学位论文是博士学位候选人的学术能力、研究方法和技术的掌握,以及语言习得领域研究能力的最好体现,因此,为了保证博士学位论文的质量,学校会针对学生的选题成立至少由三名成员组成的质量保障委员会,包括1名专业教授和至少2名相关研究生学院教员。该委员会全面负责监督博士学位论文的整个写作过程,每个学生在学位论文完成后,都必须提前两个星期征得质量保障委员会的认可和签名才能参加口头答辩。完成计划所有课程和通过口头答辩的学生最后还要参加博士学位考试才能获得博士学位,考试由质量保障委员会和另外两名研究生学院的教员主持进行。在美国高校的博士计划中,天普大学日本分校是具有较高毕业率的学校之一。截至2008年2月1日,已有98位博士候选人在天普大学日本分校顺利完成英语语言教育博士计划。

第三节　美国跨国高等教育人才培养模式的主要特点

通过对美国跨国高等教育人才培养模式的历史性的考察及类型研究,根据以上两个案例分析,我们可以看出,美国跨国高等教育人才培养模式具有以下几方面的特点:

第一,多样化的培养模式。如上所述,美国跨国高等教育形式多样,各州甚至各大学都有权自行决定跨国高等教育的项目、计划和规模,国家和联邦政府对此一般不加干涉。由此,美国的跨国高等教育形式和人才培养模式都呈现多样化的趋势:就合作办学的层次而言,几乎涵盖了非学历教育和学历教育中的所有级别;就采用的模式而言,则既包括通过设立海外分校的移植式人才培养模式(如天普大学日本分校),也包括通过与国外院校或其他教学、科研机构建立姐妹关系的本土式或嫁接式的人才培养模式(如霍普金斯—南京中心即属于嫁接式人才培养模式),还包括以跨国工读计划形式出现的松散式等多种人才培养模式。

第二,明确的培养目标。尽管美国有多样化的跨国高等教育人才培养模式,但每个人才培养模式都存在着一个共同点,即明确的培养目标。如案例中美国霍普金斯—南京中心文学硕士计划的培养目标为:造就出能适应当前与未来全球化发展趋势的,能在政治、经济、法律及社会文化等各领域中从事中美两国事务和国际事务的高级专门人才。明确的培养目标不但规定了所培养专业人才的层次,还规定了这些专业人才的具体培养方向,从而使培养实践过程有了明确的指向,日常的教学与管理工作也更具针对性。

第三,多元化的师资来源。美国跨国高等教育的师资构成具有多元化的特征,这种多元化不但体现在师资的来源多元化,而且体现在师资学历和职称结构的多元化上。如案例中的霍普金斯—南京中心共有 38 位专职教师,其中中方教师 30 位,美方教师委派的专职教师八位,分别占专职教师总人数的79.0% 和 21.0%;拥有教授或副教授职称的专职教师为 25 位和九位,比例分别为 65.8% 和 23.7%。这种多元化的师资构成不但有利于教师间的思想碰撞,还有利于开设不同语言的课程,以及启发学生的思考,从而更有效地实现人才培养目标。

第四,完善的培养制度。美国跨国高等教育人才培养模式的又一个特点是:完善的人才培养制度。人才培养制度是有关人才培养的重要规定、程序及其实施体系,是人才培养目标得以实现的重要保障和基本前提,也是人才培养模式中最为活跃的一项内容。美国跨国高等教育完善的人才培养制度集中体现在严格的招生制度、周密的日常管理制度和丰富的课程计划等方面上,案例中的美国霍普金斯—南京中心和天普大学日本分校也都很好地体现了这一点。

第五,完备的质量保障体系。美国跨国高等教育办学质量和信誉较高,不但有诸如案例中提到的院校内部培养评价,还有系统而完备的外部质量保障体系。早在 1991 年,美国即颁布了《对非美国本土教育项目评价原则》(*Principles of Good Practice for Education Programs for Non-US Nationals*),为境外合作办学项目提供了评估标准和依据。2001 年,高等教育认证委员会(Council of Higher Education Accreditation,CHEA)在借鉴原规定的基础上,又重新颁布了旨在加强美国认证组织与国际质量保证组织联系,促进跨国高等教育的新制度,即《跨国认证准则:对非美国高校与项目的认证》(*Principles for United States Accreditors Working Internationally*：*Accreditations of Non-US*

Institutions and Programs），该准则涉及尊重跨国高等教育所在国的文化和教育体制、了解合作背景、提供信息资料、预算运行费用等内容，使得跨国高等教育项目的质量得到更加有效的保障。

第二章　英国跨国高等教育人才培养模式

英国的高等教育不仅具有悠久的历史,而且以高质量、市场化和国际化著称于世。在全球化的背景下,英国高等教育的这三个特点,携手英语作为世界学术语言的优势,在自己的疆土之外通过建设分校、合办高等教育联合课程及远程教育等方式建立起庞大的跨国高等教育产业和学术集团,取得了举世瞩目的成就。

第一节　英国跨国高等教育的发展

英国跨国教育的历史可以追溯到17世纪。17世纪,英国成为一个势力范围遍及全球的殖民大帝国。在此背景下,它确立了为每个殖民地培养一批大学教师,创建一所大学学院的目标,以培养忠实于大英帝国的殖民地管理经营的战略。随后,其精英教育的理念和模式伴随着对他国的殖民而在全球广泛推行,一批以英国大学为模型的高等学院在世界各地相继出现。美国殖民地时期建立的高等学府,如哈佛学院、威廉·玛丽学院、新泽西学院、罗德岛学院等都以英国大学为模板,在教学理念、课程设置、教学语言、教学内容和方式、教学管理等方面几乎完全移植了当时英国大学的办学模式,可以说是英国高校在美国的缩影。如哈佛学院被称为"设在海外的英国学校"[1]。在1640—1701年间,哈佛学院的六任院长中有三位来自牛津大学,12名校董事中有七名是牛津大学校友,1名是剑桥大学校友。[2]在1854年,英国发布了《教

---

①　邓桦:《20世纪90年代以来的英国高等教育国际化研究》,云南师范大学博士论文,2006年。

②　张建新:《英国高等院校学生的国际流动》,《比较教育研究》2003年第5期。

育急件》(*Education Dispatch*),以伦敦大学为模式,在印度创办了三所大学(加尔各答大学、孟买大学、马德拉斯大学),其目的是把英国的学院模式输入印度,培养为英国服务的印度阶级。

为发展本国的经济和教育,英国非常重视与世界其他国家的学者和学生的交流。1934年,英国议会设立国际教育研究所。不久以后,又成立专门的机构——英国文化委员会(British Council),组织这种国际交流与合作活动。

第二次世界大战后,英国的高等教育发展迅速,其国际化也迅速扩大。为了扩大在世界范围内文化和经济的影响,发展中国家也成为英国扩展其政治、经济实力的重要区域。通过向亚、非、拉国家的高等教育增加资金投入、学术人员讲学、培训或课程发展等形式,达到英国的政治目的。首先,英国给予海外留学生许多福利待遇,其中包括免费的高等教育,设立诸多对外高等教育援助项目,主要通过赠送大量书籍或教学设备等方式提高这些国家的基础设施建设①,例如,20世纪50年代中期,在英国的资助下,印度依照美国麻省理工学院(MIT)的模式在全国陆续建立了6个"印度理工学院"(IIT)。其次,英国仍保留了许多英联邦国家,由于历史的原因,这些国家仍倾向于选择英国作为自己的留学国家。再次,欧盟成员之间开始重视各国间的教育交流与合作。1967年,英国皇家学会与德国研究会签订了第一个国际合作协议。基于以上几个原因,许多发达国家和第三世界国家积极派遣留学生到英国深造。自20世纪60年代初,英国接受的外国人数与年俱增,到70年代末,在英国的外国留学生创纪录地达到8.8万人,仅次于美国和法国,居世界第三位,这是第二次世界大战以来英国出现的第一次留学高潮。

20世纪70年代末,英国保守党上台后大幅减少大学的公共教育资金,采用新的留学生政策——欧盟外学生全额收费,造成这一时期英国留学生人数锐减。到1983年,在英国的留学生数锐减至第二次世界大战后的最低点,只有近4.2万名。20世纪80年代以后,英国政府非常重视市场机制的作用,提出"任何领域的效率高低直接与顾客的选择成正比"②,英国高校不仅开始积

---

① Hans de Wit, *Internationalization of Higher Education in the United States of America and Europe*, Greenwood Press, 2001, pp. 11 − 13.

② DFEE and Cabinet Office(1996),"Competitiveness: The Skills Audit".

极开拓本国教育市场,同时将事业拓宽到海外教育市场。为配合经济复兴级主导经济一体化的目标,英国政府加大了对跨国高等教育扶持、开发的力度,各高校也将扩招海外学生的收入作为教育资源的重要补充。政府不仅通过制定诸多优惠政策广泛吸引全球各国的留学生,而且积极推进各大学校际的跨国教育活动,支持在海外设立分校及与国外的大学进行项目合作、推行姊妹计划等。政府推行的各项政策和措施大大推动了英国高等教育国际化的进程。据英国高等教育拨款委员会(HEFCE)的不完全统计:到1997年,英国境外跨国高等教育的学生已达12万人;1997年英国先后在69个国家和地区开展跨国高等教育活动,中国香港、马来西亚、新加坡、中国等成为其主要活动领域。在中国的高等教育服务项目尤为突出,1997年,在中国注册英国学位教育的中国学生已达8000余人。

1999年,布莱尔政府为吸引更多的海外学生到英国学校,鼓励英国高校和国外高校合作办学,发起"首相国际教育行动计划",以确保英国在国际教育方面的世界领先地位。"行动计划"涉及简化留学生入学程序,对英国的教育品牌和市场开发进行投资,并且提高"志奋领"奖学金的获奖人数。"行动计划"分两个阶段:第一阶段(1999—2005年)制定的目标是到2005年来自欧盟之外的留学生增加75000人(高等教育50000人,继续教育25000人)。第二阶段于2006年4月18日启动,主要包括:高等院校就学的留学生人数增加100000人;制定一个广泛的国际教育项目议程,重点协助英国高校与国外同等高校建立持久的合作关系,旨在保持英国在国际教育方面的世界领先地位;确保留学生的质量;建立战略合作与联盟,保持英国在世界教育市场的优势地位。

据英国教育与技能部的统计,2005—2006学年,英国约65%的高校与海外高校建立了1536个合作项目(不包括在2006—2007学年的222个项目)。英国跨国高等教育项目的学生增长很快,1996—1997学年,英国在地留学生人数达到14万,相当于当年英国海外留学生总数的42%—44%。[1] 2005—

---

① 参见 Paul Bennell & Terry Pearce, *The Internationalization of higher Education*: *Exporting Education to Developing and Transitional Economies*, Brighton, UK: Institute of Development Studies at the University of Sussex, 1998, p. 9。

2006学年,英国在地留学生的总数超过了27万,约占当年海外留学生总数的54%。①据英国高等教育统计局(Higher Education Statistics Agency, HESA)的数据显示,2008年英国大学的高等教育学位有1/5颁发给海外学生。②1997—2008年间,英国国际留学生的人数从198064人增长至389380人(见表2.1),国际留学生的市场占有率达到12%③,位居第二位,仅次于美国。英国的高等教育国际化近十年来的变化是惊人的,其高等教育在国家、市场和社会的压力下找到了发展方向,并显示出蓬勃发展的前景。在进口外国高等教育服务方面,英国进口高等教育的来源国主要是美、澳、日等发达国家。英国允许并加大了与发达国家进行项目合作、远程教育、互派留学生的力度。④ 在未来十几年中,英国在地留学生数将继续增长。据英国文化协会的预测,2010年英国在地留学生人数将达到35万,2020年英国在地留学生人数则将高达80万。这意味着英国跨国高等教育学生人数年增长率已超过9%,大大超过了本土留学生的年增长率4.7%。

英国政府和高校在推进跨国高等教育方面态度积极,组织形式多样,主要有公立大学间的跨国合作、公立大学间教学计划的跨国"特许"、公立大学与私立大学间的跨国合作、公立大学与企业大学间的跨国合作。其跨国教育的模式一般分三类:第一是英国大学与国外大学共建一所新大学或分校,合作开展教学和科研工作,如诺丁汉大学与浙江万里学院合作创办诺丁汉大学中国分校。第二是英国大学与外国大学联合培养学生,授课的方式有两种:(1)在境外实施教学的全过程;(2)学生在当地读完两年或大部分课程,最后一年或最后一阶段转入英国大学继续就读。第三是向国外提供远程高等教育课程,如英国开放大学,通过现代教学手段给国外学生提供认可的课程,学生读完规

① 参见 DIUS Research Report. *Transnational Education and Higher Education*:*Exploring Patterns of HE Institute Activities*, Sheffield Hallam University,2008:5, p. 14。

② 参见 http://space. chinavisual. com/html/91/233591 - 32326. html。

③ 参见姜丽娟:《亚太国家国际学生流动与跨国高等教育发展至探讨与启示》,《教育资料与研究》2010年第94期。

④ 参见孙祖兴:《全球化视景中的跨国高等教育———一种比较研究》,山东师范大学博士论文,2003年。

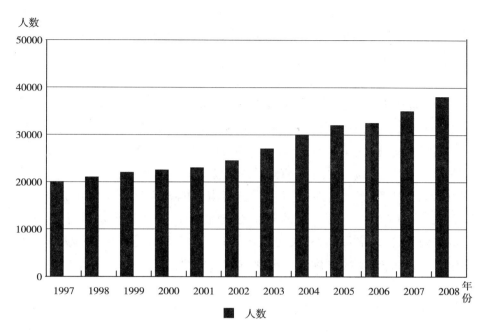

图 2.1　1997—2008 年英国国际留学生人数①

定的课程且成绩合格就可获得大学颁发的学位或其他资格证书。2001 年,由剑桥等 12 所大学与英国政府相关部门以及私人企业联合组成的全球网络电子大学(UKEU)成立。UKEU 向全球提供来自英国高校的网上本科、硕士等一系列课程,为全世界各地的学生提供接受英国高等教育的机会。英国高校以不同的方式积极在国外建立分校或合作办学机构,加快提高远程教育课程的步伐,使其成为仅次于美国的教育输出国。②　目前,中国大陆已经成为英国高校海外办学的重点,据英国高等教育质量保障署的统计,2005—2006 学年英国共有 84 所高校与中国大陆 223 所高校开展合作项目 352 个,11000 名中国学生正在攻读英国高等教育学位。③

---

①　参见姜丽娟:《亚太国家国际学生流动与跨国高等教育发展至探讨与启示》,《教育资料与研究》2010 年第 4 期。

②　参见王立科:《英国高等国际教育政策及其借鉴意义》,《内蒙古师范大学学报(教育科学版)》2008 年第 5 期。

③　参见杨丽辉:《英国跨国高等教育质量保障体系探究》,厦门大学硕士论文,2009 年。

第二节　英国高校跨国高等教育人才
培养模式案例研究

一、英国考文垂大学与马来西亚英迪学院合作项目人才培养模式

（一）英国考文垂大学与马来西亚英迪学院合作概况

英国考文垂大学（Coventry University）的渊源可追溯至1843年成立的考文垂设计学院。考文垂大学一直秉承提供优质高等教育的传统，如今成为全英10大顶级"新"大学之一。该大学拥有丰富的教学科研经验和优秀的学院文化，致力于加强与国际间的合作与交流，积极开展合作办学项目，在全球范围内与许多国家的教育机构建立了良好的合作关系。考文垂大学现有学生1.8万余人，其中国际学生2000多人，分别来自90多个不同的国家和地区。

英迪学院（Inti College）创办于1986年，是马来西亚历史规模比较庞大且声誉较高的教育集团，在马来西亚设有5所院校。由于英迪学院不具备颁发学士学位的资格，需通过与外方大学联合办学以解决学生获得学位的问题。因此，它与英、美、澳、新等国的多所知名大学合作，采用学分转移和双联制的方式，开设证书、文凭、学士学位和硕士学位等多种最新国际课程和国际双联课程，给学生提供更广泛的升学选择。

表2.1　英国考文垂大学与英迪学院的合作项目

课程名称	模式	课程简介
商科学士学位双联课程	"1+2"/"2+1"	学分转移课程
商业信息技术学位课程	"1+2"/"2+1"	学分转移课程
商业信息技术学士学位课程 多媒体电脑学士学位课程 电脑科学学士学位课程 电脑网络学士学位课程 软件工程学士学位课程	"3+0"	教授有关电脑与资讯科技行业的实务知识与技能，且循序渐进至硕士课程

考文垂大学与英迪学院合作的学位课程主要有3种形式：双联课程、先修课程与学分转移。专业包括商科、法律、工程、保健科学、人文学与大众传播、

环境科学与生物技术、平面艺术设计、表演艺术、工业设计与汽车设计以及艺术专业。课程包括有硕士学位课程、研究生文凭课程、荣誉学位课程以及各种文凭课程。

（1）双联"2+1"、"1+2"、"3+0"课程

"双联"课程是指马来西亚与国外大学开设的同步国际课程。在这种模式下，两所大学联办学士课程，课程设置由国外大学单独提供或两所大学联合提供，让学生在本地私立学院修读部分的课程，然后再到有关大学继续完成学位。当学生在本地私立学院报读双联课程时，同时也被注册为有关大学的在籍学生。因此，学生完成了在本地大学修习的课程后将自动转校至有关大学，无须另外申请入学。"双联制"的学生入学前的学历，一般为高三毕业或高二肄业。入学时，学院不组织专业考试，但需要参加预科班学习，成绩合格后方可正式就学，英语达不到要求的必须补习英语。这种"双联课程"最大的好处：一是节省资金，学生学完大学预备课程后，可在本地上大学课程，节省了生活开支和学费；二是期限较短，一般只用三年时间（第一年在本地，后两年在外国有关大学）就可攻读完学位课程；三是学生可在本地学院挑选外国有关大学的课程，并可以转移学分。考文垂大学提供的这类课程主要有信息技术、经济、金融、工商管理及酒店管理等专业。

考文垂大学还与英迪学院合作开设了"3+0"课程，即留学生在马来西亚花三年的时间完成本科的学业，毕业后可直接获得考文垂大学的学历文凭。这种学位课程包括商业信息技术、计算机科学、多媒体电脑、网络计算机和软件工程等专业，为期两年半到三年。

（2）学分转移课程

学分转移课程指的是学生在本地学院所学课程并取得一定学分后，在学校的帮助下将学分转移到考文垂大学继续完成学位课程。

此外，考文垂大学与英迪学院的另一项重要合作是马来西亚英迪学院在考文垂大学开设海外分院：考文垂大学—英迪学院（CUIA）。该学院是考文垂大学的附属学院，位于英国考文垂大学校园内。该校提供英语强化课程、大学基础课程、商业管理大专文凭课程和信息技术大专文凭课程（详见表2.2）。CUIA的教师全部是英国本土教师，部分课程由考文垂大学的教师讲授。

表 2.2　CUIA 提供的文凭课程一览表

课程	简介	课程设置	课程周期	备注
英语强化课程	为进入考文垂大学英迪学院专业课程的学生提升其英语能力而设	涵盖 3 个不同强度及深度的级别,包括听力、会话、阅读理解及写作	14 周/级	学生入学必须参加英语水平测试(EPT),以检验英语课程级别
大学基础课程	奠定学生扎实的大学预科基础	课程设置:英语、数学与统计学、计算机与信息科技、商业学、经济学、大学学习技能	一年	学生完成两学期的课程后可直升本学院商业管理或信息科技大专文凭课程,亦可凭大学基础课程的文凭直接申请考文垂大学本科第一年课程
商业管理大专文凭	此文凭相等于本科学位的大学第一年资格	财务会计学、商务信息系统、商务经济学 1、商务经济学 2、学习与沟通技巧、商务组织基础、市场营销基础、商务数量研究方法	一年	学生完成两学期课程后可直升考文垂大学商科本科学位第二年课程
信息科技大专文凭	此文凭相等于本科学位的大学第一年资格	必修:软件系统、Java 面向对象程序设计、多媒体与网际网络入门、信息系统分析与设计、商务组织基础、商业信息科技、网络基础; 指定必修科目:商务数量研究方法	一年	学生完成两学期课程后可直升考文垂大学商科本科学位第二年课程

（二）考文垂大学与英迪学院联合举办的商业信息技术学士学位课程人才培养模式

1. 培养目标

考文垂大学与英迪学院合作举办的商业信息技术学士学位教育项目旨在培养在现代商务环境下,具备企业管理、计算机科学技术及信息管理知识等理论基础知识,能够利用现代信息技术和网络技术等现代信息技术从事商务活动、信息处理与管理,具有创新精神和现代意识的应用型复合人才。

2. 培养过程

（1）课程设置

该项目的课程设置主要由合作双方共同制定,在英迪学院修读的部分课程和考文垂大学的课程一致,同时增加了部分马来西亚的本地课程。课程的教学安排和管理主要由英迪学院负责实施和监控。课程分为必修课程、基础课程和专业课程，其中专业课程分为初、中、高三个阶段，在各个阶段提供有关技术、计算和人文知识方面的模块供学生选择，旨在锻炼学生的技能和拓宽学生的视野。学生可根据本专业的专业要求和学生个性发展的需要，选择与本专业相关或相近的课程。（见表2.3）

表2.3　商业信息技术学士学位项目部分课程

类别	课程名称	部分选修模块
必修课程	马来语A／B、马来西亚研究、伊斯兰研究、道德教育	
基础课程	通识课程、英语语言技巧、基本运算、商务研究、数学与统计	
初级课程	PDP的知识与信息管理、信息管理组织环境、商业科技、初级信息系统、电子商务、商业分析、管理信息系统	科技英语、公众演讲、普通心理学
中级课程	数据库系统、小组项目、信息系统开发、信息管理与组织行为学、移动商务原理与实践、研究方法导论	新项目规划、实习、数据分析
高级课程	项目管理、数码科技与社会、商业模拟、企业管理策略	创业设计、计算机发展趋势分析、实践

（2）培养方式

该课程项目采用灵活的合作办学形式，即"2+1"、"1+2"、"3+0"等形式。（见表2.4）。学生毕业后将获考文垂大学的学士学位，而英迪学院则不再另外颁发任何文凭或证书。

（3）课程教学

该项目引进了考文垂大学的教学计划、教学大纲、专业教材和相关教学手段，其课程考试考核方式和评估与考文垂大学相同，所不同的是学习环境和师资。为保证信誉和质量，考文垂大学采取派教师到学院授课和派专家到学院"督学"相结合的办法。教师多采用讨论、小组项目教学、研究、讲座、实践等教学方式。在具体的教学中，教师首先注重加强学生英语语言能力的培养，采用英语作为教学媒介语，大力提高学生运用英语进行交际的能力。其次，侧重学生科研能力的培养，让学生得以接触本专业最新的学术信息，进行学术上的理论探讨和研究，提高学生的学术实践能力。

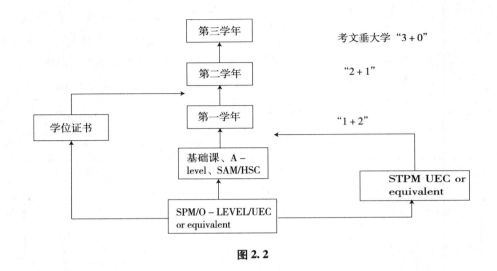

图 2.2

3. 培养评价

该项目通过课堂作业、论文、报告和其他方式的作业来对学生学习效果进行评估，并通过多轮口试和笔试进行评判。四门功课必须全部通过才能结业，之后方可进入学位阶段课程学习。

二、兰卡斯特大学海外硕士层次的合作办学人才培养模式

兰卡斯特大学在研究和教学方面居英国顶尖大学的行列，绝大部分学科被评为"5＊"。其教育研究质量得到国内外的广泛认可。兰卡斯特大学亦是一所国际性大学，目前，有来自100多个国家的外国留学生在此学习，攻读学位课程的学生共有9000多人，其中研究生大约有2000人。

兰卡斯特大学非常注重与世界各国的高校进行学术交流与联系，而且也与许多学校建立了友好的合作关系，开设有学生互访和文化交流合作课程。目前，兰卡斯特大学仍在努力加强与多所大学进行项目的合作，如在中国，兰卡斯特大学管理学院和中山大学岭南学院的 EMBA 项目享有合作关系。

表2.4　兰卡斯特大学海外合作办学项目①

名称	合作国家	学校
预科课程	中国	北京外国语大学、上海外国语大学、广东外语外贸大学
	尼日利亚	Olashore 国际学校
学位课程项目	马来西亚	双威大学学院（Sunway University College）
"2+2"项目	中国	广东外语外贸大学、香港中文大学、北京科技大学
	印度	曼尼帕尔高等教育学院
"3+2"项目	新加坡	新加坡理工学院
先修硕士课程	中国	北京外国语大学
教学硕士课程	中国	香港中文大学
	日本	立命馆大学

现以英语教育文学硕士项目（MA TESOL）为案例进行分析。英语教育文学硕士项目是兰卡斯特大学语言学与英语系（LAEL）和香港中文大学专业进修学院（SCS）合作开设的。该项目的主要目的是为英语教师提供与语言教育职业相关的硕士阶段的培训和资格，满足香港本地英语教师的需要。

1. 培养目标

让学习者了解和探索目前语言教育研究的最新观点及问题；为学习者提供在基础实践教学中的理论框架；培养语言教学的各种技能；扩展教师的专业研究技能；了解英语教学的最新理论和研究进展，并探讨理论如何联系实际；平衡硕士阶段学习的三种导向（实践导向、理论导向和研究导向）。

2. 培养过程②

（1）课程设置

就学习的基本内容、方式和考核的标准等方面而言，该项目的课程与兰卡斯特大学的课程是一样的，所不同的是大多数模块将更加贴近香港的实际，满足香港本地的需要（见表2.5）。所有课程的教学任务都由来自兰卡斯特大学LAEL的全职教师担任，以保证教学质量。香港大学负责行政、教学管理以及

①　参见 http://www.lancs.ac.uk/users/international/overseas.html。

②　参见 http://translate.itsc.cuhk.edu.hk/gb/www.scs.cuhk.edu.hk/scs/course/lang/eng/ab/doc/083-393100-01?disp=ch。

为学生提供各类学习上的服务(如图书馆等)。其教学媒介语为英语。

在特殊情况下,兰卡斯特大学认可符合以下条件学生的学历资格:学生之前所学的课程和学校将提供的某些硕士课程在相当大的程度上内容重复,而且学生水平已经达到相关的标准。此外,要求学生的学习表现非常优异。符合条件的学生每人最多可免修两门硕士课程。

表 2.5　模块课程一览表

模块	课程性质	学分
预科课程	核心课程	不计学分
语言分析(英语语法)	核心课程	20
英语教学法的趋势与研究热点	核心课程	20
语料库	非核心课程	20
课堂语言测试	非核心课程	20
口头语言教学法研究	非核心课程	20
研究方法	核心课程	不计学分
研究与论文写作	核心课程	60
社会语言学	非核心课程	20

注:选修课程每年会根据实际情况作改动。

(2)培养方式

该项目为期两年,采取非全日制面授的培训方式。学生每两个月左右集中一次,利用晚上和周末的时间上课,时间大约为 10 天。期间导师至少有两次与学生进行面对面的论文指导,同时辅之以电子邮件的方式与导师联络沟通。

该项目每期招收学生 25 人左右,保持小班规模以保证较高的教学质量。但基于每年招生人数的动态变化,因此就读人数也会有所改变,如 2003—2004 年有 21 人,2004—2005 年有 28 人。学生可以充分利用香港中文大学广泛丰富的图书资源,同时还可获得利用兰卡斯特大学图书馆电子资源的使用权限。

3. 培养制度

项目采用学分制,学生须修满 180 个学分方能获得硕士学位,其中包括 6

门学分课程共120个学分(每门20学分)和毕业论文写作60个学分。通常，学位课程采用论文考核方式，即学生须在3个月内提交约5000字的课程论文。另外，所有学生都必须修两门不作考评的非学位课程：预科课程和研究方法。顺利修完所有课程的学生将获得兰卡斯特大学英语教学硕士学位。

第三节　英国跨国合作办学人才培养模式的特点

通过对英国跨国高等教育人才培养模式的历史性考察及以上两个案例的分析，可以看出，英国的跨国高等教育人才培养模式具有以下特点：

第一，形式多样的培养模式。英国的跨境教育服务贸易呈现出多极化趋势，形式也日趋多样化，包括合作开展双联课程和授权课程、建立国际分校和海外研究机构、创办企业大学和虚拟大学等。其中合作办学的模式大致分为两类：一类是英国某一大学和国外同行共同新建一所大学，合作开展教学和科研工作；另一类是英国高校在境外与外国大学联合培养大学生。其授课方式又可分为以下两种：一是在境外实施教学的全过程，学生不出国门即可接受英国的教育；二是学生在当地读完前一阶段的课程，最后一阶段转入英国大学继续就读，如"2+2"、"1+2+1"和"3+2"等模式，学生读完规定的课程并取得合格的成绩，便可获得英国大学颁发的学位和资格证书。

第二，严格的培养制度。英国政府和高校非常重视人才培养的质量。在英国的合作办学项目中，英方学校对招生标准、课程计划、教学活动的实施、教材的使用、培养评价及教学的管理都有严格的要求，追求在异国实施原汁原味的英国式教育。

第三，完备的质量监控体系。为保证英国高等教育的国际声誉，英国高等教育委员会于1995年10月颁布了《高等教育境外合作办学实施准则》。根据该委员会建议，2001年起英国开展的合作办学项目(含境内外两类)必须经过质量保证署(1997年前为高等教育质量委员会)检查达标后方可实施。[1] 1997年成立的高等教育质量保障机构(QAA)全面负责英国高等教育质量的

---

[1]　参见黄永林：《英国高等教育国际化的动因、特点及其启示》，《国家教育行政学院学报》2006年第2期。

保障,促进和支持教育和标准的持续改进。QAA 不但对大学和学院进行评审,而且在高等教育国际化蓬勃发展的过程中对合作办学进行审查,起到了外部质量保证的作用。较为完备的监管监控体系保证了英国大学与他国大学的合作办学项目的质量,有利于其海外市场的进一步拓展。

第三章 澳大利亚跨国高等教育
人才培养模式

跨国教育是伴随着教育国际化和市场化而发展起来的新的办学形式。澳大利亚教育部将跨国教育界定为:是指澳大利亚认可的教育机构在海外开展的市场营销(marketing)、注册程序(enrolment processes)、教育项目/课程的实施(delivery)和评价(assessment)活动。这种活动可能会颁发资格证书,也可能是无证书的简单课程培训,但必须有澳大利亚认可的教育机构参与其中。根据该定义,澳大利亚质量政策涉及范围包括:1. 完全由澳大利亚教育机构拥有的海外分校;2. 与当地教育机构合作的课程或者项目;3. 双联项目(Twinning arrangements);4. 特许经营课程或课件(Franchising of curricula and/or courseware);5. 远程教育项目,包括部分面授课程,这种面授由当地或者澳方教师开展;6. 代表澳大利亚教育实体进行的活动或者其他以澳大利亚教育机构名义进行的教学活动。① 从 20 世纪 80 年代中期开始,澳大利亚政府和高校就积极创新办学形式和人才培养模式,并取得显著成绩。

第一节 澳大利亚跨国高等教育发展的基本概况

澳大利亚目前有 42 所大学,包括 39 所公立大学和三所私立大学,截至 2009 年 5 月,澳大利亚参加跨国教育的高校共计 37 所,开展项目共计 889 项,基本情况如下:

第一,从发展规模上,通过各方面的积极努力,澳大利亚跨国高等教育迅

---

① 参见 Transnational Quality Strategy[EB/OL]. http://aei. gov. au/AEI/Government Activities/QAAustralian Education And Training System/TQS_pdf. pdf。

速发展。在项目数量上,1991 年共有办学项目 25 个,通过十几年的发展,到 2003 年,跨国教育项目达到 1569 个,增加了 60 多倍(如图 3.1)。2003 年以来,随着国际市场竞争的激烈和输入国对于教育水平要求的不断提高,澳大利亚跨国教育项目开始减少(见图 3.1)。

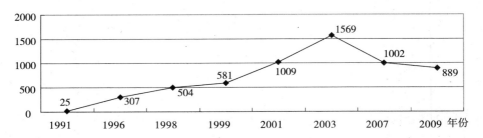

图 3.1　1991—2009 年澳大利亚高校跨国合作办学项目发展情况

资料来源: http://www. universitiesaustralia. edu. au/documents/ policies programs/international/ activities/Offshore-Programs‑2009. xls。

　　第二,从参与学生人数看,与项目的数量发展紧密相连,从 20 世纪 90 年代初开始,跨国高等教育在校生人数逐年增加。1994 年为 8431 人,到 2003 年增加到 58513 人。随着 2003 年以来办学项目的减少,学生的数量虽有增长,但十分缓慢,2007 年为 71003 人(见图 3.2)。

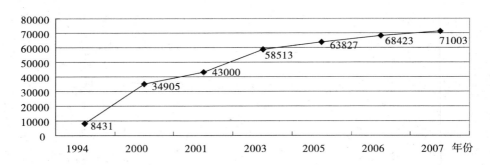

图 3.2　1994—2007 年澳大利亚跨国高等教育学生人数发展

资料来源:http://aei. gov. au/AEI/PublicationsAndResearch/Snapshots/2009073120 _pdf. pdf。

　　第三,按照高校开办项目数量来说,排在前十位的学校分别是科廷科技大学(Curtin University of Technology)、南昆士兰大学(University of Southern

Queensland）、南澳大利亚大学（University of South Australia）、莫纳什大学
（Monash University）、墨尔本皇家理工大学（RMIT University）、斯威本科技大学
（Swinburne University of Technology）、堪培拉大学（University of Canberra）、悉尼
大学（The University of Sydney）、南十字星大学（Southern Cross University）、爱
迪斯科文大学（Edith Cowan University）。（如图3.3）值得注意的是,高校层次
参差不齐,但基本上表现出威望低的大学在参与跨国教育方面更加活跃的
特点。

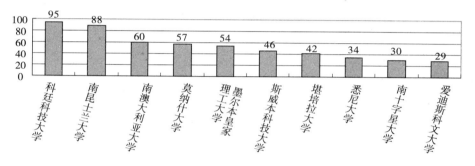

图3.3　澳大利亚跨国办学项目数量前十名大学（2009 年）

资料来源：http://www. universitiesaustralia. edu. au/documents/ policies _ programs/international/
activities/Offshore-Programs - 2009. xls。

第四,从专业分类看(有的项目包含多个专业),涵盖了管理、工程和电气
等多种类别。其中工商管理类专业(工商管理、市场营销、会计学、财务管理、
人力资源管理、旅游管理)机构和项目最多,为365 个,占总体的37% ;电气信
息类(计算机、计算机科学与技术、电子科学与技术)111 个,占11% ;经济类
(国际经济、国际贸易、财政学、金融学)112 个,占11% ;教育学类(教师教育、
教育管理、心理学)85 个,占8% ;工程类(建筑工程、机械工程等)74 个,占
7% ;艺术类(音乐、美术等)59 个,占6% ;其他类(医学、农业、法律等)196 个,
占20% 。(如图3.4)

第五,从合作国家看,主要分布在东亚、南亚、东南亚地区。其中马来西
亚、中国大陆和越南都是人口众多、教育需求量比较大的国家;新加坡、中国香
港和中国台湾地区则重视引进国外知名大学合作以提高学术声誉。合作项目
排在前几位的国家和地区分别是马来西亚(230)、新加坡(203)、中国香港

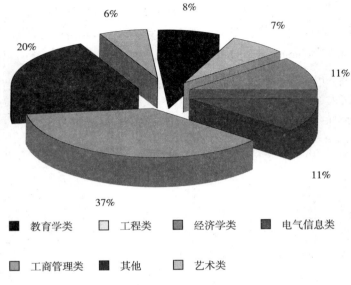

图3.4   澳大利亚跨国高等教育项目专业分布图(2007年)

资料来源:http://www.universitiesaustralia.edu.au/documents/ policies _ programs/international/ activities/Offshore-Programs－2007.xls。

(120)和中国(94),这四个国家和地区项目共计647项,占总体的72.7%。(如图3.5)

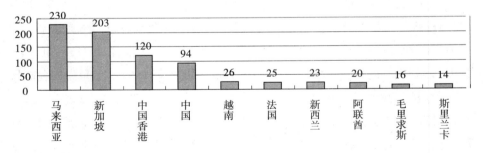

图3.5   澳大利亚高校跨国办学项目合作国家(2009年)

资料来源:http://www.universitiesaustralia.edu.au/documents/ policies _ programs/international/ activities/Offshore-Programs－2009.xls。

第六,从学生人数上来看,招生规模最大的国家是新加坡,约为2.22万人,其次为马来西亚(约1.9万)、中国(约1.3万),中国香港(约0.99万),阿拉伯联合酋长国(约 0.39 万)、南非(约 0.15 万)、越南(约 0.13 万)、斯里兰卡(约 0.1 万),其他国家和地区人数较少。(如图 3.6)

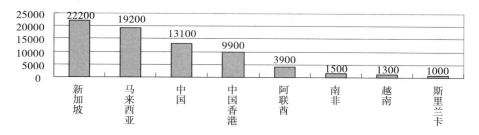

图 3.6　澳大利亚跨国高等教育学生主要来源国(2008 年)

资料来源:http://www2. uniaus. edu. au/documents/policies programs/international/activities/Summary-Document-offshore – 2009. pdf。

第七,从项目层次来看,主要分为本科(undergraduate)项目、授课式研究生(postgraduate coursework)项目和研究式研究生(postgraduate research)项目。① 其中本科项目为 481 个,占全部项目的 54%;授课式研究生项目 324个,占 37%;研究式研究生项目 80 个,占 9%。

作为一个跨国合作办学输出大国,澳大利亚高校人才培养模式做了大量积极的探索,具有很多自身特色,并引起世界各国的广泛关注。为了能够对其有较为深刻的了解,本文选择莫纳什大学马来西亚分校工商学士(会计方向)和上海悉尼工商学院会计专业作为典型案例进行研究。

第二节　澳大利亚跨国高等教育人才培养模式案例

一、莫纳什大学马来西亚分校工商学士(会计方向)人才培养模式

20 世纪 90 年代初,莫纳什大学开始推行国际化战略,把为亚洲学生提供

---

①　通常来说,澳洲的研究生分为两类:授课式研究生和研究式研究生。两者的区别在于前者仅仅采用授课的教学方式,而后者则要求攻读者完成一定程度的研究。研究式课程设置的基本思路是通过一年半的专业领域研究,达到熟练掌握学术课题的研究方法的目的,包括学术论文发表和毕业论文答辩等,要求极其严格,而且对攻读者的学术英语的要求也很高。同时,研究式课程设置可以用来鉴定学生是否继续深造。

全面高质量的跨国教育作为重点,面向全球积极开拓海外市场。目前,莫纳什大学已经成为澳大利亚高等教育国际化进程中的主力军之一,截至 2009 年 11 月,该校跨国办学总数为 57 个,排名全澳第四。

1998 年 2 月 23 日,在马来西亚政府热诚的邀请下,莫纳什大学与双威集团(Sunway Group)合作,成立莫纳什大学双威分校(Monash University Sunway campus),成为澳洲高等学府在外国设立的首家分校。莫纳什大学办学宣言是 ANCORA IMPARO,寓意"学海无涯",实际上,马来西亚分校也以此为目标,致力于为莘莘学子们提供一种富有挑战性的高等教育,以培养下一代造福世人,改善人类的生活素质的革新者与领袖作为使命。莫纳什大学马来西亚分校建校以来,坚持秉承其办学宗旨,提供高素质的教育与研究,以期在这过程中让本地与海外的学生,在国际大学的环境中学得广博的知识和扎实的技术,取得符合社会民情并受到国际承认的学术资格。

到目前为止,该校共有在校生 4500 名,教职工 500 名,共设有六个学院,分别是:艺术社会科学学院(Arts and Social Sciences School)、信息技术学院(Information Technology School)、商学院(Business School)、医药健康科学学院(Medicine and Health Sciences School)、工程学院(Engineering School)和理学院(Science School)。马来西亚双威分校主要为本科生和研究生提供相关课程,所开设的本科专业主要包括工商、计算机科学、商业与资讯、科技、通讯、工程、生物工艺、环境管理、医药学、心理学和护理学等,其中三个专业提供双学士学位。该校学制灵活,不同的专业在学习年限上有所区别(具体如下表)。跨国合作办学的一个重要特点是节省费用,据统计,在马来西亚莫纳什大学进行学习完成学位,比直接前往澳大利亚本土修读节省 50% 至 60% 的开销,这也是该校受到国际学生青睐的重要原因。这里主要选择工商学士(会计方向)人才培养模式作为案例进行研究。

表 3.1　莫纳什大学马来分校各学科修业年限

学位	修业期限		学位	修业期限	
	学年	学期		学年	学期
文学学士	3	6	医学	5	10
通讯学士	3	6	心理和商业学士	3	6

续表

学位	修业期限		学位	修业期限	
	学年	学期		学年	学期
通讯学士(荣誉)	1	2	护理学(业余)	2	4
工商学士	3	6	药剂学	4	8
工商学士(荣誉)	1	2	理学(生物技术)	3	6
工程学士(化学、电子与计算机系统、机械、机电一体化)	4	8	理学(生物技术,荣誉)	1	2
计算机科学学士	3	6	理学(环境管理)	3	6
信息技术和系统学士(信息系统、互联网技术)	3	6	理学(食品科学)	3	6
理学(医药生物)	3	6	理学(生物医药,荣誉)	1	2
双学位,理学(生物技术)/理学(环境管理)	4	8	双学位,理学(生物技术,生物医药)	4	8
双学位,商业与贸易学士/通讯学士	4	8			

(一)工商学士培养目标

培养目标是专业设置的前提,具有激励和导向作用,专业培养目标往往与学校整体使命和发展远景相联系,是办学目标的具体化。与学校培养目标相联系,工商学士(The Bachelor of Business and Commerce)的培养目标包括四个方面:1. 培养学生成为重要的具有创造性的学者,学生通过学习可以创新解决问题的方法,运用研究能力来应对商业社会中的各种挑战,并且可以有效地和敏锐地与外界进行沟通交流。2. 培养学生成为负责任的有效的全球公民,学生可以有效地参与到国际社会中来,展示出强大的跨文化交流能力,并且具有明确的道德价值观。3. 对所学学科有综合的深入的了解,并且能够为商业、公共服务的政策和所在的社区提供专业的解决方案。4. 有能力进行跨学科知识的整合,从而达到创新知识的目的。

(二)培养过程

1. 课程设置

1996 年通过的《马来西亚私立高等教育法》规定,凡马来西亚高校必须选修三项科目,分别为:马来西亚研究(本地与外籍学生)、国家语文(马来西亚公民选择一科,外国公民选择一科)以及伊斯兰教研究(伊斯兰教学生)或道德研究(其他学生),但国际学生不做以上要求。

莫纳什大学双威分校作为总校的一部分,其大多数专业的课程计划和要求都由总部制定,专业课程设置总体上分为主修和辅修两大模块,不同专业也具有自己的一些特点。工商学士(会计方向)是学校结合世界新形势开设的新专业,课程设计在马来西亚、南非以及本土的贝里克、吉普斯兰和半岛校区通用,并考虑各地的实际。课程体系考虑具有很强的弹性,尽量考虑不同地区和学生背景的实际,确保知识基本理论、原则和核心要素的传授。

课程体系由核心课程即基础课程、限选课和自由选修课三部分组成。其中核心课程主要是对工商领域的普遍介绍,所有要取得工商学士学位(包括会计、金融、商业法、电子商务、经济学、计量经济学与商业统计、金融与宏观经济、人力资源管理、国际商务和市场营销等方向)的学生必须选择;专业限选课主要针对各个具体专业方向开设,是与会计专业紧密相关的,必须在学生注册校区内选择;任选课可以从学院或者其他分校的专业获得。

在具体要求上,课程实行模块授课,每个模块折合为 6 学分,学生毕业需要完成 24 个模块的学习,修满 144 学分。其中,96 学分需要在学生注册的校区完成,基础课包括 6 个模块,共计 36 学分;专业课包括 8 个模块,共计 48 学分(其中第二和第三学年每年所修学分不得少于 12 个);另外的两个模块在专业内进行选择。公选课共计 8 个模块,学生可以在本学院、本校区自由选择,如果班容量允许的话也可以选择其他校区的课程。

表 3.2　莫纳什大学马来西亚分校会计专业课程安排①

类型	学分	模 块
基础课	36	会计和财务原则(Principles of Accounting and Finance)、商业法(Business Law)、微观经济学概论(Introductory Microeconomics)、商业统计(Business Statistics)或商业和经济统计(Business and Economics Statistics)、管理概论(Introduction to Management)、营销理论与实践(Introduction to Management)

① 参见 http://www.monash.edu.au/pubs/handbooks/courses/2224.html。

续表

类型		学分	模　块
限选课	专业内	48	财务会计概论(Introduction to Financial Accounting)、决策信息成本(Cost Information for Decision Making)、公司报告(Company Reporting)、财务管理(Financial Management)、会计信息系统和财务模型(Accounting Information Systems and Financial modelling)、绩效测量与控制(Performance Measurement and Control)、会计理论(Accounting Theory)、财务会计问题(Financial Accounting Issues)、审计与保证(Auditing and Assurance)、马来西亚公司法(Malaysian Company Law)、马来西亚所得税法(Malaysia Income tax Law)①
	学科内	12	在会计、金融、商业法、电子商务、经济学、计量经济学与商业统计、金融与宏观经济、人力资源管理、国际商务和市场营销等专业课程内自由选择
公选课		48	在全校各专业内任意选择,条件允许可在其他分校选择

2. 师资队伍

师资是教学质量的保障,为了保障海外分校与本土教学质量保持一致,保障专业声誉和吸引力,双威分校十分注重师资队伍建设,教师主要从澳大利亚选调和全球选聘组成,教师的选择要遵从澳方相关规定,具有相关资格和符合准入条件,莫纳什大学相关人员组成领导小组进行面试并任命,会计专业方向从教人员一般要具有以下几方面的条件:1. 博士学位。除杰出人才外,一般专业教师必须具备博士学位。2. 教学经验。教师需要精通本专业的教学内容,并具备相关的教学经验。3. 科研能力。专业对教师的科研能力也十分重视,教师需要具有一定的研究成果,同时具有本专业内两名权威教授的推荐信。

双威分校也具有一套教师指导的支持和系统。在教师发展上,一是实行导师制,目的在于发挥老教师的"传、帮、带"作用,使得新教师尽快适应教学环境,增强教学能力;二是到国外交流和访学,选聘教师在教学过程中有机会进入澳大利亚进行深造,接受"充电",主要学习教学制度,教学方法和教学材料,并进行文化熏陶。同时,教师还有机会通过访问交流的方式进入其他与莫

---

① 　其中,审计与保证、马来西亚公司法和马来西亚所得税法是取得会计师资格的必修课程。

纳什大学具有合作关系的一流院校进行学习,提高教学和科研能力。

3. 教学方式

教学方式是在特定的条件下,教师为达到特定的预期目标而采用的方式方法,不同的方式具有不同的效果。在教学方式上,主要采用课堂教学(lecture)和导师的个别指导(tutorial)。

会计方向教师均具有丰富的教学经验,在课堂上,案例教学、讲座、电话会议、演讲、小组学习等是被经常用到的授课方法,这些方法着眼于学生个人分析与解决问题能力的培养,希望能够培养出既可以进行独创性研究,又能同别人交流并影响别人的 Leaders。研讨课是课堂教学的主要方式,由学生在阅读指定的资料后,进行评论。教师只做引导性的发言和提问,并在讨论中对学生的意见发表看法。在一学期的研讨课中往往要求学生写若干篇不同题材和体裁的作业或论文,对学生阅读、思辨、表达和写作的能力是很好的锻炼。同时,会计专业还重视学生个性的养成,一般每星期都有一个小时的导师个别指导,针对不同学生,因材施教。

(三)培养评价

双威分校在管理上隶属于本部,在培养评价方式上与本部完全相同,工商学士(会计方向)学生课程考核由平时考核和期末考试两部分成绩组成,课程性质不同,不同考核方法所占的比例也有所不同(见表3.3),平时成绩主要是根据出勤率、历次作业、期中考试、研讨课发言和参加讲座等几方面情况而定。在期末考试内容上,各分校统一出题,以保障质量的等同,在考试时间上同时进行,以防止试卷内容泄露,保障考试的公平性,在评分标准尺度相同,达到真正检测教学质量的目的。

表3.3　工商学士(会计方向)各门课程考核方法所占比例

课程名称	各部分比例(%)		课程名称	各部分比例(%)	
	平时	期末		平时	期末
会计和财务原则	40	60	公司报告	40	60
商业法	30	70	财务管理	20	80
微观经济学概论	30	70	会计信息系统和财务模型	30	70
商业统计	30	70	绩效测量与控制	30	70

续表

课程名称	各部分比例（%）		课程名称	各部分比例（%）	
	平时	期末		平时	期末
商业和经济统计	30	70	会计理论	30	70
管理概论	50	50	财务会计问题	40	60
营销理论与实践	50	50	审计与保证	30	70
财务会计概论	30	70	马来西亚公司法	20	80
决策信息成本	30	70	马来西亚所得税法	20	80

工商学士（会计方向）学制为三年，共分为六个学期，学生修满规定的课程，并且总学分达到144个方可毕业，获得澳大利亚莫纳什大学工商学士（会计方向）[Bachelor of Business（Accounting）]，该学位与澳本土学生所获学位完全一致。如果不能按时毕业，可延长学习时间，但最长不得超过八年。

（四）培养特色

1. 原汁原味的澳式人才培养模式。会计专业无论是课程设置还是师资队伍、教学方式、教学材料和评价方式等均与澳大利亚本土完全相同，以在最大程度上达到"不出国门留学"的效果，不断提高学校知名度和吸引力，逐步实现开拓海外市场的战略目标。

2. 理论联系实际。澳大利亚本国职业教育非常发达，并且具备自身特色，分校在教学方式上也积极吸收这方面的经验，会计专业学生在课堂理论学习的同时，学校还积极联系，为学生创造到公司、企业等部门进行实习的机会，使学生能够学习到扎实的本领，尽快适应和融入到现代社会中。

3. 注重国际化人才的培养。双威分校本身就是高等教育国际化的产物，这也为该校学生的跨国交流提供了得天独厚的条件。目前，双威分校共设有四个国际交流项目，包括会计专业在内的所有学生均有机会参与到交流项目中来。①

——跨校交流项目（Intercampus Exchange Program）。莫纳什大学在全球共有八个校区，其中国内六个，分别是伯威克校区（Berwick Campus）、考菲尔

---

① 参见 http://www.monash.edu.my/advancement/students/exchange/。

德校区（Caulfield Campus）、克莱顿校区（Clayton Campus）、吉普斯兰校区（Gippsland Campus）、帕克维尔校区（Parkville Campus）和半岛校区（Peninsula Campus），国外包括南非校区和马来西亚校区，学生只要修满48学分，就可以申请参加跨校交流项目，到任意一所分校学习1—2个学期，所修学分有效，学费按照双威分校标准收取。

——国际交流项目（International Exchange Program）。目前，莫纳什大学在意大利、伦敦和普拉托等地方都设有学术合作交流研究中心，与美国、亚洲和欧洲等25个国家的115所院校签订了交流协议。双威分校（包含会计专业）的学生均有机会申请国际交流项目到有相关专业的学校进修1—2个学期。

——海外学习项目（Study Abroad Programs）。该项目主要针对与莫纳什大学没有交流协议的大学，学生可以自由申请，通过自费国际留学生的方式进入国外大学，学习时间为1—2个学期，学习期间学生不需向双威分校交纳学费，学生并不得到国外大学的学位，但学分可以得到莫纳什大学认可。

——短期国际交流项目（Short-term International Programs）。该项目一般利用假期时间，大约为2—8周（通常为四周），学习的课程大多数为一个模块，折合6个学分，课程既可以是核心课程也可以是选修课，值得注意的是，在该项目中，莫纳什大学只针对有学分的活动收费。通过各种交流项目，学生都有机会到国外高校进行交流学习，培养国际视野和技能，以更好地适应未来国际社会的竞争和挑战。

二、上海大学悉尼工商学院会计专业人才培养模式

1993年，悉尼科技大学（University of Technology, Sydney, UTS）下属拓展国际教育市场的Insearch学院主动接洽中国驻悉尼总领事馆教育处，表达了准备在中国寻求合作伙伴的意愿。在教育参赞推荐的几所高校中，该校最终选定上海工业大学（1994年5月合并为上海大学）为合作伙伴，双方于1994年3月签订了合作办学协议，在办学启动、课程设置和招生原则方面达成一致，并得到上海市教育主管部门的大力支持。1994年7月20日，原上海市高教局下达"关于上海大学和悉尼科技大学合作创办上海大学悉尼工商学院的批复"（沪高教外[94]第465号），正式批准成立上海大学悉尼工商学院，性质

为上海大学直属的公立学院。

悉尼工商学院作为国际化的产物，目标定位于在国际化的环境中培养学生具有国际意识、国际交流能力和紧跟世界潮流的专业知识，养成坦诚开放、适应性强和主动进取的风格，为我国的现代化经济建设服务。学院成立以来，遵循探索前进、稳步发展的办学道路，至今已形成了以本科学历教育为核心，研究生教育和国际学生教育为两翼的办学格局。专科教育始于1995年，目前开设有会计、国际商务、国际金融等三个专业，可授予中、澳双专科文凭。本科教育始于1998年，现开设有国际经济与贸易、信息管理与信息系统、工商管理、金融学、会计学五个专业。2002年经国务院学位办批准可授予中、澳两国学士学位。自主招生课程"2+2"留学直通模式开设国际商务专业与"4+1"本硕直通模式开设工商管理专业。除此之外，学院还有非学历的职业培训。

目前，学院各类在校生达到2700人，建立了自己的师资队伍和管理队伍，已向社会输送了近6000名各类专业人才，学生每年除了有15%出国继续学习之外主要在国内就业，就业率几乎为100%。他们主要的就业领域为国家政府机关、各种外贸公司、三资企业、中外商务机构和金融机构。

（一）培养目标

作为一门应用型学科，会计专业的培养目标主要是通过学习使学生具有扎实的管理学和经济学相关学科基础；熟练掌握会计学基本理论和操作技能，熟悉国内及国际会计准则、会计法规及证券市场的相关政策法规；有较强的职业判断能力和较高的专业外语水平；能灵活使用计算机、网络和外语工具进行会计实务操作；较强的财务分析、管理决策及国际沟通能力；具有一定的创新精神和团队精神，成为能够胜任企事业单位、会计师事务所、跨国公司和涉外经济部门的会计业务及管理工作的国际型专门人才。

（二）培养过程

1. 课程设置

在课程设置上，与莫纳什大学双威分校全盘引进有所不同，悉尼工商学院会计专业主要采用嫁接的方式，一方面，根据中方大学的基础、特点等实际情况开设相关的课程，如计算机基础、英语和体育等；另一方面，重视系统地引进澳方课程，特别是会计专业的核心课程，目前引进的课程已覆盖整个本科教学过程，形成了自己的特色。本科前两年除了中国学位所规定的一些公共课、基础课之外,专业基础课主要对应于悉尼科技大学本科第一年会计专业的课程,其中英语和专科基础课都使用原版教材,本科后两年引进悉尼科技大学会计专业本科全部核心课程,目前开设的专业课程主要包括:国际商法(International Business Law),国际税务(International Taxation),管理会计(Management Accounting),会计信息系统(Accounting Information System),财务管理(Financial Management),中级财务会计(Intermediate Financial Accounting),高级会计(Advanced Accounting),国际会计报告(Comparison of International Accounting Report),国际财务报表分析(International Financial Statement analysis),税务规划(Tax Planning),公共财政比较(Public Finance)和证券市场(Security Market)。①

2. 师资队伍

目前,上海大学悉尼工商学院会计专业师资队伍形成了由中外双方组成,以中方为主的特点。上海大学悉尼工商学院财会教研室目前共有 11 名教师,其中十名中教,一名外教。拥有博士学位的教师六名,在读博士两名,其余三位教师均有硕士学位,分别毕业于上海财经大学、同济大学、上海交通大学、麦考瑞大学、墨尔本大学等国内外知名高校。50% 以上的教师拥有中国注册会计师资格证书、ACCA 或澳大利亚 CPA 资格。②

为了提高专业教师的教学能力,适应中外合作办学的需要,悉尼工商学院十分重视教师能力的培养,学院每年都选派一些教师到国外进行培训,增强教师对西方文化、教育制度、教学理念、教学方法和教学材料等方面的了解,力争使每位教师都成为教学骨干。目前,中方教师半数以上已经经过澳方大学培训,中方教师中 80% 可以使用原版教材进行双语教学。从 1994 年至今,学院已陆续派出八批教师到合作方进行课程和业务的培训,他们带回了大量的教学资料,对国外大学的教育理念、教学模式有了更为深刻的理解,为推动学院的国际化办学起到了关键性的作用。③

---

① 参见 http://202.121.197.9/silc/cn/academic/undergrad.html。
② 参见 http://www.silc.shu.edu.cn/Default.aspx? tabid=16622。
③ 参见龚思怡:《高校中外合作办学模式运行机制的研究》,上海大学出版社 2009 年版,第163 页。

3. 教学方式

英语是学院教学的基本语言,主要专业课程由全英语授课,因此英语能力对学生学习和未来发展都至关重要。学院将国内的"大学英语"与 UTS 的英语课程相融合,教学中融入雅思测试内容,使学生在提高英语实际能力的同时,能适应各种国际英语水平测试。① 悉尼工商学院的教学模式不是传统的课堂灌输,而是引进了国外先进的教学方法,在英语教学上主要有两大特色:一是分级教学。英语教学并不是以专业和班级为单位,学院通过期末考试成绩对学生的水平进行鉴定,并通过鉴定结果对学生进行分级,不同级别的班级学习的内容和教学重点有所不同,从而有利于因材施教,教学更具有针对性。二是小班教学。每个班的人数保持在 20 名左右,这样有利于教师与学生近距离接触,了解学生,挖掘学生的潜力,更好地组织教学活动,调动学生的学习积极性。

作为一门应用学科,会计专业课程特别重视学生实际操作能力的培养,在教学方式上主要采取案例教学和实践教学,以"理论 + 辅导 + 研讨"的形式(一般情况下每门课每周两节理论授课,两节辅导和研讨课),辅以社会实践和企业模拟训练。教师在课上提出问题、案例或者设置一种真实的情景,学生通过分组查阅资料、调研、讨论和分析等方式提出自己的观点或解决对策,最后由教师点评和总结,这些教学方法改变了教师单一授课的模式,使学生能够融入学习,积极主动思考和灵活运用知识,培养团队合作精神。

(三)培养评价

在学生评价上,学生成绩由任课教师负责评定,成绩评定以考试成绩为主,平时成绩为辅,平时成绩主要根据学生的作业、课堂出勤率和回答问题等情况,比例不超过总成绩的 30%,试卷形式全英文或者中英文交叉命题方式,在内容上以悉尼科技大学原版教材为依据,但学生的答题必须采用英语。悉尼工商学院会计专业学制为四年,学生完成所规定的课程,达到毕业要求就可以获得上海大学管理学学士学位和悉尼科技大学商学士学位。

(四)培养模式特色

经过几年的发展,悉尼工商学院在人才培养方面形成了自身的特色,主要

---

① 参见 http://www.silc.shu.edu.cn/Default.aspx? tabid = 16594。

有以下几方面：

1. 嫁接式的人才培养。作为上海大学的二级学院,悉尼工商学院并不是完全照搬澳方办学模式,澳方主要提供办学的课程设置、专业教材以及证书等,而具体的教学和管理活动则由中方人员负责,具有较强的地方适应性。针对澳大利亚引进的商科教材语言难度大、篇幅较长的特点,学院采取商科基础课程全部由中方教师用中文组织教学,实务课程由中方教师主讲课程的全部内容,辅以澳大利亚访问教授作短期案例教学,主讲中外法规和体系中的不同部分,使学生能了解这些规章制度与实务操作在中外的运行情况。①

2. 强化英语技能训练。学院的英语课程全部由外籍教师担任,给学生营造了一个学习英语的良好氛围。所选教材密切结合现实生活和专业特点,直接从国外引进。组织学生去涉外企业实习,为学生学习商科知识打下良好的语言基础。

3. 重视计算机应用能力培养。学院将计算机应用课程列入必修课,理论教学与上机实验的比例为1∶2,二年制和三年制学生计算机类课程的总学时分别达到400和500学时,远高于其他院校同类专业四年制本科生200学时总学时的要求。学院着重抓好实验课的教学,使学生能熟练地进行文学处理及数据库操作、简单程序的开发、财务数据的电算化处理。这些能力的获得,进一步开拓了学生的就业门路。②

4. 注重利用条件,促进学生的国际化。悉尼工商学院十分重视学生国际视野和能力的养成,会计专业学生可以通过海外交流学习项目、海外学生短期交流项目、国际办学项目交流、国际文化教育交流等方式到澳大利亚、美国、英国、加拿大、法国、挪威、瑞典和韩国等地进行继续深造、访学或短期进修。

第三节　澳大利亚跨国合作办学人才
培养模式的主要特点

在长期的发展过程中,澳大利亚跨国合作办学形成了独具特色的人才培

---

① 参见蔡永莲:《全球化趋势对高等教育的影响——关于国际合作办学的一点思考》,《教育发展研究》2002 年第 6 期。

② 参见上文。

养模式,总结以上两所学校的人才培养模式,主要有以下几方面的特点:

第一,国际化的人才培养目标。国际化是当今高等教育发展的大趋势,而合作办学的一个重要使命就是培养具有国际视野和技能、能够参与国际竞争的专业人才。从分析来看,无论是莫纳什大学马来西亚分校还是悉尼工商学院都发挥了自身的特点,以国际化为方向,制定了比较明确的人才培养目标,并采取各种措施,进行了不同形式的探索。

第二,重视教师的引进和培养。师资是教学质量的重要保障,也是实现人才培养目标的关键要素之一,两所学校十分重视教师的选派和引进,在教师的选择上,两校都比较重视教师的经历,尤其是国外留学的背景,同时都建立了教师培训和交流制度,教师都有机会到澳方相应大学接受培训,使新任教师都能够学习到澳方教学的方法、深刻理解教学内容和模式,在最大程度上提高教师水平。

第三,课程设置与合作方实际相结合。遵守东道主国家相关准则,是规避办学风险,实现全球战略的基本原则。从两校课程设置来看,都从实际情况出发,对课程进行了不同程度的改造。马来西亚分校在学习本国规定的伦理学、马来西亚语、国语和伊斯兰教研究四门课程的基础上,按照莫纳什大学的课程体系授课。而悉尼工商学院则在学习计算机基础、思想道德修养等必修科目基础上,引进和改造澳方课程。

第四,应用性人才培养强调实践。澳大利亚职业教育体系发达,其教学模式高校应用性人才培养中也被广泛应用。无论是莫纳什大学马来西亚分校还是上海大学悉尼工商学院,两者的会计专业都十分重视实践教学,在课堂上都不拘泥于理论讲解,而是辅助以案例研讨,力图使学生置身于真实生动的工作情景中,在课堂外鼓励并组织学生积极参加公司、企业等实践,让学生通过实践找到并创新问题解决的方法,成为能够适应社会发展的应用性人才。

第五,人才培养模式的多样化。在长期的发展中,澳大利亚高校形成了不拘一格的人才培养模式,从莫纳什大学马来西亚分校和悉尼工商学院两个典型的案例分析来看,两者具有相同点但也各具特色。相比之下,马来西亚分校与莫纳什大学合作更全面、程度更深,管理上直接从属于总校;从目标上直接采用莫纳什大学理念;在培养过程中,学生可以相互流动,交换制度更加完备和灵活,教师的任命权属于总校;评价上采用与澳方同样的方式,并且标准一致。悉尼工商学院在管理权上中方具有很大自主权,双方更多地体现"合作"而非"从属",合作程度较浅,更有利于本土应用型人才的培养。在目标上,在培养国际化人才的同时,考虑中国实际情况,着眼于为中国现代化培养人才,地方性更浓;在师资聘用上,选择权属于中方,培养上中外双方都具有相应的权利和义务;在培养评价上,悉尼工商学院在参照澳方标准的基础上加以改造,比较适合中国国情。总体来看,莫纳什马来西亚分校和悉尼工商学院在人才培养模式上都进行一定的探索和改造,但分校更多地偏向"移植",而悉尼工商学院更多地体现"嫁接",正是这种培养模式的灵活多样性,促进了澳大利亚跨国教育的蓬勃发展。

第四章　加拿大跨国高等教育
人才培养模式

　　加拿大高等教育发端于 17 世纪中期的教会学校,迄今已有 350 年的历史。第二次世界大战前,加拿大高等教育发展缓慢。至第二次世界大战结束,加拿大联邦政府通过退伍军人福利项目介入高等教育,加大资金投入,其高等教育迅速发展。加拿大高等教育系统由公立院校和私立院校组成,公立院校共有 281 所,包括 75 所大学与 206 所社区学院,全日制在校学生数达 930510人。[①] 近年来,加拿大私立学院发展较为迅速,然而公立院校始终处于绝对主体地位。如今,加拿大高等教育十分发达,被认为是"全世界中学后教育最为发达的少数国家之一"[②]。国际化成为加拿大大学发展的核心理念。跨国高等教育已经成为推进加拿大高等教育国际化发展必不可少的的手段之一。2006 年 AUCC[③] 调查结果显示,国际化已经成为加拿大大学发展的一种驱动力,它影响着加拿大几乎每一所大学的教学、科研与社会服务。大学纷纷建立起国际发展机构,与世界上各种学术机构、科研组织、大学以及非政府组织签订合作协议,创办海外研究中心,开拓跨国合作办学。

第一节　加拿大跨国高等教育的发展

　　加拿大高等教育发展自始就具备跨国性特点。在高等教育发展的初期,

---

　　① 参见[加]格兰·琼斯,林荣日译:《加拿大高等教育——不同体系与不同视角(扩展版)》,福建教育出版社 2007 年版,第 4 页。

　　② 同上书,第 1 页。

　　③ AUCC 指"加拿大大学与学院联合会",成立于 1911 年,是加拿大大学与学院主要负责机构,该联合会属于非政府、非营利性社会中介机构。

加拿大跨国高等教育的主要特点是教育"输入"。其早期大学的创办并非一种自发的创建过程，而是来自欧洲国家(主要是英国与法国)教会资助和支持，如天主教会创办的拉瓦尔大学，基督教教会资助创办的温莎国王学院、弗雷德里克顿国王学院、约克国王学院、麦吉尔学院、阿卡迪亚学院等。19 世纪中后期，加拿大联邦政府成立，欧洲工业革命兴起，加之达尔文进化论与宗教改革的影响，加拿大高等教育世俗化发展进程加快。20 世纪初，国际教育组织开始为加拿大高等教育提供资助。1906 年，美国财团教育基金会之一的卡内基促进基金会开始关注加拿大的高等教育，并在同年捐款三万加元修建了阿卡迪亚大学图书馆。其后也为达尔豪西大学、温莎国王学院、纽芬兰大学提供资金资助。此外，美国洛克菲勒基金会也开始为加拿大高等教育发展提供资金资助。在国际力量的帮助下，加拿大高等教育体制逐渐趋于完善。尤其是研究生教育的迅速发展，加拿大大学的实力迅速上升，出现了具备培养硕士和博士研究生的研究型大学，在培养硕士和博士研究生中表现尤为突出，如多伦多大学与麦吉尔大学。

加拿大高等教育逐渐发展壮大，开始改变长期以来跨国高等教育"输入"的局面。1920 年，加拿大统计署首次对加拿大国际学生数进行统计，此时就读于加拿大院校的全职类国际学生数已经有 1300 人。这是加拿大国际学生具体数据最早的记载，也是加拿大跨国高等教育发展逐步走向"输出"的具体表现之一。第二次世界大战后，加拿大高等教育发展进入到黄金阶段。联邦政府与省政府为高等教育注入大量资金，极大地促进了加拿大高等教育发展。而高等教育的繁荣兴盛则不断地吸引着国外学生前往加拿大高等院校学习。1992 年统计数据显示，加拿大国际学生数总量仅次于美国、英国、澳大利亚等国家，排名世界第五。具体来看，2006 年，加拿大签证的国际学生数量已达83000 人，包括 70000 全日制学生和 13000 兼读制学生。就读本科层次的全日制国际学生数达到 48000 人。同年，研究生层次全日制国际学生数量达到约22000 人，其中博士生占三分之一。①

在国际教育交流与合作领域中，加拿大逐渐从边缘走向中心，在国际教育

---

① 参见 *Trends in higher education ︱ Volume 1*. Enrolment Published in 2007 by: The Association of Universities and Colleges of Canada, p. 16。

舞台上扮演了十分重要的角色。一是加拿大加强与英联邦国家之间的交流与和合作。1958年,加拿大在蒙特利尔市成功举办了决定加强英联邦国家之间教育的交流与合作的英联邦贸易与经济会议。其后,加拿大在首都渥太华主办了第五届英联邦教育部长会议。此外,加拿大还不断扩大对联邦奖学金和研究基金计划的资金援助。二是加拿大不断拓宽在国际教育交流与合作中的援助。迄今,加拿大国际教育交流与合作的援助计划和项目已经从世界300个地区扩展到500个地区。三是加拿大政府积极倡导并支持同发展中国家教育的合作项目,鼓励大学参与加拿大国际发展署主持的发展中国家教育援助项目。1987年,该项目以奖学金和培训课程的形式资助了发展中国家的2000多名学生和1000多名培训学员到加拿大学习,同时还资助发展中国家的1100多名学生和近3000名培训学员在本国接受学习和培训。① 四是加拿大尤其重视与中国的教育交流与合作。自1970年中加建交以来,两国的教育交流得到了全面迅速的发展。两国的教育部门,特别是高等院校之间建立了多种形式的交流与合作关系。两国通过互派学术团体访问,交换教师、留学生和信息资料,开展合作研究,联合培养博士生,共同举办学术研讨会和培训班等活动增进了两国教育部门和学术界的相互了解,促进了双方学术、科研和管理水平的提高。

20世纪70年代后,加拿大高校合作办学从联邦各省际或者区域内的合作办学(如多伦多大学联盟和马尼托巴大学联合体等),逐步走向高校跨国合作办学形式。在跨国高等教育发展过程中,一方面不断加强对国际学生的吸引,通过资金和人员的资助以及培训项目来输出自己优质的教育资源;另一方面在国外开始建立海外国际学校、研究中心、语言学校以及寻找合作办学项目伙伴等。如不列颠哥伦比亚大学在全世界就开展了149个国际学术项目,包括各种各样的研究、合作办学、学术交流计划等。如今,加拿大高校跨国合作办学方兴未艾,由于加拿大高校拥有院校自治传统,各种政策和方针由高校自行决定,各高校在国际教育交流和合作方面自主办学,致使我们很难统计出加拿大高校跨国合作办学的具体数据。仅加拿大与中国高校合作办学项目,中国教育部于2009年3月前确认并公布的本科和硕士及以上教育中加合作办

---

① 参见侯建国:《加拿大高等教育改革与发展》,高等教育出版社2006年版,第129页。

学项目达到 16 个,其中本科层次有 10 个,硕士及硕士以上教育有 6 个。除此之外,加拿大各高校还与中国各个省、市属高校之间,以及民间教育机构和组织之间有着广泛的交流和合作。

第二节　加拿大跨国高等教育人才培养模式案例研究

一、加拿大汤姆逊大学跨国高等教育人才培养模式

加拿大汤姆逊大学(Thompson Rivers University)的前身为卡里布学院(The University College of the Cariboo)。如今坐落在英属哥伦比亚省的汤姆逊大学已经是一所被加拿大国际学历认证信息中心列入《加拿大认证的高等院校名单》,属于拥有颁发应用硕士学位、学士学位以及大专文凭和证书全权的高等院校,也是《麦克琳——加拿大大学入学指南》所推荐的 67 所加拿大著名高等院校之一。

(一)汤姆逊大学跨国高等教育概况

该大学自 1970 年创校开始就致力于加强与国际间的合作与交流,积极开展海外合作办学项目,因此被誉称为"加拿大最国际化的大学之一"。至今该校已经与中国、印度、马来西亚、新加坡以及泰国先后建立了国际合作办学项目,项目合作主要涉及工商管理、计算机应用技术和旅游管理等专业。

表 4.1　汤姆逊大学跨国合作办学项目

合作办学专业与项目	合作国家	合作方	特点
工商管理	中国	天津理工大学	"4+0"培养模式　合作课程　学士
		上海理工大学	"3+1"培养模式　合作课程　学士
	印度	大陆国际问题研究所	"4+0"或者"1+3"模式引入加拿大全部课程与师资　学士
	新加坡	华盛顿商业语言学院	学士
计算机应用技术	印度	大陆国际问题研究所	"4+0"或者"1+3"模式引入加拿大全部课程与师资　学士
市场营销	印度	大陆国际问题研究所	1 年制　准学士文凭
旅游管理	中国	北京协和学院	学士

续表

合作办学 专业与项目	合作国家	合作方	特点
计算机应用与管理文凭	马来西亚	保利科技玛拉学院	"2+2"模式　汤姆逊大学计算机应用与管理文凭,毕业后去加方学习2年,可获得计算机应用技术学士学位
中学预科文凭	泰国	圣乔治国际学校	加拿大中学预科文凭,毕业生可直接申请汤姆逊大学或者北美的大学
联合研究与培训计划	中国	中央广播电视大学	开放性大学　远程教育合作2009年签署协议

（二）汤姆逊大学与天津理工大学联合举办工商管理专业人才培养模式

2002年,经加中双方主管部门批准,加拿大卡里布大学（UCC）与中国天津理工大学合作举办本科层次的工商管理专业（TUT-UCC Joint BBA Program）。2005年4月,卡里布大学正式更名为汤姆逊大学（TRU）,两校之间的工商管理专业合作办学项目维持不变,至今已经成功合作办学长达七年。

1. 培养目标

汤姆逊大学与天津理工大学工商管理专业合作办学项目旨在充分利用双方教学资源,联合培养既具备宽广的知识面又具有扎实的管理学、经济学理论基础和专业知识、技能,具有较强的语言和文字表达能力、人际沟通能力的高级管理应用型人才,以适应全球经济一体化及中国加入WTO后对管理专业应用型人才的国际化需求。该项目培养的人才将能够独立进行调查研究,对企业经营活动具有分析和解决问题的基本能力,熟悉中国工商管理的法律和法规,了解发达国家现代经营模式和管理方法,熟练掌握计算机应用技术,市场调研和资料查询的基本方法,能在工商企业、各级政府、金融机构、管理咨询机构、科研单位等部门,从事财务管理、市场营销管理、生产组织管理、企业策划、企业发展战略及企业诊断咨询。

2. 培养过程

（1）课程设置

该合作办学项目的课程设置与教学安排由合作双方共同制定,引进汤姆逊大学的专业课程和教学计划,同时加入天津理工大学的部分课程。课程可分为基础课程与专业课程,基础课程包括公共基础课、综合英语、计算机基础等;专业课程即主干课程包括管理学、微观经济学、宏观经济学、管理信息系统、统计学、会计学、财务管理、市场营销、商法、运营管理、人力资源管理、企业战略管理等。

表 4.2　汤姆逊大学与天津理工大学工商管理学士学位课程

	课程名称
基础课程	公共基础课、商务英语、综合英语、商务沟通、计算机基础
专业课程	管理学、微观经济学、宏观经济学、统计学、运营管理、会计学、财务管理、市场营销学、商法、人力资源管理、管理信息系统、企业战略管理
其他专业或专业选修课程	商业伦理、管理经济学、管理会计学、整合营销传播、市场调查、销售管理、组织行为学、人才招聘与面试、电子商务、中外商务行为比较学

　　该合作项目课程设置与汤姆逊大学工商管理学士学位课程相比较,两者在公共课和部分专业课上有较大的不同。后者课程类型包括初级课程和高级课程两种,即初级商业课程和高级商业课程。初级课程中又分为选修课程和必修课程,如人文选修科、社会选修科、科学与数学选修科、商业必修科等。①

表 4.3　汤姆逊大学工商管理学士学位课程

初级商业课程	人文选修科	英语、美术、法语、德语、日语、西班牙语演说、戏剧、历史、音乐、哲学
	社会选修科	人类学、加拿大研究、经济学、教育学地理学、政治学、心理学、社会学
	科学与数学选修科	生物学、化学、计算机科学、自然地理学地质学数学、物理学、统计学、心理学
	商业必修科	财务会计学管理会计学管理概论组织管理经济与商务统计1经济与商务统计2管理经济学
	非商业选修课程	三门非商业选修课程

---

　　① 参见 http://www.truworld.ca/internationalstudents/programs/businessadmin/bizset/courses.html。

续表

		社会商业学、企业财务、管理科学
高级商业课程		市场学概论 国际商业 人力资源管理概论 商法行政政策讨论班

（2）培养方式

本项目采用灵活的可选择性的合作办学形式，即"4+0"或者"3+1"两种形式。

"4+0"培养模式是指四年时间全部在天津理工大学完成本专业的学习。学生可以选择四年时间全部在天津理工大学学习，参加毕业论文答辩，达到学习要求并符合毕业条件及学位授予条件者将获得汤姆逊大学颁发的毕业证书及管理学学士学位证书。

"3+1"培养模式是指在天津理工大学学习三年，最后一年前往汤姆逊大学学习。部分优秀学生可以选择最后一年在汤姆逊大学学习一年或者半年，凡成绩达到汤姆逊大学要求并获得加拿大签证者可赴汤姆逊大学学习本专业一年或半年，回国后继续在天津理工大学学习，完成学位论文及答辩。达到学习要求并符合毕业条件及学位授予条件者将获得汤姆逊大学颁发的毕业证书及管理学学士学位证书。

（3）教材与教学

本项目除了引进了汤姆逊大学的专业课程，同时还采用了其最新版本的原版专业教材，并拥有来自汤姆逊大学和天津理工大学的专业教师队伍，其中包括来自北美著名的商学教授和专家。参加该项目的学生在学期间，将由加拿大汤姆逊大学与天津理工大学双方专业教师共同完成所有的课程教学。在教学方式上，课堂教学采用的中英双语教学模式为学生提供了良好的语言和专业学习环境。具体来看，双语教学包括四种类型：一是用汉语或外语教授第二语言，如"综合英语"课程的教学；二是在用汉语进行教学的同时，用非母语（英语）进行部分或全部专业的教学，如"商务与经济统计"的教学；三是在用外语原版教材进行教学的同时，用汉语进行部分或全部专业，如"国际市场学"的教学；四是全部使用外文教材以及用外语教授专业课程，如"中外商务行为比较"的外教集中授课。①

3. 培养评价

本合作项目人才培养评价由天津工业大学组织学期期末考试,以检测和考查学生学习成效。此外,该项目合作双方联合设立了"学习成绩优秀奖学金",每学期评选一次,每年将两次选拔优秀学生作为交换生赴加拿大汤姆逊大学学习半年。②

二、加拿大不列颠哥伦比亚大学跨国高等教育人才培养模式

不列颠哥伦比亚大学是一所世界知名大学,地处加拿大西部哥伦比亚省,成立于 1908 年,如今是一所拥有颁发博士、硕士、学士学位及大学文凭和证书的综合性大学。不列颠哥伦比亚大学重视大学国际化,注重跨国高等教育。建设世界一流的国际化大学,培养全球公民,造福世界人民始终为不列颠哥伦比亚大学发展的核心理念,因此,"凡是有利于加强不列颠哥伦比亚乃至加拿大与其他国家和地区联系的教育、学习和研究活动,一律给予积极的鼓励和支持"③。

(一)不列颠哥伦比亚大学跨国高等教育概况

早在 19 世纪 30 年代初,不列颠哥伦比亚大学已经开始跨国合作教育项目。1930 年,不列颠哥伦比亚大学成立了中国留学生协会。次年,又成立了日本留学生协会。1933 年,日本著名的政治活动家新渡户稻造(Inazo Nitobe)在不列颠哥伦比亚大学做演讲报告,他在报告中呼吁增进东西方世界的交流与合作。其后,1934 年,不列颠哥伦比亚大学的教授亨利安格斯(Henry Augus)开设了名为"太平洋区域问题"的国际课程作为对新渡户稻造报告的回应。留学生协会的成立、国际课程的出现标志着不列颠哥伦比亚大学跨国合作教育的开始。

第二次世界大战后,不列颠哥伦比亚大学第三任校长 MacKenzie 十分重

---

① 参见李桂山、冯晨昱:《中外合作办学背景下双语教学模式的建构——以天津理工大学国际工商学院为例》,《高等教育研究》2009 年第 1 期。

② 参见 http://202.113.73.122/icbt/academic.html。

③ 冯俊、孙静:《不列颠哥伦比亚大学的中长期发展战略》,《世界教育信息》2005 年第 5 期。

视对亚洲地区教学与科研的研究,积极推进亚洲研究项目,至 1977 年成立了亚洲研究所。此外,MacKenzie 于 1959 年创办国际学舍,该学舍成为国际学生活动的中心场所。1985 年,新任校长 Strangway 提出将不列颠哥伦比亚大学建设成为"杰出的国际中心",并成立国际联络办事处,开展跨国教育项目。不列颠哥伦比亚大学与世界各地区大学签署了 150 多个合作项目,达 5% 的在校本科生出国留学①,不列颠哥伦比亚大学因此在亚太地区声名鹊起。

如今,不列颠哥伦比亚大学国际化程度相当高,它拥有 23 个国际中心和院系,7 个国际学生联合办学机构,以及来自世界上 120 多个不同国家和地区的学生。在跨国合作办学方面,不列颠哥伦比亚大学已经在全球拥有 149 个学术交流与合作项目,其中北美 54 个,南美 4 个,非洲 10 个,欧洲 20 个,中东 1 个,大洋洲 6 个,亚洲 54 个。艺术系、尚德商学院和应用科学系等表现尤为活跃,在具体学科上,应用科学、艺术学、牙医、教育学、林学、土地与粮食系统、法学和医学等表现突出。② 不列颠哥伦比亚大学发展路程表明,跨国高等教育显然成为其发展以及未来发展的必然选择。加强与世界各地区与国家的交流与合作,开展合作项目,有利于提高大学国际声誉,提升大学内在的软实力。

(二)加拿大不列颠哥伦比亚大学与上海交通大学合作举办国际工商管理硕士专业人才培养模式

2001 年,不列颠哥伦比亚大学与上海交通大学开始合作举办国际工商管理硕士学位教育项目,具体由不列颠哥伦比亚大学尚德商学院(the Sauder School of Business)与上海交通大学安泰经济与管理学院共同实施。尚德商学院是北美地区最优秀的商学院之一,在人才培养中毫无疑问地提供了全球最优质的教学资源,包括国际一流水平的师资、优质的教学课程、有效的教学方式等。迄今,尚德商学院已经培养了来自世界 75 个国家的 30000 多名世界人才。

---

① 参见 Craig Evan Klafter, *Internationalizing the University of Britain Colombia Strategic Plan*, the University of Britain Colombia, 2007, p. 3。

② 参见 http://www.ubc.ca/internationalization/index. html。

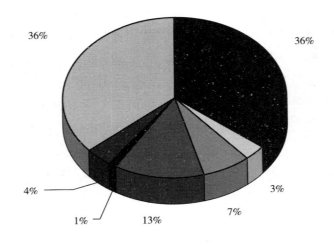

36%　　　　　　　　　36%

4%　　　　　　　　　　　3%

1%　　　13%　　　7%

☐ 亚洲　■ 大洋洲　☐ 中东　■ 欧洲　☐ 非洲　☐ 南美　■ 北美

图 4.1　不列颠哥伦比亚大学全球交流与合作项目

数据来源：UBC student mobility partner university agreements：current status，the university of british columbia，vancouver。

1. 培养目标

不列颠哥伦比亚大学与上海交通大学合作举办的国际工商管理硕士旨在培养具备综合管理与创新能力、世界范围内的商业领袖人才。要求学生对商业领域具有深入的理解，有广泛的知识基础，高层商业战略方针决策能力，具有团队合作精神和沟通交流能力，处理错综复杂的商业问题，面对未来挑战。

2. 培养过程

（1）课程设置

该合作项目课程设置具有阶段性。课程分为两类，即核心课程与模块课程。该课程设置是以不列颠哥伦比亚大学温哥华本校全职 MBA 课程为基础而设计的。具体来看，核心课程分三阶段进行，课程内容包括会计学、财政学、信息技术、物流营运、营销学、人力资源管理和策略学等。模块课程按照模块设置，共有 16 个模块，又被分为两个主要模块系列，系列一为基础课程，系列二是提高课程。基础课程包括财务报告、企业融资基础、管理经济学、投资学、应用统计学等，提高课程包括商业策略、财务报表分析、物流与运营管理概论、战略人力资源管理、国际贸易环境、国际金融环境等。

表 4.4　不列颠哥伦比亚大学与上海交通大学合作举办
工商管理硕士学位课程设置（2010 年）

	类型	分段	学时	课程内容
课程模块系列一	核心课程	阶段一	13 天	会计学 财政学 信息技术 物流营运 营销学 人力资源管理和策略学
		阶段二	2 周	
		阶段三	5 天	
课程模块系列二	模块课程	基础课程	64 天	财务报告 企业融资基础 管理经济学 投资学 应用统计学
		提高课程		商业策略 财务报表分析 物流与运营管理概论 战略人力资源管理 国际贸易环境 国际金融环境 行销策略 供应链管理 商业资讯科技应用调查 创业风险投资策略

（2）培养方式

该合作项目课程学习时长为 20 个月，采用以短期（两周）入加拿大全职学习，长期在中国兼职学习为主的人才培养方式。参加项目的学生在不列颠哥伦比亚大学集中学习两个星期，大部分时间在上海交通大学安泰经济与管理学院学习，并以周末兼职学习为主。

上海交通大学安泰管理学院教授全程担任各课程的课前辅导，尚德商学院知名教授到上海主讲授课。学生所上的近 24 门课的教材全部是由不列颠哥伦比亚大学提供的英文教材,所有课程均以英文教学,为学生提供了一个国际化的视野。此外,学生在温哥华本校参加为期两个星期的整合式核心课程,通过课堂学习与外出访问的形式,亲身感受和熟悉北美的文化和商务环境。教师们利用讲课、案例分析、解决问题、小组项目等形式,培养学生的管理、激励、创新和领导能力。毕业学生在上海参加由不列颠哥伦比亚大学与上海交通大学共同举办的毕业庆祝仪式,同时前往不列颠哥伦比亚大学参加毕业典礼。

表 4.5　不列颠哥伦比亚大学与上海交通大学合作举办
工商管理硕士学位培养计划(2010 年)

课程	时长	学习地点	日期安排
整合核心课程（阶段 1）	4 天	上海交通大学	2010 年 3 月 20—23 日
	4 天		2010 年 3 月 25—28 日
	5 天		2010 年 4 月 8—12 日
整合核心课程（阶段 2）	2 周	不列颠哥伦比亚大学	2010 年 5 月 2—14 日
整合核心课程（阶段 3）	5 天	上海交通大学	2010 年 6 月 3—7 日
模块课程	16 个月	上海交通大学	每月一周 2010 年 7 月—2011 年 11 月

（3）师资队伍

该项目师资力量雄厚。无论是在加拿大授课期间还是在上海交通大学授课期间,所有任课教师均来自不列颠哥伦比亚大学尚德商学院。学生可以原汁原味地体验来自国际一流大师的经验交流与体会。目前该项目拥有教师共19 名,包括会计学、财政学、营销学、管理信息系统、营运与物流、组织行为与人力资源、战略与商业经济等专业。在所有教师中,其中有博士学历的教师达17 人,占 90%,教授 15 人,占 79%。① 几乎所有的教师最后学位所读院校均

---

① 参见 UBC IMBA Faculty,The University of British Columbia, Vancouver, Canada. http://www. sauder. ubc. ca/Programs/MBA/International_MBA/UBC_IMBA_Faculty。

为世界顶尖级大学,如加州大学伯克利分校、哥伦比亚大学、斯坦福大学、普林斯顿大学、多伦多大学等。

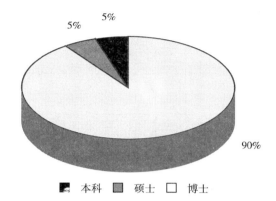

图4.2　不列颠哥伦比亚与上海交通大学合作举办
国际工商管理硕士专业师资学历构成

资料来源:UBC IMBA Faculty,The University of British Columbia,Vancouver,Canada。

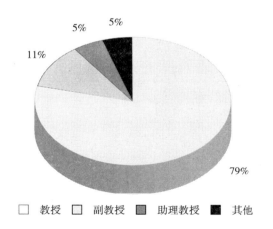

图4.3　不列颠哥伦比亚与上海交通大学合作举办
国际工商管理硕士专业师资职称构成

资料来源:UBC IMBA Faculty,The University of British Columbia,Vancouver,Canada。

表 4.6　不列颠哥伦比亚大学与上海交通大学合作
举办工商管理硕士学位师资表

学科	姓名	学历	职称	最后学位所读院校
会计学	Steve Alisharan	本科	美国注册管理会计师	不列颠哥伦比亚大学
	Qiang Cheng	博士	助理教授	威斯康星大学
财政学	Ron Giammarino	博士	教授	维多利亚女王大学
	Stanley Hamilton	博士	教授	加州大学伯克利分校
	Maurice Levi	博士	教授	芝加哥大学
营销学	Paul Cubbon	硕士	教员	西门莎菲大学
	Charles Weinberg	博士	教授	哥伦比亚大学
管理信息系统	Yair Wand	博士	教授	以色列理工学院
营运与物流	Derek Atkins	博士	教授	华威大学
	Jonathan Berkowitz	博士	教授	多伦多大学
	Garland Chow	博士	副教授	印第安纳州立大学
组织行为与人力资源	Brian Bemmels	博士	教授	明尼苏达州立大学
	Nancy Langton	博士	副教授	斯坦福大学
	Daniel Skarlicki	博士	教授	多伦多大学
战略与商业经济	Anthony Boardman	博士	教授	卡内基—梅隆大学
	Thomas Hellmann	博士	教授	斯坦福大学
	Robert Helsley	博士	教授	普林斯顿大学
	Thomas McCormick	博士	教授	斯坦福大学
	Ilan Vertinsky	博士	教授	加州大学伯克利分校

3. 培养制度与培养评价

不同于普通硕士专业采用学分制或者学年制为主,不列颠哥伦比亚大学与上海交通大学合作举办国际工商管理硕士学位人才培养模式采用学时制,完成所有课时的学生获得硕士学位。这归因于本项目培养时限为 20 个月,学生在期限内完成所有的课程学习,包括国内课程学习和国外课程学习,完成后所有学生获得加拿大不列颠哥伦比亚大学国际工商管理硕士学位证书(IMBA),同时获得上海交通大学安泰经济与管理学院写实性证书。

在模块学习过程中,每周四将会组织模块考试,对学生学习情况进行分析与评价。模块考试通过后开始新的模块学习。

第三节 加拿大跨国高等教育人才培养模式的特点

加拿大跨国高等教育合作办学方兴未艾，表现特点诸多。作为高等教育资源输出大国，其优秀的教育资源，如优质的课程、先进的办学理念、完善的教学管理以及国际一流的师资等，成为加拿大向世界推广高等教育服务贸易的先决条件。加拿大跨国高等教育人才培养模式特点呈现出教学方法多样并举、师资构成国际化等，但"教育输出"则成为加拿大跨国高等教育人才培养表现最为突出的特点。

第一，"3+1"、"4+0"或"1+3"等多样化人才培养模式涌现。

长期以来，国际留学生教育是加拿大跨国高等教育最为传统的内容。世界范围内国际留学生市场竞争激烈，留学生比例下降。自20世纪90年代后，加拿大各高校开始在世界各地积极发展合作伙伴，如教育机构、政府部门、企业以及民间办学机构等，合作办学模式逐渐兴起。

加拿大跨国高等教育人才培养模式多样，除了传统的留学生教育，还包括形式多样的海外研究中心与服务组织、跨国合作项目、联合培养项目、海外学校、假期短期培训、远程教育等。譬如，在汤姆逊大学跨国合作办学模式中，与中国天津理工大学合作采用"3+1"和"4+0"培养模式，与印度大陆研究中心合作采用"1+3"或者"2+2"的培养模式，以及与中国中央广播电视大学开展远程培训教育等，与韩国高丽大学的合作办学项目中采用假期短期培训和学习的模式。多样化的人才培养模式已经成为加拿大跨国合作办学人才培养模式最主要的特点之一。

第二，师资构成国际化。

师资是人才培养过程中不可或缺的内容，也是确保教学质量与水平最为关键的部分。加拿大跨国高等教育人才培养中，十分注重师资建设与构成。加之加拿大高等教育发达，有着世界一流的大学和世界一流的师资队伍，在与世界其余国家与地区机构或者院校合作办学中，为确保教学的质量，同时也为给学生塑造国际视野与思维，加拿大纷纷派遣国内知名学者与教授前往合作方国家教学。如汤姆逊大学和天津理工大学工商管理专业人才培养的教师队伍中包括来自北美著名的商学教授和专家，而不列颠哥伦比亚大学与上海交通大学合作举办工商管理硕士学位人才培养项目的师资均来自不列颠哥伦比亚大学尚德商学院的知名教授与学者。

第三,互动性教学、案例教学等多种教学方式并举。

加拿大在跨国高等教育人才培养过程中,十分注重互动性教学、案例教学等多种教学方式并举。互动性教学有利于调动学生学习的积极性与参与性,避免了"教师中心"教学带来的学习气氛沉闷、学生缺乏学习兴趣等弊端。如不列颠个哥伦比亚大学与上海交通大学合作举办国际工商管理硕士学位的课程教学分若干环节,包括课堂互动教学、学员准备、课堂自由讨论、课外拓展等。课堂互动教学要求学生角色演示,老师和学生从不同的角度进行评论,此外还会进行课外拓展等。案例教学能将抽象理论具体化,从而帮助学生更深入地理解抽象的理论。整合性教学能将不同的观点与不同的视角所得结论进行整合,帮助学生培养解决问题的能力,如在不列颠个哥伦比亚大学与上海交通大学合作举办国际工商管理硕士学位的整合核心课程中,四位教授会同时对一个案例进行分析,比如说,某个问题从会计和人力的角度上说是完全不同的,会有冲突,但是 UBC(不列颠哥伦比亚大学英文简称)课程会告诉你,怎么从一个整体考虑问题,看到冲突如何解决、如何整合。①

第四,"教育输出"在跨国高等教育人才培养中特点凸显。

加拿大跨国高等教育人才培养最为突出的特点是"教育输出"。在加拿大跨国高等教育人才培养合作项目中,加拿大合作院校将自己的课程资源、教材体系、教师资源等输出到合作方,培养合作方所需的国际人才。在汤姆逊大学跨国高等教育合作办学项目中,专业核心课程主要是汤姆逊大学的课程,这些核心课程在输出的过程中逐渐趋于国际化,成为国际化课程。不列颠哥伦比亚大学在跨国合作办学中也同样通过输出自己优势课程,如商学课程、计算机应用课程等。教材资源输出是加拿大跨国高等教育人才培养的特点之一,上述两个案例中,所采用的教材均来自加拿大,即汤姆逊大学的最新原版英语教材和不列颠哥伦比亚尚德商学院的专业教材。此外,教师资源输出在

---

① 参见陈格:《UBC IMBA 不出国门的海外留学》,http://sh.sohu.com/20051110/n240697549.shtml。

加拿大跨国高等教育人才培养过程中表现明显。这源自于加拿大高等教育师资力量雄厚,拥有世界一流的教师队伍,能满足日益发展的跨国高等教育发展的需要。

第五章　新加坡跨国高等教育
人才培养模式

　　新加坡的高等教育发展历史只有不到 30 年时间,1965 年,独立后的新加坡政府开始通过自主办学和引进世界顶尖大学来发展高水平的高等教育。新加坡的高等教育系统由两所公立大学(即新加坡国立大学、南洋理工大学)、一所私立大学(新加坡管理大学)、四所多科技术学院、一所教育学院、十所技术教育学院和若干私立学院组成。① 新加坡政府确立了高等教育发展的国际化战略,1997 年,新加坡总理提出要以哈佛大学和麻省理工学院为榜样,把国立新加坡大学和南洋理工大学办成世界一流的大学,让新加坡成为东方"波士顿"的目标。1998 年,新加坡又提出,"在 10 年内新加坡至少引进 10 所世界一流大学"。新加坡的跨国高等教育成为其确立在东南亚的教育领先地位的战略路径。

第一节　新加坡跨国高等教育的发展

一、新加坡跨国高等教育的概况

　　作为新加坡高等教育国际化的主要组成部分,其跨国高等教育的大发展出现在 1997 年金融危机爆发以后。据对 1997 年至 2000 年新加坡接受跨国教育的学生人数统计②,无论是绝对数还是所占的比例,其增长速度都达到了

---

　　① 参见 Lee, M. N. N. *Restructuring Higher Education in Malaysia*. School of Educational Studies, University Sains Malaysia. 2004, p.24。

　　② 参见 Marginson, S. and Grant Mcburnie, *Cross-border Post-Secondary Education in the Asia-Pacific Region*. Background paper prepared for OECD/Norway Forum on Trade in Education Services, 2003, p.42。

惊人的程度。跨国学习国外学士学位的学生数由 1997 年的 139990 人上升到
2000 年的 210100 人,增幅达 50.1%,而同期公立系统的增幅为 18.7%。1997
年,接受跨国高等教育的学生数占公立系统本科生总数的 30%,到 2000 年,
该比例达到 57%。在研究生层次上,2000 年,在新加坡学习本地学位和国外
学位的学生数分别是 3680 人和 2330 人。从提供者来看,英国和澳大利亚是
新加坡跨国高等教育的主要提供国。接受英国跨国高等教育的学生超过这类
学生总数的 50%,接受澳大利亚跨国高等教育的学生也达到 40%。从供给的
领域看,本科与研究生层次的商务和管理课程分别达到 68.2% 和 90%,其他
的领域主要是信息通讯技术、人文社科和健康科学。

二、新加坡跨国高等教育的"双翼计划"

新加坡贸易工业部下属的经济发展局,于 1998 年提出积极引进世界顶尖
大学,发展国际教育服务贸易的"双翼发展"构想,即一方面"在 10 年内新加
坡至少引进 10 所世界一流大学",以加速新加坡高层次科技人才的培养,并
通过这些大学从欧美、亚太和东南亚地区集聚第一流的专家、教师和学生,以
最高的起点、最快的速度提高本国大学的教学、科研水平,为新加坡知识经济
和高新科技发展服务,提高新加坡的地区竞争力,确立其在东南亚的教育领先
地位。另一方面,吸引外国教育机构到新加坡合作办学,为新加坡普通劳动力
提供先进的专业技术教育和终身教育,提高国民的基本素质,增强劳动者的就
业能力。

新加坡合作办学主要包括合办课程和合办机构。合办课程如南洋理工大
学与美国卡内基梅隆大学合办了"训练金融界火箭科学家"的硕士学位课程,
与美国康奈尔大学开展了通讯方面的课程合作,与瑞士圣加勒大学共同创办
了双硕士学位的商业课程,与美国麻省理工学院合办了"制造系统与科技创
新"课程等。在合办机构方面,以新加坡国立大学为例:该大学和南洋理工大
学与美国麻省理工学院合作建立了旨在培养研究生层次工科人才的"新—麻
联盟",并陆续实施了 5 个课程计划;新加坡国立大学还与美国佐治亚大学合
作建立了亚太物流学院,与 IBM 联合创立了系统科学学院。①

---

① 　参见顾建新:《跨国高等教育发展理念与策略》,学林出版社 2008 年版,第 192 页。

新加坡政府引入 10 所世界一流大学到新加坡办分校的基本情况：①

表 5.1　新加坡引入 10 所一流大学的基本情况　　　　单位:年

引进项目名称	引进大学	参与大学	创建时间	办学内容
新加坡—MIT 联盟	美国麻省理工大学	新加坡国立大学南洋理工大学	1998	先进材料、计算机技术创新、制造系统和技术创新、计算机科学、分子生物与化学工程等领域的工程技术类研究生教育
霍普金斯大学新加坡分校	美国霍普金斯大学	新加坡国立大学	1998	临床医学硕士、博士课程,共建"国际医疗中心",并开设培训课程
宾夕法尼亚大学沃顿商学院	宾夕法尼亚大学	新加坡管理大学	2000	按照沃顿商学院的模式建立,引进其全部的教学内容和教学方法,开设 5 个本科专业、2 个研究生专业
欧洲工商管理学院	欧洲工商管理学院	独立校园	2000	MBA 教育、在职教育和亚洲问题的教学和科研中心
芝加哥大学商学院	芝加哥大学	独立校园	2000	高级管理人员培训
亚太物流学院	美国乔治亚理工学院	新加坡国立大学	2001	物流与供应链管理硕士学位项目、研究项目、在职培训
设计技术研究院	荷兰埃因霍温技术大学	新加坡国立大学	2002	技术设计硕士课程
上海交通大学新加坡研究生院	中国上海交通大学	南洋理工大学	2002	MBA 教育
德国科技学院	德国慕尼黑科技大学	新加坡国立大学	2003	工业化学、化学工程领域高级专门人才
新加坡斯坦福合作伙伴	美国斯坦福大学	南洋理工大学	2003	环境工程研究生教育

　　本文分别以新加坡—麻省理工学院联盟和新加坡管理大学与美国卡内基梅隆大学合作办学项目来具体分析新加坡高校合作办学的人才培养模式。

---

　　①　参见龚思怡:《高校中外合作办学模式与运行机制的研究》,上海大学出版社 2007 年版,第 65 页。

第二节　新加坡跨国高等教育人才培养模式案例研究

一、新加坡—麻省理工学院联盟合作办学人才培养模式

（一）新加坡—麻省理工学院联盟简介

新加坡—麻省理工学院联盟是由新加坡国立大学、南洋理工大学与麻省理工学院共同建立的一个新型的创新工程和生命科学教育与研究机构，是新加坡跨国高等教育的成功举措。1998 年，为推进全球化工程教育和研究，该联盟首次将三个学术机构的资源整合为一体，为学生最大限度地提供优秀的专业教师和优越的教研设施。联盟旨在"成为国际认同的世界一流水平的交互式远程教育与科研机构，吸引新加坡乃至全亚洲地区最优秀的工程与生命科学研究生与研究人员"。①

目前联盟设置五个研究生培养专业，即微系统与超微系统尖端材料、制造系统与技术、化学与制药工程、计算与系统生物学、计算机工程学。联盟有来自全球范围的顶尖级的教授及助教，研究涉及电子工程、计算机科学、数学、信息技术和项目管理、化学、材料科学与工程等高科技领域，多元的文化背景和多学科的融合使该项目形成了一支强大的教学科研队伍。

（二）新加坡—麻省理工学院联盟微系统与超微系统尖端材料专业人才培养模式

微系统与超微系统尖端材料被人们认为是现代科技研究的前沿领域。学生将接触到关于尖端材料的广阔知识，包括处理、结构分析、性能分析以及实际操作，该过程特别强调在微电子技术和纳米技术上的应用，对材料组织性能的基本了解，加上系统驱动设计、制造、材料的检测，多种学科课程结合组成的核心为引导学生进入未来微系统与超微系统的新材料发展和开发做准备。

1. 培养目标

联盟的人才培养目标是利用最先进的远程教学设备，创建世界一流的工程科学研究生教育与研究中心，为新加坡工业和经济领域培养高层次应用型

---

① 资料来源：SMA Vision, Overview, Singapore - MIT Alliance. http://web. mit. edu/sma/about/overview/index. html。

人才。系统与超微系统尖端材料专业为将来从事工业与研究的学生提供了一个难得的机会。毕业生将尖端的前沿研究与材料基本原理有效地结合到一起,能在电子、机电、磁能、光子和生物医学设备与系统诸多领域发挥引领作用,尤其在基于微型和纳米级器件集成系统领域。

2. 培养过程

(1)课程设置

本专业课程设置包括两部分,即麻省理工学院课程和新加坡国立大学课程。麻省理工学院课程主要包括材料热力与动力学、电子与材料机械性能、材质选定、设置与经济学、材料工程实践概论、半导体器件物理基础、技术开发与评估。新加坡国立大学课程包括半导体与器件合成、电子材料和薄膜加工,原子计算机模拟材料,微电子机械系统材料与处理,微系统效益,可靠性与失效分析。其中技术开发与评估、电子材料和薄膜加工、原子计算机模拟材料、微电子机械系统材料与处理课程通过远程技术在麻省理工学院与新加坡国立大学同时进行授课。

课程选择因所修学位不同而各异。譬如,修双硕士学位必须在麻省理工学院选择五门必修课,一门专业选修课,两门到三门限制性选修课,完成硕士论文。在新加坡国立大学选择四门必修课和四个模块选修课程,此外,需要在新加坡一所公司实习六个月,完成论文。修硕士与博士学位必须在麻省理工学院选择五门必修课,一门专业选修课,两门至三门限制性选修课,完成硕士论文。博士学位必须完成四门必修与两门与论文相关选修课程模块。[①]

表5.2　新加坡—麻省理工学院联盟微系统与超微系统尖端材料专业课程设置

	课程名称	课程代号
麻省理工学院	材料热力与动力学	3.205
	电子与材料机械性能	3.225
	材质选定,设置与经济学	3.57
	材料工程实践概论	3.206
	半导体器件物理基础	
	技术开发与评估	3.207

---

① 参见 Degree Offerings Pathways into the Programme,The Future of Modern Technologies,About AMM & NS,Singapore-MIT Alliance。http://web.mit.edu/sma/students/programmes/ammns.html。

	课程名称	课程代号
新加坡国立大学	半导体与器件合成	
	电子材料和薄膜加工	3.44
	原子计算机模拟材料	3.320
	微电子机械系统材料与处理	3.48J
	微系统效益,可靠性与失效分析	

（2）培养方式

采用灵活多样的双学位培养模式。微系统与超微系统尖端材料专业包括三种培养形式：双硕士学位、硕士与博士学位、博士学位与联盟文凭。双硕士学位是指学生完成学业后同时获得麻省理工学院和新加坡国立大学的硕士学位证书。硕士与博士学位是指获得麻省理工学院硕士学位与新加坡国立大学或者新加坡南洋理工大学博士学位。博士学位与联盟文凭是指学生获得新加坡国立大学或者新加坡南洋理工大学博士学位和新加坡—麻省理工学院联盟的文凭证书。

专业人才培养注重"学研"。在学习中,世界知名学院和工业专家间的合作研究为学生提供了一个特别的机会,使学生在许多研究机构同科学家和工程师合作。譬如,修双学位必须在新加坡公司完成6个月的实习课程,修博士学位必须有一学期在新加坡企业、研究机构或者大学参加研究项目,或者论文研究与麻省理工学院、新加坡大学与研究所知名专家与学者合作。

利用远程教育联合培养。该专业人才培养依托高新技术,开展交互式远程教育,充分利用其拥有的先进的声像系统和各种硬件设备,通过第二代互联网进行声像远程教学,确保学生能同时在麻省理工学院与新加坡两地进行课程学习。譬如,在修读双学位课程中,学生首个秋季课程在麻省理工学院学习,随后春季和夏季班,以及第二个秋季班学生在新加坡学习,但仍然通过远程教育继续学习麻省理工学院课程。通过视频会议系统与麻省理工学院教师及工作人员学习与交流。

（3）师资队伍

微系统与超微系统尖端材料专业具有优良的师资队伍,师资力量雄厚。其教师由麻省理工学院和新加坡共同组成,主要来自三所联合办学高校,少数来自新加坡研究机构。从师资职称构成来看,联盟课程—1 中,共有教师 19 人,教授职称占 53%,副教授职称占 42%;联盟课程—2 中,共有教师 18 人,教授职称占 61%,副教授职称占 28%。从师资来源看,联盟课程—1 中来自麻省理工学院教师占 47%,其次是新加坡国立大学;联盟课程—2 中也以麻省理工学院教师为主,占 50%,其次为新加坡国立大学,占 28%。此外,除来自三所联盟高校的教师之外,少数来自其他机构,分别占 5% 和 11%(参见图 5.1、5.2、5.3)。①

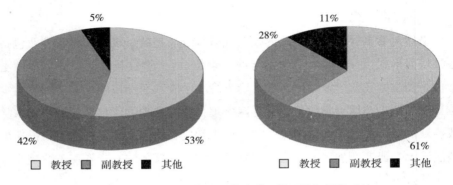

图 5.1　新加坡—麻省理工学院联盟微系统与超微系统
　　　　尖端材料专业师资职称情况

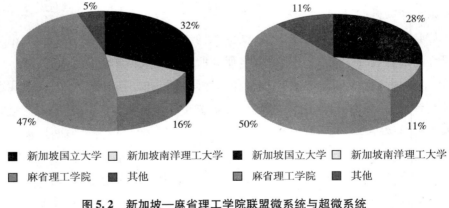

图 5.2　新加坡—麻省理工学院联盟微系统与超微系统
　　　　尖端材料专业师资来源情况

① 参见 FELLOW&ASSOCIATES, Annual Report 2005/2006, Singapore-MIT Alliance. http://web. mit. edu/sma/about/overview/annualreports/AR-2005-2006/fellows-associates. html。

表 5.3　新加坡—麻省理工学院联盟微系统与超微系统尖端
材料专业师资情况（2005/2006 学年）

联盟课程—1			联盟课程—2		
姓　名	职称/职务	所在院校	姓　名	职称/职务	所在院校
CHOI, Wee Kiong	副教授	新加坡国立大学	HEW, Choy Leong	教授	新加坡国立大学
CHIM, Wai Kin	副教授	新加坡国立大学	BHOWMICK, Sourav Saha	副教授	新加坡国立大学
CHUA, Soo Jin	教授	新加坡国立大学	HONG, Yunhan	副教授	新加坡南洋理工大学
DU, Hejun	副教授	新加坡南洋理工大学	LIM, Bing	组长	新加坡基因研究所
LI, Yi	副教授	新加坡国立大学	PERVAIZ, Shazib	副教授	新加坡国立大学
LU, Li	副教授	新加坡国立大学	RAJAGOPAL, Gunaretnam	执行董事	生物信息研究所
PEY, Kin Leong	副教授	新加坡南洋理工大学	RAJAPAKSE, Jagath Chandana	副教授	新加坡南洋理工大学
WONG, Chee Cheong	副教授	新加坡南洋理工大学	SHEPPARD, Colin James Richard	教授	新加坡国立大学
WU, Ping	高级研究员	高性能计算研究所	YU, Hanry	副教授	新加坡国立大学
TAY, Andrew	教授	新加坡国立大学	MATSUDAIRA, Paul T	教授	麻省理工学院
THOMPSON, Carl V.	教授	麻省理工学院	CHEN, Jianzhu	教授	麻省理工学院
ANAND, Lallit	教授	麻省理工学院	DEWEY, Jr. C. Forbes	教授	麻省理工学院
ANTONIADIS, Dimitri A	教授	麻省理工学院	LODISH, Harvey F.	教授	麻省理工学院
CARTER, W. Craig	教授	麻省理工学院	SO, Peter T. C.	教授	麻省理工学院
CEDER, Gerbrand	教授	麻省理工学院	SURESH, Subra	教授	麻省理工学院
FITZGERALD, Eugene A.	教授	麻省理工学院	TIDOR, Bruce	教授	麻省理工学院

续表

联盟课程—1			联盟课程—2		
姓　名	职称/职务	所在院校	姓　名	职称/职务	所在院校
FONSTAD, Jr., Clifton G.	教授	麻省理工学院	WELSCH, Roy E.	教授	麻省理工学院
SPEARING, S. Mark	教授	麻省理工学院	WHITE, Jacob K.	教授	麻省理工学院
MARZARI, Nicola	副教授	麻省理工学院			

3. 培养制度

微系统与超微系统尖端材料专业以学年制为基础,修完课程所有学生,通过毕业答辩后将获得双学位。基于三类不同学位获取形式选择,其学年各不相同。双硕士学位修读时间为 18 个月,硕士与博士双学位修读时间为 5 年,博士与联盟文凭证书修读时间为 4 年。① 修读地点包括麻省理工学院和新加坡。

入学时该联盟具有严格的录取制度。学生在大学最后一年可以提出攻读硕士研究生的申请,除了学术要求和相应的 GRE 和托福成绩外,也需要申请者具备较高的领导能力和较强的实践能力,发表文章、在会议和相关工作中有经验也将被考虑在内。对于非双学位,托福最低要求为 577(笔试)或者 233(机试)。一般情况下学生要参加考试,但下列情况可不用考试:已经在中学接受英语教育的学生;已经在英语国家居住四年或更长时间的;已经在美国、不列颠、加拿大、澳大利亚或新西兰大学获得学位者;已经在新加坡国立大学或者南洋理工大学取得学位。

此外,该专业设有联盟奖学金项目,学生可获得全额的学费、津贴和旅游费用资助。获得奖学金的学生必须十分优秀,能完成三种学位修读形式中的一种。具体条件包括:(1)申请者在修读本专业之前已经获得学士学位;(2)申请者已经获得麻省理工学院、新加坡国立大学和南洋理工大学三所高

---

① 参见 Dual Degree Programmes, Annual Report 2007/2007, Singapore-MIT Alliance. p. 21. http://web. mit. edu/sma/about/overview/annualreports/AR‑2007‑2008/6_3. html。

校认可的录取;(3)申请者具有学术潜力、领导潜能,具有创新能力、良好的道德与伦理价值观。申请时需要1—3页的简要说明,阐述申请奖学金的主要动机、完成学业的计划以及未来事业的目标与打算,同时还需要将录取通知复印件寄送联盟办公室。

4. 培养评价

为确保人才培养质量,达到教学要求,每学年微系统与超微系统尖端材料专业将举行系列考试,包括麻省理工学院英语测试、CDO写作测试、麻省理工学院课程考试、学期末考试等。具体看来,在2009/2010年度学期安排中,两次麻省理工学院英语测试,分别安排在2009年9月与次年1月。此外,安排两次麻省理工学院课程考试与两次学期末考试。

二、新加坡管理大学跨国高等教育人才培养模式
(一)新加坡管理大学跨国高等教育概况

新加坡管理大学组建于2000年,坐落在市中心的居民和商业区,占地4.5公顷,拥有5400多名学生和六个学院:Lee Kong Chain商学院、会计学院、信息系统学院、经济学院、社会科学学院以及2007年8月新成立的法学院。新加坡管理大学在商业和与管理相关领域授予学士学位,包括会计学、工商管理、经济、信息系统管理、法律和社会科学等。该大学也提供硕士和博士学位。该大学拥有一个专门的研究所,一系列优秀的研究中心,提供公众和客户的高层管理培训项目。该大学积极同一流的机构合作,包括卡内基梅隆大学、宾夕法尼亚大学和芝加哥大学,在国外一流大学各个学科的学术和研究中汲取力量。

2003年,新加坡管理大学的信息系统学院(SIS)和卡内基梅隆大学建立了战略伙伴关系和工作关系,共同设计和建立信息系统学院的教育和研究项目。五年内已经有40个学者被选择参与该项目。此外,本项目开展跨国合作办学人才培养。目前,两大学合作举办信息技术专业硕士学位人才培养,该专业包括七类不同方向,分别是:信息技术理科硕士(软件工程)、信息技术理科硕士(大规模系统)、信息技术理科硕士(电子商务)、信息系统管理理科硕士、信息网络理科硕士、信息安全政策和管理理科硕士、信息安全技术和管理理科硕士。通过商务和信息技术的联合,该项目旨在不仅教授学生常规的电脑或

信息技术课程,而且提供常规的商务课程,使学生深入了解信息技术是如何应用于商务运作的,使学生有坚实的基础,有丰富的经验和信心成为一个既有热情,又有能力改变商务运作的创业家。

(二)新加坡管理大学与美国卡内基梅隆大学合作举办信息技术大规模系统专业硕士学位人才培养模式

1. 培养目标

本项目人才培养目标旨在通过新加坡管理大学与卡内基梅隆大学协同合作,联合培养在信息技术大规模系统方向的专门高技术型人才。培养具备富有技巧与丰富专业知识的技术管理专家,甚至能在下一代大规模信息系统部署时代中成为技术专家。

2. 培养过程

(1)课程设置

信息技术大规模系统硕士学位专业课程构成多样,包括学分课程、核心课程、综合课程、选修课程、研讨课程和实习课程。在教学计划中,包括四门核心课程,即大规模信息系统课程、信息技术软件工程课程、机器学习或情报检索、安全与隐私课程。此外,还包括两门综合课程(一门选修课程,一门研讨课程)和一学期或一个夏季的实习课程。对于兼职学生来说,实习课程通常需要两个学期。

表5.4　新加坡管理大学与美国卡内基梅隆大学合作举办
信息技术大规模系统专业课程设置①

课程类别	名称	学分
核心课程	计算机安全概论 隐私政策,法律与技术 科学技术与辩证法 情报检索 人工智能:机器学习 信息技术软件工程 大规模信息系统	48

---

① 资料来源:Curriculum,Carnegie Mellon Very Large Information Systems,SMU – CARNEGIE MELLON FAST TRACK PROGRAMME. http://vlis. isri. cmu. edu/。

续表

课程类别	名称	学分
综合课程	数据库类： 储存系统、移动和普适计算服务、分布式系统、高级操作系统与分布系统、移动和普适计算	24
	语言技术类： 自然语言处理算法、语法与词汇、语言与统计、语言与统计Ⅱ、计算机翻译、高级机器翻译讲座	
	管理类：商务管理、管理经济学	
选修课程	计算机科学学院任何研究生课程 课程管理办批准的任何卡内基梅隆大学课程	12
研讨课程	大规模系统研讨班	12
实习课程	参加卡内基梅隆大学研究项目或者其所资助的研究项目	48

（2）培养方式

新加坡管理大学与美国卡内基梅隆大学合作举办的信息技术硕士人才培养与本科项目紧密联系。参加本项目的学生在大学第四学年开始在合作院校卡内基梅隆大学修读硕士学位课程，同时需要完成在新加坡管理大学的学士学位课程。选择本项目的学生必须在四年内获得新加坡管理大学学士学位和卡内基梅隆大学硕士学位。两校合作举办的信息技术大规模系统专业是该项目下可选的七个硕士学位之一，采用三学期出国全职学习方式，即学生在三个学期内（12个月）在卡内基梅隆大学完成硕士学位课程。此外，如果学生参加实习，学习时间将会延长至16个月。本专业同时接受兼职类学生，但学习年限长于全职类学生。

本专业人才培养过程中强调学习讨论，安排教学实习。譬如，大规模系统研讨班和实习课程。在实习课程中，学生必须参加一学期或者一个夏季的卡内基梅隆大学研究项目或者其支持项目。研究项目要求学生参加与所选课程相关的三个月全职工作，工作经验记录到项目报告中。这将有利于将抽象的课本理论知识与实践相结合。

在教学上，采用研讨的教学方式。有利于强化学生的沟通和表达能力，并同时对培养他们的领导和团队建设能力多有助益。保持小班级规模，以便最大程度保证互动,进一步鼓励批判性的交流和独立思考。

(3)师资队伍

本专业人才培养教师资均是来自卡内基梅隆大学的教授与专家,师资力量雄厚。目前该专业拥有教师6人,教授2人,副教授3人。① Anthony Tomasic 担任本专业项目主任。

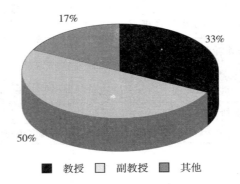

图 5.3　新加坡管理大学与美国卡内基梅隆大学合作举办信息技术大规模系统专业师资构成

表 5.5　新加坡管理大学与美国卡内基梅隆大学合作举办信息技术大规模系统专业师资情况

姓名	职称/职务	所在院校
Jamie Callan	副教授	卡内基梅隆大学
Lorrie Cranor	副教授	卡内基梅隆大学
Andrew Moore	教授	卡内基梅隆大学
Eric Nyberg	教授	卡内基梅隆大学
Latanya Sweeney	副教授	卡内基梅隆大学
Anthony Tomasic	MSIT—VLIS 项目主任	卡内基梅隆大学

① 参见 Faculty, Carnegie Mellon Very Large Information Systems, SMU – CARNEGIE MELLON FAST TRACK PROGRAMME. http://vlis.isri.cmu.edu/。

3. 培养制度

本专业人才培养实施学年学分制,学生必须完成至少三个学期的课程,修满 144 个学分才能获得卡内基梅隆大学信息技术理科硕士学位。从修学年限来看,修读本硕士学位学生经项目办公室同意后可以延长修读时间,譬如,从 12 个月延长至 16 个月,甚至两年。从学分来看,在 144 个学分中,包括 48 个学分的核心课程,24 个学分的综合课程,12 个学分的选修课程,12 个学分的研讨课程和 48 个学分的实习课程。① 此外,兼职学生修学年限为 3 年,需要完成两个夏季的实习课程。

4. 培养评价

本专业人才培养没有综合性的考试和毕业考试。学生通过实习课程参与研究项目,从而将专业理论知识与实践运用结合到一起。

第三节　新加坡跨国高等教育人才培养模式的特点

新加坡—麻省理工学院联盟跨国高等教育人才培养模式彰显了新加坡跨国高等教育人才培养的两个内在基本特征:多文化体验与实践运用。在新加坡—麻省理工学院联盟合作办学人才培养模式——双学位应用型人才培养模式下,学生将获得两个硕士学位——麻省理工学院和新加坡国立大学或者南洋理工大学;体验两种不同的文化:一种在波士顿,另一种在新加坡;参与产业和学术方面的合作研究和分享专家经验,并且优先获得众多在新加坡及亚洲地区的工作机会。新加坡国立大学或者南洋理工大学学位能为学生提供在国内所在领域的学习基础,而麻省理工学院学位将深化这一基础,使学生能够深入到一个更精细的应用领域。

总体分析,新加坡跨国高等教育人才培养模式有其突出的特点和优势:

第一,"教育输入型"跨国高等教育人才培养模式。

作为一个教育进口国家,新加坡在引进世界一流大学方面目的性很强,即根据本国和区域产业的特点有重点地引进著名学校的特色学科。上述案例

---

① 参见 Curriculum, Carnegie Mellon Very Large Information Systems, SMU － CARNEGIE MELLON FAST TRACK PROGRAMME. http://vlis. isri. cmu. edu/。

中,新加坡—麻省理工学院联盟合作办学人才培养模式中,就直接引入了麻省理工学院的课程与师资。新加坡管理大学与美国卡内基梅隆大学合作举办信息技术大规模系统专业人才培养模式中完全依托卡内基梅隆大学教学课程、所有师资以及教学管理等。

目前,新加坡已经引入十多所世界知名大学,如美国霍普金斯大学、麻省理工学院、乔治亚理工学院、荷兰埃因霍温技术大学、德国慕尼黑科技大学、上海交通大学、卡内基梅隆大学、美国斯坦福大学、美国康奈尔大学、美国加州大学伯克利分校等。引进学科与新加坡经济发展计划相适应,与产业发展紧密结合,如计算机系统管理、分子生物、化学工程、物流学、商业管理、产品设计等。此外,引入学科还弥补了新加坡一些领域专业人员紧缺的矛盾,如医学、药学、环境工程等。

第二,"高起点、高层次与高标准"的跨国高等教育人才培养层次。

新加坡国立大学、新加坡南洋理工大学和美国麻省理工学院联合成立新加坡—麻省理工学院联盟开展教学合作。项目以双硕士学位或者硕士与博士学位培养为起点,确保学生能在一年半时间获得两所学校的硕士学位,或者获得麻省理工学院硕士学位和新加坡国立大学或新加坡南洋理工大学博士学位。

新加坡管理大学建立之初就是高起点、高标准。作为一所商科为主的大学,按照世界顶尖级上课学院——宾夕法尼亚大学沃顿学院的模式建立,引进沃顿学院全部教学课程和教学方法,按照沃顿学院的教学体系进行教学,并和国际众多著名高校合作开展本科和研究生教育。

新加坡跨国高等教育人才培养层次主要以本科与硕士、博士为主。目前所引入的十所世界一流大学的合作办学专业几乎都包括研究生层次,少数为本科专业。对学生入学质量要求十分严格,在培养过程中强调学生专业知识的掌握和综合能力的增强,加强学生的实习训练,使学生不仅能够掌握科技前沿知识,而且能应用于实践,并且为优秀学生提供一切便利条件(捷径项目)来挖掘其潜力。

第三,师资构成国际化。

新加坡跨国高等教育人才培养十分重视师资构成的国际化。为增强师资力量,新加坡成立了国际人力资源小组,前往海外招募高级人才,弥补国内科技力量和师资的不足。学校外籍学者约占50%，有力地保障了新加坡高校教学内容的国际化和教学质量的高标准。上述两个案例中师资队伍构成国际化特征十分明显，尤其是新加坡管理大学与美国卡内基梅隆大学合作举办信息技术大规模系统专业人才培养模式师资国际化更为突出。

在合作办学过程中，新加坡鼓励本土教师到国外攻读研究生课程或参加人员交流计划，各高校都积极支持并定期资助教师参加国际学术活动。政府专门设立了"总统奖学金"和"公共服务奖学金"，每年选派优秀学生和教师到世界一流大学深造，扩大本土教师国际视野，拓宽知识面，增进国际精神与意识。

第六章 马来西亚高校跨国合作办学人才培养模式

马来西亚高等教育以国家公立为主体,公立大学与私立高等院校并存。马来西亚现有公立大学20所,其中,马来亚大学(UM)及理科大学(USM),分别排在《泰晤士高等教育增刊》最新公布的全球200所顶尖大学排行榜的第89位及第111位。20世纪90年代初,马来西亚政府在《2020展望》(1991—2020)中提出要把马来西亚建设成为亚洲区域优质教育中心的宏伟目标。马来西亚私立高等院校大多采用引进英国、澳大利亚等国高等教育课程,开设学分转移和双联课程的教育模式,少数外国高等院校在马来西亚设立的分校亦属私立性质。

第一节 马来西亚跨国高等教育的发展

马来西亚跨国高等教育的发展不是偶然的,而是历史、政治和经济等多种因素综合作用的产物。

首先,殖民地历史为跨国高等教育的发展奠定了客观基础。1957年,马来亚联合邦脱离英国统治,在主权上获得独立,但高等教育与原宗主国之间的联系并没有因此完全中断,而是因为少数私立高等教育机构的存在延续下来。实际上,在20世纪50年代,马来西亚私立学校便已存在,但发展举步维艰,根据《1969高等教育机构基本规章》(*Essential Higher Education Institution Regulation of* 1969),私立院校不可以授予学位,国外的大学也不能在马来西亚建立分校。为了拓展办学空间和提升自己的社会地位,私立高校都纷纷采取了与国外大学联合的发展策略,到20世纪70年代,马来西亚的私立学校转变成以补习的形式或补习中心出现。这类学校为准备专业考试的学生（大部分是兼职成人学生）提供了一个非常重要的升学通道。因为专业考试将会让他们获得学士或者专业文凭，学士学位主要是英国工程联合会（Engineering Council of the United Kingdom）的工程学士学位以及伦敦大学的外国学士学位课程，专业文凭主要有英国伦敦工商会（London Chamber of Commerce and Industry）和英国公认会计师公会（Chartered Association of Certified Accountants）所颁发的商业、财政和会计文凭等。① 这些私立学校与英国高等教育之间的合作和联系，可以看成是马来西亚跨国高等教育的早期形式，并奠定了跨国教育发展的客观基础。

其次，高等教育需求的日益高涨为跨国高等教育的发展提供了内在动力。马来西亚高等教育带有强烈的种族主义和民族主义，这种状况在 20 世纪 90 年代以前表现得尤为明显。在教学语言上，政府法律规定大学入学必须用马来语考试，大学教学语言也必须用马来语；在入学指标上，为了维护马来人对高等教育的支配权，采用"固打制"（Quota System），即必须保证马来人在国立高校中有 80% 的入学率，降低土著子弟录取标准，为土著子弟设立专门学校等。然而，马来西亚仅有 11 所国立大学和 11 所国立高等学院，既不能满足当地土著居民日益增长的教育需求，更不能满足相对富裕的华人华侨子女的需求，这就使得选择到海外留学的学生数量不断增加。据统计，从 1964 年至 1995 年，马来西亚出国留学人数增加了 44439 人，增加约 9 倍。1983 年国内的大学生人数仅为 28000，而同年出国攻读学位的学生就达到 35000 人，根据 OECD 数据统计分析，在全球 10 大留学生输出国（地区）排行榜中，1980 年和 1985 年马来西亚都是高居世界第二位的留学生生源国，1995 年居第四位。②

与出国留学相联系的是人才和资金的大量外流，据估计，1985 年，仅出国留学一项就造成马来西亚 12 亿美元的外汇流失。为了缓解高等教育压力和提高经济收入，马来西亚政府从 20 世纪 80 年代中期开始教育改革，开始鼓励

---

① 参见岑劲需：《高等教育的多样化与跨国模式——马来西亚私立高等教育的发展和变革》，《民办教育研究》2006 年第 4 期。

② 参见黄建如、李三青：《马来西亚留学教育的变化及其原因探析》，《厦门大学学报》（哲学社会科学版）2006 年第 6 期。

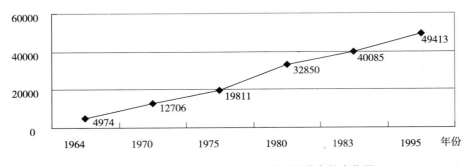

图 6.1　1964—1983 年马来西亚出国留学人数变化图

资料来源:《1996 年以来马来西亚外国留学生教育研究》,厦门大学硕士学位论文,2007 年。

私立和跨国高等教育的发展,"1983—1984 年成立的伯乐学院就是第一所为境外学习开设学分转移课程的学院,也是马来西亚学士学位层次跨国私立高等教育的开始。1986 年,城市学院率先与澳大利亚的大学开设学位层次的双联课程"①。在这时期,马来西亚的跨国私立高等教育有了前所未有的发展,跨国私立高等院校和相应的课程趋于成型。

　　再次,马来西亚现代高等教育发展思路的形成、高等教育政策目标的日益明晰促进了跨国教育的发展。第二次世界大战以来尤其是随着 20 世纪 60 年代人力资本理论的提出与完善,世界各国纷纷认识到高等教育在国家和社会发展中的重要性,想方设法提高高等教育的规模和质量,高等教育进入重要的发展机遇期。随着 20 世纪 80 年代以来经济全球化、政治多极化和科技信息化的兴起,马来西亚政府也逐渐形成了较为清晰的高等教育发展思路。20 世纪 90 年代初,马来西亚政府在《2020 年展望》(1991—2020)中提出要把马来西亚建设成为亚洲区域优质教育中心的宏伟目标。在发展策略上,一方面鼓励私立高等教育发展,大力发展跨国教育学分转移和特许经营等项目;另一方面则实行海外知名高校的整体引进策略。从 1998 年至今共有 6 所高校在马来西亚建立了分校,分别是澳大利亚的莫纳什大学(Monash University)、科廷科技大学(Curtin University of Technology)、英国的诺丁汉大学(University of Nottingham)、英国的底蒙佛特大学(FTMS - DeMonfort University)、澳大利亚的

---

　　①　史琦、王建梁:《马来西亚跨国私立高等教育探析》,《职业技术教育》2008 年第 28 期。

斯威本科技大学(Swinburne University of Technology)。

1996 年马来西亚教育部通过了《私立高等教育法》,规定所有私立院校必须采用国语讲授课程,由教育部许可的高校可以采用英语作为教学语言,同时可以用阿拉伯语讲授伊斯兰教课程。1996 年 7 月马来西亚国会通过了《国家认证委员会(National Accreditation Board,LAN)法》,据该法规定,政府设立了"国家认证委员会",负责对跨国私立高等院校的专业、证书、文凭、学位标准和质量管理制定有关政策,并实行监控和认证。LAN 实施评估认证以来,发展十分迅速,截至到 2000 年,LAN 已经收到 2911 份申请,其中 8 份是对"获得批准"的申请,233 份是对认证的申请。截至到 2006 年 6 月,已经有 167 所私立高等院的 809 门课程通过了认证,每个学校通过的课程数从 1 门到 44 门不等,这对加强跨国私立高等教育管理也起到了很大的作用。①

最后,世界贸易组织的规定为跨国高等教育发展奠定了政策基础。根据日内瓦 WTO 统计和信息系统局按服务的部门(行业)划分,全世界的服务贸易分为 12 大类,教育属于服务内容里面的第五大类,在项目上又分为初等教育服务、中等教育服务、高等教育服务、成人教育服务及其他教育服务五类。WTO 服务贸易总协定第 13 条规定,除了由各国政府彻底资助的教学活动之外(核定例外领域),凡收取学费、带有商业性质的教学活动均属于教育贸易服务范畴。马来西亚作为世界贸易组织的成员国,按照相关规定,开放高等教育领域,发展跨国高等教育也是应有之义。

作为发展中国家的代表,为了维护教育主权,在跨国教育政策制定上,马来西亚同中国一样,采取了部分开放、严格审核的较为审慎的态度。《中华人民共和国中外合作办学条例》附则第六十二条规定:外国教育机构、其他组织或者个人不得在中国境内单独设立以中国公民为主要招生对象的学校及其他教育机构。而马来西亚根据法律规定,外国大学必须以企业公司的形式与当地的公司、社会团体等组织联合经营,并且外国公司的股份不得超出总投资的 30%。

总体来讲,马来西亚跨国高等教育发展较早,且较为迅速,为发展中国家开展跨国教育活动树立了典范,其人才培养模式也值得学术界进行探讨,本文

---

① 参见史琦、王建梁:《马来西亚跨国私立高等教育探析》,《职业技术教育》2008 年第 28 期。

将选择诺丁汉大学马来西亚分校(研究型大学)和斯威本科技大学沙捞越分校(以职业教育为重点)两所院校的土木工程专业作为案例,从培养目标、培养过程、培养制度和培养评价四个方面进行相关分析,以期对我国跨国高等教育人才培养模式有所启示。

第二节　马来西亚跨国高等教育
人才培养模式案例研究

一、诺丁汉大学马来西亚分校人才培养模式——以土木工程专业为例

英国诺丁汉大学(The University of Nottingham)建于1881年,是英国著名的老牌大学之一,并以其出色的教学质量和卓著的学术研究赢得了国际声誉。目前该校综合排名高居英国前十,欧洲前三十,其中建筑学、建筑科学与工程、食品科学、音乐等专业更是跻身全英前三甲。目前诺丁汉大学设置59个学系,分属于艺术学院、法律与社会科学学院、教育学院、科学院、农业以及食品科学院、工程学院、医疗保健科学院七个学院,在国内有三个校区,在海外开设有宁波和马来西亚两个分校,每所分校均开设有一系列本科以及研究生课程。2008年在校学习的学生共计36932人,其中国内学生27955人,国际学生8977人。

与其他大学不同,诺丁汉大学在马来西亚建立分校并不是建立在以往两国、两校之间的教育交流和项目合作的基础上,而是出于诺丁汉大学一些著名校友的动议,出于自身发展战略考虑。诺丁汉大学于2000年创办诺丁汉大学马来西亚分校(The University of Nottingham Malaysia Campus),校园位于吉隆坡市,交通便利。英国诺丁汉大学马来西亚分校主要由三大股东组成:一是Boustead Holdings Berhad公司,该公司拥有员工1000多名,总资产超过38亿马币(合10亿美元),占总股份的56%;二是YTL Corporation Berhad公司,占19%的股份;三是诺丁汉大学,占25%的股份。

作为英国诺丁汉大学在马来西亚的独立校区,诺丁汉大学马来西亚分校秉承了母校研究治学的传统,以"一流学术成就一流人才"作为培养学生的理念和基石①,这也是学校努力的目标和方向,即凭借诺丁汉大学一流的学术资

---

① 参见 http://www.nottingham.ac.uk/about/documents/universityplan2007-2010.pdf。

源与环境,将学生塑造成为专业过硬的人才,同时利用作为海外分校的优势,为学生创造出国学习的机会,培养具有国际化思维和视野的一流人才。另外学校还继承了英国传统大学的精英人才培养理念,注重博雅教育,鼓励学生除了学好本专业课程外,利用各种机会接触本专业以外的知识,也正是在这一理念支配下,诺丁汉大学马来西亚分校有意打破系科限制,设有艺术与教育部、工程部、自然科学部、社会科学部和研究生学院五个院系。目前学校开设有MBA、管理、会计、计算机科学、建筑、金融、经济学、工程学、生物、市场营销、信息科学,自然科学等多个学科专业。学生主要以马来西亚当地学生为主,同时还包括来自中东、韩国、日本、中国、泰国、新加坡、巴基斯坦、也门和缅甸等国的留学生,共计2924名,其具体分布如表6.1。①

表6.1　诺丁汉大学马来西亚分校学生分布表

国　籍 学生类型	马来西亚		非马来西亚		学生总数
	全日制	兼读	全日制	兼读	
预科(foundation)	269	0	134	0	403
本科(Undergraduate)	1340	0	748	0	2088
教学式研究生(Postgraduate Taught)	39	149	94	56	338
研究型研究生(Postgraduate Research)	65	24	14	10	113
总　数	1713	173	990	66	2942
	1886		1056		

(一)培养目标

土木工程是诺丁汉大学的优势专业,在英国甚至世界范围内都具有一定的影响力。该专业涉及一系列土木工程应用的技术和步骤,如机场、隧道、水库大坝、给水和排污系统、发电站、港口、近海工程、运输系统、架桥、高大建筑物等的规划、设计、建筑、测量、测试、运行、维护和拆除。该专业希望通过向学生介绍土木工程学的原理和背景,传授给学生国际领先的学科知识,培养学生的理解能力和判断能力,提高学生的沟通能力和其他分析和解决问题的能力。

---

① 　参见 http://www.nottingham.ac.uk/about/facts/studentpopulation2008-2009.aspx。

(二)培养过程

1. 课程设置

作为分校,诺丁汉大学马来西亚分校在专业课程设置方面与母校基本保持一致,以达到使学生接受同等质量教育的目的,打造一流的海外分校。土木工程学士学位学制为三年,课程实行模块选修,学校一般会提供建议每学年主修的模块,除少数模块外,一般上课时间为一季度,折合 10 或者 20 个学分,学生可以根据自己兴趣和专业发展方向进行选修。①

表6.2　土木工程专业课程模块设置

学年	模块设置
第一学年	工程数学1(Engineering Mathematics 1)、工程力学(Engineering Mechanics)、行业与职业(Industry and Profession)、通信工程(Engineering Communication)、基础设施1：运输问题(Infrastructure 1：Transport Issues)、土木工程测量项目(Civil Engineering Surveying Project)、工程数学2(Engineering Mathematics 2)、测量与管理1(Surveying and Management 1)、水力学和岩土工程1(Hydraulics and Geotechnics 1)、结构和材料1(Structures and Materials 1)、基础设施2：建设问题(Infrastructure 2：Construction Issues)
第二学年	微分方程和积分(Differential Equations and Calculus)、工程测量2(Engineering Surveying 2)、运输基础设施3：表格(Infrastructure 3：Forms of Transport)、土木工程论文(Civil Engineering Dissertation)、水力学和岩土工程2(Hydraulics and Geotechnics 2)、结构和材料2(Structures and Materials 2)、概率与统计技术(Probabilistic and Statistical Techniques)、施工管理2(Construction Management 2)、基础设施4：环境流体(Infrastructure 4：Environmental Fluids)
第三学年	工程测量3(Engineering Surveying 3)、施工管理3(Construction Management 3)、水力学和岩土工程3(Hydraulics and Geotechnics 3)、结构和材料3(Structures and Materials 3)、集团设计项目(Group Design Project)、选修(Electives)

值得注意的是,除以上专业课外,根据马来西亚 1996 年私立高等教育法规定,所有马来西亚公民,要想在私立教育机构取得文凭和学位,必须修与马来西亚语言和文化有关的课程(Mata Pelajaran Wajib),主要包括国语(National LanguageA)、马来西亚研究(Malaysian Studies)、伊斯兰教研究(Islamic Studies,穆斯林教学生必修)和道德研究(Moral Studies,非穆斯林教徒必修),以上课程对于

---

① 参见 http://www. nottingham. edu. my/Faculties/Engineering/Civil/Programmes/undergraduate/Pages/BEngMEngCivilEngineering. aspx。

国际学生不做要求。①

2. 师资队伍

为确保教学质量，提高诺丁汉大学马来西亚分校在亚洲地区的吸引力，该校对于教师的任用非常严格，土木工程专业课的教师都由英国诺丁汉大学直接派遣或选聘，教师水平与母校等同，很多是在国际上具有影响力的资深教授或者崭露头角的青年教师。

3. 教学方式

因为横向移植英国诺丁汉大学的教学理念，"培养学生的创新精神"成为诺丁汉大学马来西亚分校的核心理念。这一理念的根本点就是让学生学会学习、学会思考，具有分析问题、解决问题的能力，促进学生在学术生活中的创新。诺丁汉大学马来西亚分校很注重发展学生的实际技能和培养他们的自学能力。教师希望学生自己寻求发展，预习课程，不要依赖老师或读死书。

在专业教学上，教师主要采用研讨课（Seminar）、课程论文（Essay）、讲演课（Lecture）和观点陈述（Presentation）相结合的方式。在研讨课上，老师会根据课堂讲授中所讲授的内容，给出一个与之相应的最新案例，然后学生针对案例进行小组讨论，最后陈述讨论结果，在这个过程中，老师只起组织与引导作用，这在很大程度上锻炼了学生分析问题以及运用理论解决实际问题的能力。而在讲演课中，教师一般只会花 1/3 的时间来讲解课本中相应章节的重点知识，其他时间则更多地用于介绍课本外的相关专业知识以及该学科领域的最新成果，激发学生兴趣。

（三）培养制度

1. 学分制与学年制相结合

土木工程专业采用学分学年制，学生从推荐的模块中选择若干模块进行选修，每个模块大约为 10—20 个学分，在第二年的课程学习中，学生要在导师指导下选择自己的毕业时间，如果将来从事应用性工作，则第三学年完成即可毕业，获得学士学位，如果将来从事基础研究工作，则要继续第四年的学习，选择调查项目（Investigative Project）、专门选修模块（Specialised Optional Modules）

---

① 参见 http://www.nottingham.edu.my/Faculties/Arts/English/Pages/LAN_Compulsory_Subjects.aspx。

并进行一定程度的自由选修(Electives),硕士的学习主要是提高研究能力,为攻读博士学位做准备。

2. 管理制度实行导师制

导师制与学院制一起,是英国传统大学的精华,由于其在培养人才方面的独特作用而被许多国家广泛学习和效仿。诺丁汉大学马来西亚分校土木工程专业秉承母校的传统和优势,在学生培养上均实行导师指导制,由每个教师负责8—12名左右的学生,这种导师制不只是一种形式,而是吸取了传统精英大学的精髓,导师与学生经常接触,布置任务,探讨学问,在学习和生活等各个方面给学生及时的帮助和指导,对保证教学质量具有重要作用。

3. 交流制度

由于与母校存在着直接的联系,诺丁汉大学马来西亚分校在学生国际化上具有无可比拟的优势,并积极利用这种优势,为学生创造去英国访学的机会。在土木工程就读的学生,在马来西亚分校完成第一年所学课程,如果愿意的话,可以参与学生交流项目,到英国本校去进行为期最多两个学期的学习,这一时期按照马来西亚分校方面收费标准执行(马来西亚分校的学费约是总校的50%—60%)。与此同时,学生在前三年的学习中,可以通过申请将学习转到英国母校,这种情况下,学生不得参与交流项目并且需要按照英国方面的学费标准缴纳。在完成学士学位的情况下,符合英国留学政策的,可以到母校攻读硕士学位。[①]

此外,学生还可以参加"二十一世纪大学协会"(该协会于1997年3月在澳大利亚墨尔本成立,是一个由欧洲、北美、亚洲和大洋洲17所以研究为重点的大学的国际组织,其目的是帮助成员学校实现全球取向)的学术交流项目,到与诺丁汉大学有学生交流协议的大学进行访学。

(四)评价方式

学士阶段的评价方式是灵活多样的,不仅要考核学生的学习结果,更要考核其学习过程;不仅要考核学生对知识的认知水平,更要考核其对具体问题的分析水平。最终的考试成绩主要由研讨课或实验室工作表现、课程论文完成

---

① 参见 http://www. nottingham. edu. my/Faculties/Engineering/Chemical/Programmes/Undergraduate/Pages/BEngMEng(Honours)ChemicalEngineering. aspx。

情况以及考试成绩三方面决定。学生修满学分符合学校规定者可获得英国诺丁汉大学学位，分校获得学位与英国本土相同。

（五）培养特色

首先，是采用移植式的培养方式，从教师委派、课程开设到评价方式等各方面均按照英国诺丁汉大学的方式安排和设计，在最大程度上使学生接受到原汁原味的英国教学，提高学生培养质量。

其次，是积极利用优势，注重学生的国际化，在招生上放眼世界，积极吸收国际留学生，尤其是亚洲学生。据统计，2008 年到 2009 年度，诺丁汉大学马来西亚分校共招收学生 2942 名，其中国际学生 1056 名，占总体的 36%。在培养方式上，注重学生的国际经验和视野的养成，利用国际一流的教师培养国际化的学生，同时设立了学分转换和学生交流项目。

再次，是评价方式灵活多样，注重学生实践尤其是创新能力的培养，等等。

二、斯威本科技大学马来西亚分校人才培养模式——以土木工程专业为例

斯威本科技大学（Swinburne University）创立于 1908 年，位于澳大利亚维多利亚州首府墨尔本市。目前在本土共有六个校区，均分布在墨尔本东南郊区，另外还在马来西亚沙捞越建有一个海外分校。目前该校共有学生近四万名，其中有 5500 位是来自世界各地的学生，中国学生将近 800 人。学校提供 ELICOS、预科与转学位项目、TAFE、本科、研究生等多种水平的课程。

1998 年，马来西亚沙捞越基金会对于沙捞越州未来人力资源需求进行了研究，研究报告支持政府引进一所国外的技术型高校到沙捞越州办学，经过马方与澳大利亚政府的紧密磋商，最终选定斯威本科技大学作为合作伙伴。出于全球发展战略考虑，秉承为学生提供国际生活、工作和学习机会的理念，1999 年，在得到马来西亚教育部长批准后，先在沙捞越设立了斯威本科技学院（Swinburne Sarawak Institute of Technology），其合作伙伴是沙捞越基金会和沙捞越高等教育基金会，2000 年该校迎来首批 130 名学生，2004 年 6 月 10 日正式获得大学海外分校的地位，成为斯威本科技大学的第六所分校，学生也达到 700 名。2005 年，沙捞越州政府独家斥资 1.1 亿马币进行校园建设，目标是能够容纳 5000 名学生的规模，该工程于 2008 年 8 月完成。与诺丁汉大学马来西亚分校不同的是,虽然都属于合作分校,但合作对象的属性有所不同,斯威本科技大学马来分校的合作对象是沙捞越政府,占75%的份额,澳大利亚斯威本科技大学占25%的份额。①

　　斯威本科技大学沙捞越分校的远景是教师和学生具有专业化操作技能和国际化的视野。学校在学习和教学、重点研究领域、行业和社区参与方面的灵活性得到公认,从而在区域内成为首选。学校的整体战略目标是,培养专业化和职业化的人才,增强斯威本科技大学研究成果的绩效,使整个大学和活动国际化,积极参与到行业和社区当中,组织建设保持可持续性和灵活性,满足相关利益者的需求。

　　总体来看,斯威本科技大学沙捞越分校人才培养目标具体包括以下几点:1. 发展创业文化,营造创新环境,开办新课程,运用新课程原则和理论,使毕业生能够在日益激烈的商业竞争中接受挑战,作出快速反应从而取得成功,在创造社会经济财富上作出贡献。2. 具有国际化的视野。努力将斯威本科技大学建设成为国际化大学,从全世界招收优秀学生,在教学和学习中增强国际视野,使毕业生拥有丰富的技能和较高的智力。3. 多种教学方法。通过多种途径,增加学生参与的机会,利用合作优势为学生创造机会。4. 强调学习和教学的灵活性。在斯威本科技大学沙捞越分校,确保学习与教学质量结果与澳大利亚方面等同;采用灵活方法培养学生的主动性;培养学生的合作精神;培养学生在国际环境中的知识和思考技能;在最大程度上培养学生的灵活性。5. 使学生积极参与行业和社区活动,通过服务社区锻炼学生的技能,并建立伙伴关系。

　　目前,斯威本科技大学沙捞越分校共有来自世界30个国家的3000名全日制学生。学校下设三个学院,分别是:商业与设计学院(School of Business and Design)、计算、科学与工程学院(School of Engineering, Computing and Science)、语言和基础学院(School of Language and Foundation)。② 2009—2010年度学校开设的专业约40种,涵盖英语基础、证书文凭、学士、硕士和博

①　参见 http://en. wikipedia. org/wiki/Swinburne_University_of_Technology_Sarawak_Campus。

②　参见 http://www. swinburne. edu. my/schools. php。

士多种层次。

（一）培养目标

土木工程专业培养目标包括多个方面：确保学生对工程学有基本的认识；确保学生具有较深的专业技能，能够成为合格的土木工程师；确保在专业方面拥有计算机辅助能力；在管理复杂项目时拥有一定的能力；确保学生拥有更大的社会发展和就业能力；确保学生具有自我认知和团队合作能力；发展商业与管理技能和知识；培养具有适应环境和可持续发展的土木工程师；培养学生的国际化视野。[①]

（二）培养过程

1. 课程设置

斯威本科技大学沙捞越分校要求学生具有雄厚的学术基础和开阔的眼界，具有良好的专业基础素养、英语能力和思考能力，所以在学生开始大学正式专业课程前，需要首先接受大学预科的教育。预科课程具有三方面的目标，即增加学术知识、改善英语能力、帮助适应大学生活，以期学生能够顺利进行学业并按时毕业。每学期课程设置如下表。

表6.3　工程学预科项目课程设置情况

学期	课程设置
一学期（Semester1）	代数、基础工程力学A、化学A、光波和电子A、信息技术和设计、英语和研究技能
二学期（Semester2）	数学技能、微积分1、热科学A、计算机方法、电和磁A、学习技巧
三学期（Semester3）	工程应用代数、微积分2、C程序设计简介、数字媒体。另在以下课程中选择两门，基本工程力学B、化学B、电和磁B、光波和电子B、热科学B

土木工程专业的学制为四年，主要培养房屋、桥梁、大坝、道路、港口和供水系统等方面的专业人才。除预科外，所有工程学的学生一般都要经过一年的基础课程学习，主要是培养学生广阔的学生背景，第一学年结束时选择攻读专业。在课程设置上与斯威本科技大学本校相同，这些课程具体可以划分为

---

① 参见 http://www.swinburne.edu.my/courses/engineering-civil.html。

基础研究(Foundation Studies)、技术研究(Technical Studies)、基础设施研究(Infrastructure Studies)、管理和商业研究(Management and Business Studies)、专门研究(Specialist Studies)五个领域,学校推荐的课程顺序如下表。①

表6.4　斯威本科技大学沙捞越分校土木工程专业课程设置

学年	课　程
第一学年	专业工程、能源与运动、力学结构、土木工程项目、材料工艺、可持续发展设计、工程数学
第二学年	地形工程、计算机辅助工程、结构力学、工程数学 3C、地质力学、公路工程、流体力学 1、混凝土结构设计、职业课程
第三学年	岩土工程、城市水资源、钢结构设计、工程管理 1、运输工程、工程管理 2、水和环境工程、工程造价
第四学年	结构工程、水与环境工程、研究项目、基础设施设计项目、基础设施管理项目,专门研究、实习

2. 教师队伍

教师的来源主要通过两种途径,一部分是通过澳大利亚斯威本科技大学派遣,另一部分是通过在马来西亚国内和国际上通过公开招聘的方式得到。教师一般都具有博士或者硕士学位,并且具有相关领域的工作经验。在职的教师可以通过交流项目到澳大利亚进行访学,通过学术交流不断提高自身水平。

3. 教学方式

由于课程类型不同,教学方式也有所不同,总体上讲,斯威本科技大学马来西亚分校在教学方式上继承了西方大学灵活多样的方式。例如,土木工程专业中的研究项目(Research Project)这门课程,共12.5 学分,32 学时,教学方式由讲演课(Lecture,12 学时)、讨论课(Consultations,12 学时)和口头陈述考试(Oral presentation exam,8 学时)三部分组成。② 结构力学(Structural Mechanics)课程共计12.5 学分,60 课时,教学方式由讲演课(36 课时)、实验

---

① 参见 http://swinburne. edu. my/courses. php? do＝c_bece。

② 参见 http://courses. swinburne. edu. au/Subjects/ViewSubjectIntl. aspx? id＝1299。

室工作(Laboratory work，6 课时)和导师个别指导(Tutorials，18 学时)组成。①

教师在每门课程教学前都做了较为详尽的课程设计。如工程管理,该课程主要学习以下几方面内容:(1)在学习课程期间,学生有机会与潜在的雇主见面;(2)总结之前课程学过的知识;(3)学习民用基础设施生命周期不同阶段需要考虑的影响因素和采用的技术;(4)获得民用设施系统不同方面的管理知识,包括规划、方案和预算编制、设计、施工、运营、维护等方面;(5)了解生活中的各种问题是怎样影响维修和重建民用基础设施工程决策的;(6)甄别在不同阶段影响提供服务选择的因素:技术、经济、环境、社会和风险;(7)甄别基础工程管理的技术,等等。当学生学习结束时可以做到:综合以前学过的知识并阐明它们之间的联系;懂得在基础实施系统中风险是如何被评价和管理的;学会团队合作并达到最优效果,等等。

(三)培养制度

1. 学年学分制

土木工程专业学制一般为四年,在课程上实行学分制,一般每门课程为12.5 分,学生可以在推荐课程以外进行选修。在课程制度上实行选修和必修相结合的方式,与诺丁汉大学马来西亚分校相同,所有马来西亚国籍的学生,必须修与马来西亚语言和文化有关的课程(Mata Pelajaran Wajib),主要包括国语(National LanguageA)、马来西亚研究(Malaysian Studies)、伊斯兰教研究(Islamic Studies,穆斯林教学生必修)或道德研究(Moral Studies,非穆斯林教徒必修),以上课程对于国际学生不做特别要求。除此以外,斯威本科技大学马来西亚分校还规定,凡是 2007 年以后入学的本科生必须修读职业课程(Careers in the Curriculum),该课程没有学分,共 12 课时,课程最后要求学生做一份工作申请或者自荐信。在专业课程上,学校会根据经验提供给学生参考的修读课程,某些课程允许学生进行选修,选修课主要集中在最后两年。

2. 学生交流制度

作为斯威本科技大学的分校,该校在学生交流方面具有很突出的优势,同时也建立了比较健全的制度。首先,是学生交换项目(Student Exchange Program)。斯威本学生交换项目使得来自马来西亚校区的学生有机会到澳大

① 参见 http://courses. swinburne. edu. au/Subjects/ViewSubjectIntl. aspx? id=4688。

利亚学习(从二年级开始),丰富知识开阔眼界,并且学费按照马方规定执行。其次,建立了相应的学分转换制度(Credit Transfer Policy)。通过学分转换系统,学生在符合澳大利亚大学校长委员会和高等教育法规相关规定条件下,到澳大利亚各大学进行相关学习。另外,学生还有机会到与斯威本科技大学有学生交换协议的其他国家高校进行深造,在海外所获得学分均予认可。

(四)培养评价

课程的内容和教学方式不同,评价的方面也有所不同。例如,在研究项目课程中,作业和观点陈述(Assignment and presentations)占总分数的40%—50%,专业研究报告(Major Research Report)占50%—60%;结构力学这门课程,最终考试成绩(Final examination)占总体的60%—80%,实验报告(Laboratory reports)占10%—20%,中期测验(Mid-Semester test)占10%—20%;在基础设施管理工程这门课程中,主要采用团体报告(Group report,占40%—60%),小测(Quiz,占20%—30%)和口头陈述(Oral presentation,占10%—20%)相结合的考核方式。

考试由斯威本本校教师主持,制定规则和阅卷。除比较特殊的课程外,本科阶段每门课程是12.5学分,学生通过考核获得相应学分,修满400学分(约32门课程)并符合学校各项规定者,可以获得斯威本科技大学学位证书,分校获得与澳大利亚本土相同的学位。

(五)培养特色

在培养目标上,以培养具有熟练操作技能的专业型和职业型人才为方向,并将澳大利亚TAFE培养模式引进来,注重学生的实践。同时,充分利用现有条件,紧跟时代发展的潮流,建立了比较健全的学生交流制度,注重学生国际经验和能力的养成,在具体操作上为学生的国际流动创造各种条件。

在课程设置上,属于移植式,即全盘按照澳大利亚斯威本科技大学的课程设置。同时,课程设置与培养目标相连,具有职业性和实践性,并且每门课程都有具体详细的教学目标。

教学方式具有灵活性,不是一味地进行课程灌输,而是根据人才培养的目标,采用讨论、讲演、口头陈述、实验室工作和导师个别指导等多种方式进行教学,利用灵活的教学方式培养灵便的学生。

评价方式不拘一格。在评价方式上采用形成性评价,利用作业和观点陈述、团体报告、小测、期中考试和期末考试等相结合,有利于全面考查学生各方面的能力,并以考试为手段,引导学生综合能力的养成。在评价主体上,主要是由澳方人员负责,用澳方试卷,保障考核的原汁原味。

第三节　马来西亚高校跨国合作办学人才培养模式的特点

马来西亚政府以"成为亚洲卓越的高等教育中心"为目标,加大对国外高等教育机构和项目的引进力度,实现了本国高等教育规模与质量的跨越式发展,引起了各国尤其发展中国家的广泛关注,在跨国高等教育人才培养模式上也形成了自己的特点,总结起来主要有以下几个方面:

第一,国际化的人才培养目标。高等教育国际化是知识普遍性、经济全球化、政治多极化和科技信息化的必然产物,也是不可避免的发展趋势,人才的国际化是高等教育国际化的重要内容和参考指标。从以上案例分析可以看出,无论是诺丁汉大学马来西亚分校还是斯威本科技大学沙捞越分校,都树立了先进的发展理念,以强调培养具有国际技能和经验的人才为目标。为了达到这一目标,两所高校都加强国际宣传,放眼全世界,从各国招收智力卓越的学生。同时,积极利用海外分校无与伦比的国际化优势,完善相关制度,注重学生的交流,使学生掌握国际化技能和知识。

第二,移植式的课程设置。在课程的设置上,诺丁汉大学马来西亚分校和斯威本科技大学沙捞越分校不约而同地选择了移植式这种深度合作的模式,显示了西方高校课程设置在人才培养方面的优势,同时也符合马方的实际状况。一方面,马来西亚经济发展迅速,政治、经济和社会等各方面的人才亟待增加,而西方高校课程设置经过长时间的积淀,符合时代发展的基本要求;另一方面,马来西亚高等教育发展的基础较差,全盘移植西方高校的专业课程,有利于更好地吸取先进经验,加快高等教育改革的进程。但是,如何将国外高校课程设置与本国经济社会发展的实际结合起来,可能是需要考虑的一个问题。

第三,教学和评价方式具有灵活性。教学方式是影响教学效果的重要因素,从对以上高校人才培养过程的分析,可以看出,教学方式是与具体的课程性质相连的,并且每一门课程都是采用多种方法来共同作用于教学,教师在教学上采用研讨课、课程论文、讲演课、观点陈述、实验室工作和导师个别指导相结合的方式。

在评价方式上,采用作业和观点陈述、团体报告、小测、期中考试和期末考试等相结合的方式,对于活跃气氛,培养学生多方面能力尤其是创新能力具有重要作用,在考试试题和考试方法两所学校都与母校保持一致,成为保证质量等同的重要措施。

第四,发挥各自优势,注重人才培养的特色。实际上,英国的诺丁汉大学和澳大利亚的斯威本科技大学存在很多相似点,但区别也是显而易见的。英国是自由教育的发源地,诺丁汉大学也深受影响,并且在层次上属于研究性大学,具有自由教育的特色。马来西亚诺丁汉分校则继承和发扬这种传统,追求卓越,重视学生基础,尤其是重视导师的指导。斯威本科技大学则以职业教育著称,在分校的培养目标和课程设置方面也体现的淋漓尽致。另外,在合作方式上,诺丁汉大学马来西亚分校直接受本部领导,而斯威本科技大学沙捞越分校则是采用学校和基金会合作的方式。不同学校人才培养模式不同,有利于培养不同类型的人才,同时也有利于人才培养模式的比较、甄别、探索和改革,从这一点来说,马来西亚引进海外分校的策略无疑是值得肯定的。

下　篇

中国跨国高等教育人才培养模式

第七章　中欧国际工商学院全日制本土化 MBA 人才培养模式

第一节　中欧国际工商学院合作项目的背景

全日制本土培养 MBA 模式是 MBA 教育的主流模式,全日制指的是中外合作项目 MBA 学员以全日制脱产的方式在本国大学的商学院里学习 18 个月(包括实习)。其中,一般的中外合作全日制 MBA 项目可以根据学员要求或根据与外方商学院的协议到境外实习,实习时间为两周到一个月不等。相比较于其他模式,此种模式成本较低,能令学员在两年时间内比较系统地学习商业知识,与国内大学商学院的学生共享校园资源。全日制教学还可以使学生有更多时间消化课程内容,参加由企业首席执行长们担任主讲嘉宾的论坛,与同学分享彼此的经验,培养团队精神并增进与同学的友谊。

在此类模式中,比较有代表性的是中欧国际商学院的全日制工商管理硕士(MBA)课程,学制 18 个月,全部用英语教学。中欧国际工商学院(CEIBS)是一所由中国政府与欧洲联盟共同创办、专门培养国际化高级管理人才的非营利性中外合作高等学府。课程设计的特点是以公司日常事务为开端,着重分析影响公司业绩的内外因素及总经理的作用,中间阶段探讨市场营销、金融财务、生产经营、人力资源管理、商务预测和项目管理等具体课程,最后阶段涉及如何综合运用所学知识解决公司的复杂问题。学生在校期间可得到参加学生交换项目的机会。学员毕业后获得国际认可的 MBA 学位,并成为中欧的校友会成员。

1994 年 2 月 28 日,中华人民共和国政府与欧共体委员会(现为欧盟委员会)签署了《中华人民共和国政府与欧共体委员会关于组建中欧国际工商学院的备忘录》。3 月初,中欧管理中心迁往上海,以张国华教授为首的第一批来自上海交通大学的筹建人员加入中欧管理中心,一方面开设短期培训课程,另一方面紧锣密鼓地筹建中欧国际工商学院。1994 年 9 月和 10 月,欧盟委员会副主席列昂·布里坦爵士和对外贸易经济合作部部长吴仪分别代表欧盟和中国政府签署了《中欧国际工商学院财务协议》(简称《财务协议》)。1994 年 11 月 8 日,中、欧双方政府分别指定的项目执行单位上海交通大学和欧洲管理发展基金会签署了《中欧国际工商学院合同》。同日,中欧国际工商学院成立典礼暨新校园奠基仪式在浦东金桥隆重举行,中国第一所中外合作、专门从事国际化管理教育的研究生院正式诞生。

《中欧国际工商学院财务协议》对中欧国际工商学院的法律地位做了明确规定:中欧国际工商学院是一个具有有限责任的非营利性教育机构,享有充分的法人资格,具有在学术、财务、人事、外事等方面的决策自主权,能够执行所有财务、行政和契约活动。因此,《财务协议》在法律上赋予了中欧国内任何一所商学院所没有的独立法人地位和高度办学自主权,使中欧成为了中国管理教育的一个特区。

《中欧国际工商学院合同》在体制上对中欧的运作制定了严格的规范。中欧参照国际一流商学院的惯例,实行董事会领导下的管理委员会负责制:由中、欧双方各聘请五名董事组成董事会,再由董事会任命中、欧双方正副院长各一名组成管理委员会负责日常管理。学院第一任董事长是上海交通大学校长翁史烈教授,学院第一任管理委员会成员是李家镐院长、Joachim Frohn 院长(执行院长)、张国华副院长和 David Southworth 副院长。学院还聘请了来自 10 所国际驰名商学院和学术研究机构的教授组成学术委员会,并由在西班牙管理教育界享有盛名的 Pedro Nueno 教授担任学术委员会主席,通过在课程设置、教授选聘等方面提供监督和咨询来确保学院的学术水准。此外,为确保学院和企业界保持密切联系,学院设立了公司顾问委员会,聘请赞助企业的代表为委员,与企业界建立了有效的信息沟通渠道。①

面对全球化的开放潮流,无论是要进入中国的外国企业还是要走向世界的中国企业都迫切需要一大批懂得国际惯例、懂得跨国经营的人才。而要培养国际化企业管理人才,除了要把国际化的师资和教材引进来,最好还能把学员送出去。与海外商学院交换学员是送出去的好形式,但是只有全日制 MBA 课程的学员才有可能这样做。此外,国际上商学院的排名主要取决于全日制 MBA 课程的水平。为了成为一流商学院,中欧国际工商学院极力打造全日制课程模式。2007 年,中欧国际工商学院的全日制 MBA 课程已经在英国《金融时报》全球 MBA 百强排行榜中名列第 11 位。2004 年,中欧国际工商学院得到欧洲质量发展认证体系(EQUIS)的国际认证,成为中国大陆唯一获得这一殊荣的商学院。EQUIS 是对工商管理类高等教育机构进行质量评估、改进和认证的国际知名体系。2005 年,中欧国际工商学院要求进入美国商学院协会(AACSB)认证程序的申请得到批准。

2007 年入学的 MBA 学生人数为 191 人,其中女性占 35%,平均年龄为 29.5 岁,学生平均工作经验为 5.9 年,GMAT 分数分布(中间 80%)为 640—740。从职业背景上看,一个显著的特点是来自民营企业和自主创业的学生比例有所上升,约占全部学生的四分之一,而 2006 年这一比例为 18%。来自外资与合资企业的学生虽然略有下降,但仍以 43.4% 的比例位居第一位。另外,国企和政府背景的生源分别占到学生总数的 25.8% 与 4.5%,同去年相比差别不大。

中欧 2007 年入学的海外学生比例为 37%,2007 年入学的 75 位海外学生来自 25 个国家和地区,包括阿根廷、危地马拉、哥伦比亚、美国、加拿大、德国、意大利、西班牙、瑞士、荷兰、丹麦、俄罗斯、以色列、菲律宾、马来西亚、新加坡、印度、韩国、日本、黎巴嫩、中国台湾和中国香港。

---

① 参见王建铆:中欧简介,[EB/OL] http//finance.sina.com.cn/MBA/mbaemba/20050917/15481976369.shtml,2005-09-17。

第二节　中欧国际工商学院 MBA 人才培养模式

一、培养目标

中欧的培养目标是培养立足本土、面向世界,适应全球经济一体化趋势,具有参与国际合作与国际竞争能力的高级经营管理人才,从而促进中国经济和社会的和谐发展,推动中国经济与世界经济的融合。

二、培养过程

(一)课程体系

中欧不仅"严进",而且"严出"。全国 MBA 教学大纲对 MBA 课程的最低要求是 12 门必修课(含政治和英语)和 4 门选修课,而中欧对 MBA 学员的要求是 16 门必修课(不含政治和英语)(37 学分)和 11 门选修课(21 学分)及一个 5 学分的实践项目。第一学年提供的是核心课程,其中第一学期提供的模块课程是基础功能和技巧方面的,包括商务写作与演讲技巧、财务会计、统计学、经济学、组织行为学、市场营销学。第二学期提供的是基础功能和综合模块课程,分别为管理会计、运营管理、商业财务、公司治理与商业伦理、战略管理。第三学期进入商业应用和专业方向的课程和实践项目,提供的是实践项目、中国经济和选修课。第四学期主要是综合课程模块,以选修课为主,有欧盟概况和商务模拟。值得一提的是,除了核心课程,中国经济、欧盟概况、商务模拟和实践课也是全体学生必须完成的课程。① 中欧 MBA 课程不但注重培养学生的管理技能,而且注重培养学生的职业素质,在 20 世纪 90 年代中期就开设了商业伦理学、创业学等课目。

---

① 参见中欧课程表,http://www.ceibs.edu/mba_c/curriculum/calendar/index.shtml,2006 - 04 - 05。

表 7.1　中欧 MBA 必修课表

学期	课程设置
第一学期的模块课程 基础功能和技巧方面	商务写作与演讲技巧(1 学分)
	财务会计(3 学分)
	统计学(3 学分)
	经济学(3 学分)
	组织行为学(3 学分)
	市场营销学(3 学分)
第二学期的课程 基础功能和综合模块课程	管理会计(3 学分)
	运营管理(3 学分)
	商业财务(3 学分)
	公司治理与商业伦理(3 学分)
	战略管理(3 学分)
第三学期的课程 商业应用和专业方向的课程和实践项目	实践项目(5 学分)
	中国经济(2 学分)
	选修课(6 学分)
第四学期的课程 综合课程模块	选修课(3 学分)
	欧盟概况(2 学分)
	商务模拟(2 学分)

　　选修课程教学时间为后三个学期,科目覆盖面广,学生可以根据他们的兴趣或专长至少选修相当于 21 个学分的课程。

表 7.2　中欧 MBA 选修课表

营销类	金融会计类	管理类	经济和决策科学类
广告与促销	投资学	管理咨询	商务预测
商务市场营销管理	国际金融	谈判技巧	行业经济学
销售团队管理	投资银行	领导力	信息系统
博弈论及战略市场学	财务报表分析	国际商务	国际经济一体化
营销调研	金融衍生工具及风险管理	人力资源管理	宏观经济学
新产品开发及营销	银行实务模拟	创业学	供应链管理
消费者行为学	高级管理会计	商法	重组和 6 西格马

续表

营销类	金融会计类	管理类	经济和决策科学类
服务营销	银行学	跨文化管理	
营销专题	高级公司财务	变革管理	
	共同基金及投资组合管理	项目管理	

表格来源:2008 年中欧课程表①。

中欧的所有课程都实现了师资和教材与国际一流商学院的全面接轨,并追踪国际潮流不断更新。除全英语教学外,中欧鼓励学生学习外语(除了英语之外)以帮助他们更好地在非英语国家进行交换学习,增强他们在未来就业市场上的竞争力。中欧为第一学年学生免费提供不计学分的语言课程,包括高级英语、中级汉语、基础西班牙语和基础法语。此外,海外实习和海外交换也成了中欧 MBA 课程国际化的两大亮点。

中欧每年都派遣 40% 至 50% 的 MBA 学员到世界各地的著名商学院学习,同时接受相应数量的来自世界各地的 MBA 学员来交流。海外交换学习项目一般在第二学年的 9 月到 12 月进行。通过海外交换学习项目,中欧的学生获得了同世界顶尖商学院学生和教师进行交流的珍贵机会,丰富了国际经历,同时外国交换学生的到来也增加了继续留在中欧的学生的国际交流机会。

(二)师资队伍

中欧国际工商学院的"师资国际化比例"高达 75% ,90% 以上的师资具有国际一流商学院的博士学位,30% 的师资具有百万欧元的教席基金。在学校国际化程度的评定中,中欧位居全球第 15 位,中欧国际化办学方针获得充分肯定。中欧建立了一套严格的教学评估体系,对每一位教授所讲授的每一门课都组织学员进行评估,对达不到标准的教授坚决淘汰。大浪淘沙式的筛选保证了任教中欧的教授大多来自海外著名商学院并具有一流的教学水平。

---

① 参见中欧课程表,http：//www. ceibs. edu/mba_c/curriculum/calendar/index. shtml,2008 - 04 - 05。

（三）教学方式

中欧的教学特色是高度的国际化,兼收并蓄,追求的是一种多元文化的教学特色,教员来自北美、欧洲、亚洲等诸多不同文化背景的国家。多元文化的特色使学院能够发挥中西方各自的管理思想优势。[①]

大部分课程都是由讲座和案例学习两部分组成,其中案例大多出自哈佛商学院案例库,也有部分由中欧教授和中欧案例中心根据中国商业实战经验撰写。除了国际主流教科书以外,教材还选自最新的学术期刊、杂志、影音资料。部分课程还采用计算机模拟、特邀讲座和研讨会等形式进行。

这种中外合作办学的优势是:从海外引进的客座教授把国际一流商学院通过长期实践积累的宝贵经验带给了中欧,使中欧的教学具备了倡导互动性教学,重视课堂讨论和小组案例研讨,鼓励学员参与教学和共享经验的鲜明特色。此外,海外引进的客座教授还非常重视将现代信息技术(如商务模拟技术和互联网技术)应用于教学实践,不仅提高了效率,而且培养了学员适应信息时代的能力。

（四）实践训练

实践项目是中欧 MBA 课程的有机组成部分。该项目可以以小组咨询项目或者个人实习的方式进行,使学生置身于一个国际化的商务环境中。通过实践项目,学生将在相对较短的一个时间段内处理一个清晰定义的商业问题,通过团队努力为公司提供一个专业的分析报告以及协助公司检验潜在的解决方法。MBA 可以有效地将学到的各个商业学科的知识和分析工具运用到项目分析和执行中,从而加深对于知识和技能的理解。很多 MBA 在做完项目后都能得到客户公司的工作邀请。

实践项目为期 7 周,为 5 个学分的必修课,在每第二学年的 5 月开始。每个小组由 5 名左右学生组成,将由学校和实习公司共同对小组和个人表现作出评估。

实践项目范例如下页表:[②]

---

① 参见邹沐:《培养 MBA 的摇篮——中欧国际商学院》,《浦东开发》1999 年第 8 期。

② 参见中欧实践项目,http://www.ceibs.edu/mba_c/curriculum/practicum/index.shtml,2007－11－05。

表7.3　实践项目范例

市场营销	为一种产品线评估市场需求的趋势并建议相应的市场营销策略(制造公司)
	进行标杆作业并对公司新产品推出流程提出可行性建议(医药公司)
财务/金融	针对某种行业的价值评估(投资银行)
	建立实施现金流管理系统以降低应收账款水平(快速消费品公司)
生产管理	协助引进实施精益制造概念以使生产提前期最小化,并降低在制品库存水平(电气公司)
	建立供应商表现评估指数,通过对物料的矩阵分析降低总采购成本(咨询公司)
人力资源	员工核心竞争力调查研究(电信公司)
	发展激励机制并为销售人员和客户服务人员制作培训课程(奢侈消费品公司)
管理信息系统	参与市场与销售流程再造,启动基于互联网的电子学习系统(医疗/生物科技公司);参与 ERP 项目小组并提出可行性建议(石油化工公司)

(五)非教学培养途径

中欧是中国大陆第一家建立起紧密的学员和校友网络的商学院。首先,全日制的 MBA 课程为学员之间的交流提供了充分的时间,而定期重新分班分组的做法进一步促进了同一年级学员之间的交流,这就构成了网络的第一层次。其次,18 个月的 MBA 课程和跨年级组织的几十个俱乐部为上一年级和下一年级学员之间的交流提供了机会,而中欧在国内首创的 EMBA—MBA 良师益友项目为同年级的 EMBA 和 MBA 学员之间的交流提供了有效的平台,这就构成了网络的第二层次。最后,中欧的校友会及其组织的丰富多彩的活动为数千校友和学员之间的交流提供了畅通的渠道,这就构成了网络的第三层次。

1. 俱乐部

中欧设有多种运动项目俱乐部,分别是篮球俱乐部、棋牌俱乐部、网球俱乐部、足球俱乐部、羽毛球俱乐部、音乐舞蹈俱乐部、高尔夫俱乐部、飞碟俱乐部和游泳俱乐部。这些俱乐部都要举办每周的例行训练及技能培训,以及学生之间、师生之间、本校和校外运动爱好者之间的比赛,以此调剂紧张的学习生活,促进学生和其他运动爱好者之间的沟通,以及保持身体健康。

　　第二类俱乐部是与 MBA 职业发展相关的专业俱乐部。如媒体管理俱乐部、金融俱乐部、IT 协会、领导力俱乐部(激励并使成员在未来商战中能够发展并运用领导艺术)、中国国际俱乐部、管理咨询俱乐部①、中欧创业俱乐部、人事管理俱乐部②、营销俱乐部和能源俱乐部。其中,中国国际俱乐部就是以了解世界动态、成为成功商界领袖为使命。其目标是提供当今国际事务及其相关问题的知识、建立对中国感兴趣的商业人士的网络、创立我们社会角色的文化意识、建立对国际事务的思维方式和在国际社团中宣传中欧。

　　第三类为娱乐休闲俱乐部,包括电影俱乐部、旅游俱乐部、职业女性俱乐部和公众演讲俱乐部等。

　　2.“良师益友”项目

　　中欧的“良师益友”项目是为了帮助在校的 MBA 学生能够多渠道地读“活”书,为今后毕业进入商界实战做好充分的准备。由于 EMBA 学员和校友们的参与,项目本身就强化了学生和校友们之间“同为中欧人”的归属感,这种归属感会让彼此之间的联系和合作更加紧密。这就注定了“良师益友”项目是一个非常有效的,能为两者提供自由互动和交流的平台。“良师益友”项目主要是针对 MBA 新入校的学生,因为他们往往会面临更多的困难。他们可能不知道在工商学院如何学习才有效,可能对自己的职业发展目标不是很明确,可能希望搭建起更多的人际脉络,希望那些在此方面有丰富经验的人伸出热情的双手来指引他们、鼓励他们、帮助和支持他们。③ 因而,“良师益友”项目是 EMBA 学员和校友们针对 MBA 学生个人施展影响力的项目,是一个能帮助 MBA 学生在学习、生活、事业等全面发展的项目,是一个能让学生充分感觉到身处中欧大家庭的温暖的项目。

　　自从 2006 年 10 月 20 日新一届“良师益友”项目启动以来,导师们已经行动起来,纷纷和 MBA 学员建立了联系,积极交流,分享自己的职业发展和人身经验,提供公司参观的机会,开展各种各样的互动活动。

---

　　①　管理咨询俱乐部是指利用中欧和俱乐部成员的资源,使有志将来从事咨询工作的学生为未来的职业发展更好地做准备。

　　②　人事管理俱乐部的宗旨是服务于个人职业兴趣,通过个人发展加强职业素养,以及鼓励成员从组织领导者的角度以全球战略性的眼光设计商业发展。

　　③　参见 2008 中欧招生简章,http://www.ceibs.edu/pdf/mba/mba_brochure.pdf。

3. 校友会

校友网络是衡量世界级商学院的重要标准之一,经过十多年的发展和积累,加之中欧管理中心的毕业生,学院目前拥有遍布全国及世界各地的校友5600余位,并以每年近1000位的速度递增。

在中欧,校友是学院最宝贵的财富,也是学校大家庭中最重要的成员之一。校友会是连接校友与校友,以及校友与学校的纽带。通过在各地举办丰富多彩的论坛、讲座、研讨会以及各种联谊活动,校友会为校友们更新知识、分享经验、探讨问题、扩大商机、增进友谊、共谋职业发展提供了良机和平台。

三、培养评价

中欧 MBA 坚持从招生到就业贯穿始终的全面质量管理,不但像企业采购原材料那样精挑细选地招收新生、像企业销售产品那样千方百计地推介毕业生,而且像企业管理生产那样一丝不苟地管理教学。中欧 MBA 从 1999 年起实行统一固定分布的评分体系(其中规定每一门课得 A 的学生只能为10%),并严格执行个人平均成绩明显低于年级平均成绩的学生不得毕业的制度。学生在校期间,只要有两次得到 C 学分,就立即勒令退学。"缺席"也绝对不允许。出勤情况与成绩直接挂钩,如果上课迟到,助教就会以手机短信的形式将"已经开始上课了,为什么还看不到你"的"警告信息"发给学生。

作为未来的企业领导,中欧的 MBA 学员的学习压力非常大,课程表排得满满的,而预习更是不容小觑,几乎每天都要阅读上百页的外文材料。以"中国企业的谈判风格"、"某某企业进军中国市场的成功和失败事例研究"等仿若实战的主题进行的市场营销等课程必须分成不同的小组,通过课前开会和讨论来准备在课堂上发表的内容。课堂上的发表分数占成绩的 15% 左右。在以案例教学为主的课堂,教授对学生的考核有相当一部分的比重放在平时表现,考查学生参与课堂讨论和进入案例角色方面的表现。学生以小组为单位进行学习和讨论,再以文字形式交一份报告,作为平时成绩。当教授给案例小组评分后,小组成员也要根据各个人对案例讨论和报告的贡献度而相互评分,分数是以总评分为基准。

第三节 中欧国际工商学院 MBA 人才
培养模式的特点

中欧国际工商学院以培养具有参与国际合作与国际竞争能力的高级经营管理人才为目标,从 1994 年至今,经过十多年的发展,在人才培养模式上形成了以下几个方面的特点:

第一,国际化特色。世界经济一体化进程和企业经营的国际化要求 MBA 教育培养出具备强烈的国际开放意识,具有在多种文化环境下经商能力的国际型的商务专家和管理人才。从建校之初,中欧国际商学院始终走的是一条"国际化+本土化"的培养道路,制定了培养熟悉中国市场的未来商界领袖以及适应全球经济协作与竞争的复合型国际化人才的培养目标,教材与师资都与国外一流商学院接轨,从海外引进的客座教授把国际一流商学院通过长期实践积累的宝贵经验带给了中欧。首先是学生来源的国际化。中欧 2007 年入学的海外学生比例为 37% ,入学的 75 位海外学生来自 25 个国家和地区。其次是师资队伍的国际化,聘请不同国籍的教师,让学生接触到不同文化背景教师的不同观点和思想方法。中欧的师资国际化比例高达 75% 。在学校国际化程度的评定中,中欧位居全球第 15 位。总之,扩大招收海外学员和招聘外籍教师,创设国际化的校园环境,使学生能从深层次上理解和把握多元文化差异及对商业用途的作用,是培养国际化、开放型 MBA 的一项重要举措。再次是教学内容的国际化,把全球性经营管理、跨文化管理作为 MBA 教学内容的重要组成部分。复次是培养方式上的国际化,在 MBA 培养过程中送学生去世界其他国家进行访问、短期培训、考察、短期咨询等活动安排。最后是国际合作项目,中欧是政府间的合作,拥有丰富的国际项目资源。例如,2007 年 11 月,中欧国际工商学院中标"中国—欧盟商务管理培训项目",获得欧盟约 760 万欧元的项目资金支持。该项目力图增进学员对欧洲的认识,并紧密结合中国的商业实践,通过中国和欧盟学术界和企业界的相互交流,进一步加强双方的商业和文化交流。①

---

① 参见李佳佳:《"中国—欧盟商务管理培训项目"正式启动》,[EB/OL] http://finance. qq. com/a/20080116/000150. html,2008-01-16。

第二,严格的生源质量控制。要培养出高质量的 MBA,首先得有合格的可塑之才——优秀的生源。在招收学员过程中,中欧贯彻了一整套全面和严格的标准,既要求学员具有适应高强度全英语学习环境的能力,又要求具有适应全球化经营的领导潜质,还要求学员具有独特的经验可以与同学共享。为保证面试质量,中欧邀请各类企业总裁或人力资源总监参加,面试淘汰率高达60%。所有录取学生必须参加面试,合格后方可被录取。MBA 招生办在收到完整的申请材料后,将根据报名信息挑选面试候选人。面试小组由中欧的教授、系主任、校友及 MBA 招生办的经理组成,面试时间通常为 20—30 分钟,语言为英语,一般将由两名面试小组成员进行面试。面试内容包括申请者的教育背景、工作及家庭情况、团队合作精神、创新能力等潜质。

第三,多元互动教学方式。中欧在教学方法上倡导"多元互动"教学,也就是说,在提高课堂讲授效果的基础上,根据不同课程的特点,切实减少教师的课堂讲授时间更多地采用案例教学、角色扮演、实战模拟和辩论等直接面对实际难题与模拟市场交易和经营决策情景的教学方法。此外,在教学过程中最大限度地展开"教学互动"(案例讨论等)、"学生互动"(学习小组讨论与团队协作)、"人机互动"(计算机决策模拟、电子商务等)和"校企互动"(邀请实际管理部门的专家讲解案例背景并参与案例讨论)。多种教学方式交叉运用于课堂,可以弥补案例教学的不足。

第四,强调对 MBA 学生综合素质和能力的培养,重视商业道德和社会责任教育。中欧国际工商学院强调对 MBA 学生综合素质和能力的培养,以适应全球化经济大环境需求,其人才的培养目标可以归纳为"四商"和"三能力"。"四商":高智商、高情商、高胆商(即胆识),以及第四个德商,即要求学生必须要有比较高的道德水准。"三能力"一为创新能力。创新是获得超额利润的唯一法宝。二是应变能力。三是公关能力。也就是与社会各方面建立有机合作的能力,搞企业管理营销 50% 一定要注意搞好公共关系。①

由于 MBA 教育的培训对象是未来的高级经理,而这些高级经理将直接影响着企业乃至一个国家的经济走向,因此,MBA 在协助决定企业文化与未来

---

① 参见《中国 MBA 的国际化姿态——专访中欧国际工商学院院长刘吉》,《中国新时代》2004 年第 9 期。

发展上就扮演着重要的角色。那么,在 MBA 的课程中将社会与环境的考量整合到传统的商业因子中,也必将对企业社会责任意识的觉醒产生重大的影响。① 伦理的发展是商业活动发展和演化的意识形态的反映和升华。因此,将社会、环境等社会责任议题纳入企业管理教育,培养学员对企业可持续发展的管理,必将对促进和推动社会、环境、经济的可持续发展产生重大的意义。

中欧的教学注重对学员综合素质和能力的培养,既要讲授各种管理技能又要培养企业管理观念与企业家精神。旨在开发个人管理技能的课程,诸如管理沟通、商业伦理、领导力、创业等来培养学员的自信心、协调沟通能力、良好职业道德、领导能力、创造力等,使学员成为合格的职业经理人。对于一个合格的管理者来说,要先做人后做事,任何时候人品绝对比能力重要。②

第五,教学资源保证。保证案例教学最基本的条件就是要有足够的所需案例,中欧国际工商学院高度重视案例教学与案例开发,并于 2001 年成立专门的案例研究中心,至今已经研发和出版了案例专著多部。中欧案例研究中心在案例开发、销售方面与世界一流商学院进行了有效合作,积极参与国际案例交流,并加入了相关国际性组织。2006 年,哈佛商学院出版公司授权设立"哈佛商学院案例中欧发行中心"。

传统的案例教学主要由文字材料的阅读、撰写文字案例研究报告以及课堂的案例研究讨论构成,但如果各门课程都完全采用这样的方式,就会变得比较呆板和单调。因此,中欧的案例教学不再局限于文字材料,而是综合利用声像资料、计算机模拟和角色扮演等情境模拟形式来进行,不仅提高了教学效率,而且培养了学员适应信息时代的能力。

第六,重视非教学培养途径。中欧重视非教学培养途径,"EMBA—MBA良师益友"项目为同年级的 EMBA 和 MBA 学员之间的交流提供了有效的平台。"良师益友"项目已成为密切连接 MBA 学员和 EMBA 学员及校友的桥梁和纽带,吸引了更多的校友和学员参与其中。"良师益友"项目是中欧利用在校的人才资源,进行双赢合作的成功例子。一方面,新的 MBA 学员在得到导

---

① 参见王鲜萍:《社会责任视角下的 MBA 教育取向》,《经济研究导刊》2007 年第 10 期。
② 参见秦建文、黄小燕:《关于 MBA 教育管理问题的思考》,《广西大学学报》2006 年第 11 期。

师的帮助和指导下,很快适应紧张的学习生活,并可能赢得 EMBA 导师介绍的实习或就业机会;另一方面,经验丰富的 EMBA 导师们可以通过指导年轻的一辈的学习和工作而获得成就感以及对母校的归属感,更有可能发现有潜力的管理人才。

此外,校友网络的建设和校友资源的开发利用有益于中欧的发展。校友会的定位是为学院和学员两方面服务。很多校友本身就有上、下游企业的纵向关系,而校友会可以为他们搭建交流的平台。他们有一个详细的数据库,各种活动信息基本由校友会发送,方式包括 E-mail、传真、手机、短信等各种途径。在中欧,各个俱乐部的活动一般都是由校友会和俱乐部一起来开展。

作为校友继续教育的一部分,中欧开设了"校友特色课程"。这个课上的校友来自各个年龄、各个班级,大家坐到一个课堂里,充分交流。通过这样的特色课程,俱乐部,还有各式沙龙这种非正式的、比较休闲的活动,学员们会有很多共同话题,进而就会带来商机。把学员的继续教育和终身教育纳入校友会的工作中来,也是国际上成功商学院通行的做法,这是整个社会的教育链的一种延续。中欧在国内商学院中首家为校友开发了一种"终身学习课程"(Longlife Learning Program)。只对校友开设,一直跟校友保持联系,从而为校友提供管理经验和咨询。

中欧国际工商学院的人才培养模式仍有不尽完善之处,主要存在以下两个方面的问题:

第一,教师流动性较高。中欧是一家独立学院,在选聘教师上有很大的自主权,中欧建立了一套严格的教学评估体系,对每一位教授所讲授的每一门课都组织学员进行评估,对达不到标准的教授坚决淘汰。大浪淘沙式的筛选保证了任教教授的教学水平,但也导致了教师队伍的流动性较大。

中欧已经在树立基于中国的国际化商学院品牌的道路上获益颇丰。通过不断延聘的方式,已聘请了具有国际化背景的长期教授 39 名。目前学院的短期教授比较多(100 多人),长期教授少,这是中欧发展的一个瓶颈。聘用国际教师,这些国际教师虽然名望非常高,但总是在做"空中飞人",交通费用高,而且并不排除部分外国教授对中国的经济情况并不熟悉,不能为学员提供实用的案例。尽管中欧也在有计划地培养自己的教授,但人才的培养周期是比较长的,而且,要成为世界知名商学院,中欧还需要一些具有世界知名度的管理大师。中欧计划要把现在的 39 名长期教授发展到 80 名以上,并希望他们在全球拥有的影响力更高。① 这不是一个能够轻松完成的任务。

第二,学科研究薄弱。作为一家年轻的商学院,中欧的学科研究还比较薄弱,要提高学术水平,就要建立研究机构,组织教师进行科学研究。现在中欧只有案例研究中心、民营企业研究中心、行为科学研究中心和全球并购研究中心等,跟其他国际优秀商学院相比,还是不够的。要建立一系列的研究中心进行专题研究,让老师同学都参与研究,并能从中受益。

---

① 参见李波:《中欧 10 年,一所商学院和它的"拿来主义"信念》,［EB/OL］http://finance. news. tom. com/1535/1540/2004123 - 120763. html,2008 - 01 - 02。

第八章 北京大学光华管理学院"1+1" MBA 人才培养模式

第一节 北京大学光华管理学院合作项目的背景

北京大学光华管理学院采用的是学历对接式的全日制 MBA 教育模式，这类教育模式又称为两段式，MBA 的教育模式一般是研究生模式的"1+1"，即在国内商学院学习一年，在国外大学学习一年。双方互认学分，学生可以申请到国外大学的学位以及国内大学的文凭。这种模式的优点在于：对于学生而言，学生可以有一年的时间留学国外，比起两年都在国外留学的模式，这种模式可以节省一半的留学费用，并且可以共享两个大学的师资，体验到东西文化的差异，掌握了流利的外语，同时也可以开阔眼界。对学校而言，这种分段联合培养模式，充分保留了双方各自的教学模式，在学分以及论文互认的基础上，通过联合培养使学生在合作学校分别完成申请学校的培养计划，就可以获得两所学校的毕业证书和学位证书。这不仅节省教学成本而且提高了教学质量，通过双方合作，影响国内商学院的 MBA 教育质量。

2001 年 5 月 31 日，北京大学与新加坡国立大学在新加坡国立大学正式签署合作协议以共同培养国际工商管理硕士（IMBA）。双方的合作模式是，学生一年在北京大学学习，一年在新加坡学习。与此同时，新加坡国大招收非中国籍（主要是新加坡籍）的 IMBA 学生第一年在北京大学学习，第二年回新加坡国立大学学习。北京大学与新加坡国立大学互相承认对方学分，合作双方共同制定培养方案，符合各自培养要求的学生，可以分别在北京大学和新加坡国立大学申请学位。即成绩合格的学员既可以获得北京大学 MBA 学位，也可以获得新加坡国立大学的 MBA 学位。双学位的 MBA 模式在国内是首例。

2003年5月3日,第一届由北京大学光华管理学院和新加坡国立大学联合培养的29名MBA学生在新加坡顺利毕业,并取得MBA学位。2001年到2007年,两校已有100多名同学获得了双学位。

第二节　北京大学光华管理学院"1+1"
MBA人才培养模式

一、培养目标

随着大量的跨国公司涌入亚太及中国市场,这些公司需要既懂得西方管理理论又有东方实际经验的复合型人才。这正是北京大学和新加坡国立大学双MBA学位项目的培养目标。该项目是同时提供英文和中文课程的双语双学位教学项目,旨在两种不同的教育体系中培养具备全球化视野、卓越领导才能同时也具备本土管理知识的管理人才。国际项目双学位毕业生将不仅能运用两种工作语言,更重要的是他们能够更深刻地了解中国以及东南亚地区的文化,同时学习到西方的商业知识,具备全球化的国际视野,为最终成为国际商界精英奠定坚实的基础。

二、培养过程
(一)课程体系

在北京大学读书期间,学生必须在两个学期内完成核心课程和选修课的学习。在新加坡国立大学,全日制学生每学期最多可以学习五个模块的课程。该项目总共学习年限为两年,要求学分为52学分,其中必修课程29学分,选修课程19学分,毕业论文4学分。

1. 必修课

光华管理学院课程设置的原则是:注重培养学员的独立思考和探索精神,把中国的改革与西方理论相结合,不仅仅要告诉学生现在做什么和怎么做的问题,而且要给学员提供透视未来的眼光,看到未来5年、10年中国经济和商业环境的变化。北京大学的必修课具备以下两点基本要求:首先,内容大体涵盖MBA学生需要掌握的管理学和经济学基础知识和技能;其次,每一课程的内容都比较全面,以保证MBA学生在不选修其他专业课程的情况下,对该领域的基础知识仍有相对全面的了解。

新加坡国立大学管理学院的 MBA 作为该校全球知识型企业的一部分,在设置的时候注重与企业的相关性和课程的质量,具有领导企业管理的专业优势。

表8.1　北京大学光华—新加坡 MBA 课程表

北京大学光华管理学院课程设置	新加坡国立大学课程设置
管理经济学	宏观及国际经济
管理统计分析方法	组织与管理
财务会计学	管理会计
生产作业管理	营销管理
财务管理	信息技术管理
商务中文(为新加坡学生所开设)	高级企业通讯/商务华语
毕业论文/企业管理研究项目	公司策略
三门选修课	亚洲经济大环境
	五/六门选修课

表格来源:光华管理学院国际 MBA 课程表①。

2. 选修课

表8.2　北京大学光华管理学院提供的专业方向选修课表

方向	课程名称	学分
会计与财务管理	中国会计实务分析	2
	税收筹划与税务会计	2
	国际会计与财务报告	2
	高级财务会计	2
	高级管理会计	2

----

① 参见光华管理学院国际 MBA 课程表,http://mba.pku.edu.cn/eng/xmgl/imba.html,2008-02-03。

续表

方向	课程名称	学分
金融管理	国际财务管理	2
	投资银行	2
	金融机构风险管理	2
	企业价值评估与价值创造	2
	创业投资	2
	金融工程理论与实务	3
	固定收益证券	2
	货币金融学	2
	公司重组与并购	2
	公司治理	2
	实证金融	2
	财务案例分析	2
	公司财务专题	2
市场营销	营销战略	2
	广告管理	2
	国际营销	2
	营销渠道	2
	营销数据分析	2
	公共关系	2
	商战演兵	2
	服务营销	2
人力资源与组织管理	人力资源开发	2
	人事测量与绩效评估	2
	管理思想史	2
	企业伦理	2
	管理沟通	2
战略与国际企业管理	经济法	2
	战略与规划实施	2
	竞争战略	2
	中小企业管理	2

方向	课程名称	学分
决策与信息管理	企业决策案例分析	2
	物流和供应链管理	2
	服务管理	2

表格来源:光华管理学院课程表①。

新加坡国立大学提供的选修课领域有:商业政策、决策学、金融会计、组织管理和市场营销。

(二)师资队伍

以北京大学百年名校而坐拥丰富人才资源的光华管理学院有着许多在国内外有广泛影响的著名学者,厉以宁教授、张维迎教授等是其中的杰出代表。截至 2006 年 6 月,学院拥有全职教师 107 人,其中教授 40 人、副教授 37 人,在海外获得博士学位者 58 人。此外,学院还聘请了一大批造诣深厚的国内外专家学者、业界精英作为学院的兼职教授、长短期访问教授和特聘教授。

新加坡国立大学管理学院的教师拥有很高的学术声誉和地位。来自 28 个不同国家和地区的 110 多位教师拥有博士学位。其中多名教师毕业于世界著名大学,如哈佛、麻省理工、斯坦福、加州大学、耶鲁、剑桥、牛津等。很多教师曾在行业和政府中担任高级职位,有丰富的管理咨询经验。

(三)教学方式

新加坡国立大学管理学院 50% 的课程是用英语教学的。在北京大学教学的课程也一样,其他课程可以采用双语或者中文教学。

光华管理学院 MBA 教育提供给学员多样化的教学方式,在强化基本理论教学的基础上,强调运用案例教学,帮助学生运用管理学理论来分析解决实际问题。学院设有中国企业管理案例研究中心,通过与企业界的联系,开发撰写管理案例。

新加坡国立大学管理学院的课程融学术严谨与企业实例、课堂教学与现

---

① 参见光华管理学院 MBA 课程表,http://mba.pku.edu.cn/eng/xmgl/imba.htm,2008－02－03。

况考察、教师知识与学员经验、未来趋势与现存挑战以及东方文化与西方文化于一体。因此,课堂教学方式多样,有着典型的西方教学的风格特点,互动性较强,侧重通过案例组织学生群组讨论来学习,通过发现事实、分析问题以及讨论的方式让学生们学会发现问题,从多个角度来思考问题,并评价可选择的方案或提出有建设性的解决方案。另外,新加坡国立大学还有一个非常具有特色的虚拟式综合学习环境(Integrated Virtual Learning Environment,IVLE)。IVLE是一个网络学习平台。使用IVLE,学生能下载他们的课堂笔记,在网上邮递讲解作业和浏览方案资料。即使学生在国外,也能使用网上闲谈的方式与同学谈论课堂作业。

(四)实践训练

光华管理学院的学生在入学前统一到校外基地进行拓展训练,这种训练与MBA课程紧密结合,对同学进行MBA创新精神、团队精神、沟通协调、领导能力、意志力等素质培养。[①] 学院力图通过拓展训练使学生认识到:现代社会竞争不仅要求学生具备扎实的专业知识,更要求学生具备较强的自我控制与决断能力,以及过硬的心理素质,以便适应不断变化的环境。光华管理学院目前已把拓展训练作为新生入学教育的重要组成部分,借此培养MBA的团队精神和整体意识,形成积极向上的组织氛围。

另外,光华管理学院推行暑期实习活动,与有名的国内或者国际企业签订接收MBA学生进行假期实习的协议。因为具有语言能力的同时,该项目的学生更有机会到国外去实习。

一般实习是安排在第四学期,也就是课程的最后。学员可以选择在国内的企业实习,在保证毕业论文质量的基础上也可以申请在新加坡实习,由于实习是安排在最后的两个月(5、6月份),若学员要回国找工作的话,就比别人晚两个月。尽管如此,部分学员还是倾向于留在新加坡实习,当他们实习结束后,优秀的实习生可以留在新加坡工作,其他学员回国后,由于有跨国工作背景,也能很快找到工作。

---

① 参见走进光华北京大学,了解MBA课程,[EB/OL] http://www.jxrzbj.com/news/gsqy/2008118/0811816518_2.shtml,2008－02－01。

（五）非教学培养途径

1. 光华管理学院的校园活动

丰富的第二课堂也是光华MBA培养模式的特色之一。光华管理学院每年举办的新年论坛是经济管理领域的盛事；每周至少有三场讲座，为同学们提供了与企业领袖、政界要人、学术权威面对面沟通交流的机会，使同学们既开阔了视野，也得到了外界的了解和肯定。光华管理学院在传授管理知识的同时，以实践教学为突破点，加强学生实践能力与创新意识的培养，注重培养学生参加学术活动和实际工作中所需要的自学能力、综合能力及分析和解决问题的能力。

2. 新加坡国立大学的校园活动

新加坡国立大学管理学院也为MBA学员开设了各种各样丰富的俱乐部。有跟MBA专业相关的各种俱乐部，如金融俱乐部、咨询俱乐部、市场营销俱乐部、企业道德俱乐部、企业家俱乐部、职业女性俱乐部和保健业俱乐部。这类专业俱乐部主要为学员们提供专业知识，传播专业信息，邀请新加坡及国内外的专家来开讲座，开拓会员们的视野，更重要的是，通过各类联谊、参观和旅游活动，为学员们创造更多与企业家和成功人士接触的机会，扩大他们的交际圈。此外，学院还设有就业服务俱乐部，该俱乐部为会员们提供就业的常识，争取就业的信息。该俱乐部常邀请校友到学院演讲，让他们详细介绍各种就业机会。不定期在校内外举行各种鸡尾酒会，让学生与公司互动。种种活动表现了学院对学生就业的重视程度。第三类俱乐部是运动性质的俱乐部，有板球俱乐部和高尔夫球俱乐部，提供给会员们一个提高技术和参与各类比赛的平台，劳逸结合。

三、培养评价

该项目的学员在校期间必须提交一篇具有硕士学位水平的学位论文，方可申请学位。毕业论文的形式，可以是学术论文，也可以是案例分析报告（ASP），同时向两所大学呈交。论文的指导工作由光华管理学院的导师负责，毕业前一年，MBA办公室将发布由各个导师拟订的论文题目，由学生选择。学生应该在最后一个学年第一学期前两周内确定论文题目和导师。MBA应届毕业生最迟在答辩前1个月提交论文定稿。学位论文需经全体委员的三分之二以上同意,方可通过。项目以这种方式来考察学员对知识的掌握程度,洞察和发现实际问题以及解决问题的能力,最终判断其是否已成为合格的国际企业高级管理人才,是否应该授予MBA学位。

新加坡国立大学管理学院有一套系统严格的教学管理制度。学院重视每个学生的出勤率。学院考试期间不允许学生无充分理由而请假缺考,任何学生缺考某门课程都会获得一个"F"(不通过),并应申请重修该门课程。学生在新加坡国立大学管理学院读书期间,如果连续两个学期的课程平均积点(CAP)少于2.5,将被退学。如果学生第一学期的成绩平均积点少于3.0,学院就会对其发出警告。学生要申请学位,其成绩平均积点不得少于3.0。每次考试成绩,学生可以通过学校专门的电话或网上查询,学院也会把成绩发到每个学生的电子邮箱。对于考试作弊者,轻则取消该科成绩,重则令其退学。[①]

第三节　北京大学光华管理学院"1+1"
MBA人才培养模式的特点

一、特色

(一)"综合+专业"的培养特色

光华管理学院是国内唯一与国外优秀商学院建立双学位深层次合作的商学院,采用对接式的"综合+专业"式的培养既保证了学员具有广博全面的工商管理的知识体系,同时具有结合自己特长和兴趣的某一专业领域的学识和技能。通过系统的课程学习,为学员打下全面坚实的基础,这体现了其综合培养的一方面。在必修课基础上,光华管理学院开设有近40门选修课程,新加坡管理学院也提供5个方向的选修课让学员选择,这种方向性限选课的设置又在综合培养的基础上突出了不同的专业方向。

(二)"对接式"强强联合培养模式

这种分段联合培养模式,充分保留了双方各自的教学模式,在学分以及论

---

① 参见新加坡国立大学管理学院学生管理制度,http://www. bschool. nus. edu/Programs/IMBA/home. html,2007-12-02。

文互认的基础上,通过联合培养使学生在合作学校分别完成申请学校的培养计划,就可以获得两所学校的毕业证书和学位证书。这不仅节省教学成本而且提高了教学质量,并且,借助这个合作项目,光华管理学院的 MBA 项目开始招外国学生,项目的第一年就招了两个韩国学生及两个中国台湾学生,为接下来的海外学生招生开启了一个良好的开端。光华管理学院 2007 年入学的MBA 留学生最多的是来自韩国,占 30% ,60% 来自新加坡,还有来自美国、中国台湾、印度、马来西亚、法国、泰国、瑞士、哈萨克斯坦、印度尼西亚、缅甸和菲律宾等国家和地区。① 两个风格各异的学校合作,形成强大的品牌吸引力,并在对方的国家扩大了自身的影响力。

(三)强大的师资阵容

北京大学是享誉世界的百年名校。光华管理学院以"严谨求实、兼容并蓄"的治学态度,以"常为新"的创新精神,致力于经济与管理科学发展的最前沿研究,并以向社会提供高水准国际化的管理教育为己任。北京大学光华管理学院本身就是一个品牌,不过这个品牌不断地从北京大学的品牌里汲取营养,并形成自己的特色。光华固定的全职教师有 102 个人,半数以上的教员是国外名牌大学毕业的博士。光华管理学院的中国经济研究中心有一批对中国经济有深刻把握的经济学家。学生一方面能够掌握国际惯例,同时又具备了对我国社会经济的洞察力。新加坡国立大学商学院的目标是"成为亚洲一流的商学院",并一步步达成了这一目标。其教授有一半左右来自新加坡之外,学员的国际化比例更高达90% ,主要来自亚洲地区,目前其通过与中国、韩国等地商学院的合作,影响力辐射了整个亚洲地区。

(四)特色通才教育

国内外的教学实践、管理实践的经验和教训都告诉我们,仅做管理研究是没有出路的,也无助于对现实问题的解决。在管理教育教学中,对受教育者,要扩大其知识面、开阔其视野,要求其不但有基础管理知识,更要有哲学、美学等文理兼备的基本知识和素养,在课程的设置上不要单一,要对管理者进行通才教育,在教学实践和实际工作中,围绕企业的决策机制、人事管理、环境与效

---

① 参见北京大学与新加坡国立大学联手培养国际 MBA, [EB/OL] http://mba. pku. edu. cn/xwzx/mbanews/52923. html,2008 - 01 - 09。

率相关性、社会人文背景等诸多因素通盘考虑、全面规划、系统管理。北京大学—新加坡项目的课程设置充分考虑到这一点,不仅有国别文化和经济、区域经济等必修课(亚洲经济大环境、转变中的中国等课程),还开设了企业伦理和管理沟通等多种选修课,这些课程并不是每个MBA学习者在商学院的必修课程,但是它们是学习者真正成为一个企业高级管理人才的必要知识成分,有助于学习者在实际工作中有效地解决问题,提出新思路,使事务顺利进行。

(五)本土化教材建设

由于MBA学位教育引自北美,经历了引进、消化、吸收阶段,在教学体系、教材、教学模式学习北美,这就有一个"水土不服"的挑战。中国当前有一批优秀企业的、企业家的案例都可以引入MBA教育体系中。它们的规模可能与世界大企业还有差距,但从创新、竞争力、成长等方面都非常优秀,很值得被当做案例来研究。本土化的教材建设,目的在于把MBA教育建立在中国企业的实践和经验上,有研究能力的老师可以将中国企业朴素的做法和经验从理论和学术的角度去研究,并加以推广。2005年春,光华管理学院与北京大学出版社合作出版教材,为了保证教材的整体质量,学院专门成立了教材编委会,对入选教材进行严格把关。其中,最重要的一点是要求进入该系列的教材都是作者在光华多次授课的讲义的基础上反复修改写成,经受过课堂实践的考验。[①] 带着对中国经济发展和企业的了解,MBA学员接受新加坡国立大学管理学院西方化的管理教育,可以从比较全面的角度来看待和分析中国案例的问题,并能在以后的工作中用全球化的视角来处理企业问题。

二、问题

(一)学生缺乏管理实践经验

MBA学生除必须要有管理实践经验,对企业的实际情况有相当的体会认识之外,还应对所有学科都有兴趣,而且发展比较平衡。由于该项目的学生需要参加全国联考,联考的招生方式虽有其优点,但却给应试能力强的人提供了更有利的机会,已不能适应现在的招生要求。许多有实践经验、发展潜力、值

---

① 参见商伟,武常岐:《打造有北京大学特色的MBA品牌》,[EB/OL] http://pkunews. pku. edu. cn/Show_News. asp? Newsid=115610&zt=1&zid=204,2007－12－04。

得培养的人,往往因为工作繁忙,没有复习时间,在考试中处于劣势。真正在管理岗位上有一定经验和相当能力的人无缘 MBA,而缺乏管理经验的应试高手却得以胜出。没有管理实践的学生很难对操作性极强的管理内容消化吸收,毕业后到企业工作也难免"纸上谈兵"。

(二)缺乏创业素质教育

创业教育本应是 MBA 教育中的一个重要的组成部分,该项目对于如何创业及企业家精神的塑造则不足。根据有关调查,美国 MBA 毕业生创业率为36%,中国的 MBA 创业率仅为 3.6%,对比非常明显。首先这是个社会问题,第二商学院自身也有问题,学生创业的比例并没有作为考核商学院优劣的指标,大多数学校怕担风险,极少从学校角度鼓励学生创业。另外,现在越来越多的受教育者自行创业,他们对管理教育的要求不一样,需要更多能够为自己服务的知识,所以对各方面的课程要求更高。而该项目关于创业的教育却不能满足学生的需求,其在很大程度上是因为教师皆无创业之经历,更重要的理由是创业的规律性很难归纳,创业的艺术性太高,不宜讲授。

第九章　广东外语外贸大学中英合作办学人才培养模式

第一节　广东外语外贸大学中英合作办学项目概况

2002年经国务院学位委员会批准（学位办〔2002〕45号文批准书编号：MOE44GB1A20023180），由广东外语外贸大学英文学院与英国利兹大学教育学院合办的英语教学硕士研究生项目成立，该项目是国务院学位办批准的国内第一个中外合作英语师资高学历培训项目，招收国内大、中学校英语教师，学制一年，毕业时获英国利兹大学硕士学位。

广东外语外贸大学是国际化特色鲜明的教学研究型大学，是国际化人才培养和外语、国际经贸研究的重要基地，其前身是广州外国语学院和广州对外贸易学院。学校践行"明德尚行，学贯中西"的校训，以培养全球化高素质公民为使命，着力推进外语与专业的融合，培养一专多能，"双高"（思想素质高、专业水平高）、"两强"（跨文化交际能力强、信息技术运用能力强），具有国际视野和创新意识，能直接参与国际合作与竞争的国际化人才。学校的教学水平和人才培养质量得到社会的广泛认可和充分肯定。

学校大力实施教育国际化战略，积极推进教师国际化、学生国际化、研究国际化和管理国际化。迄今为止，已与美国、英国、法国、德国、西班牙、意大利、加拿大、澳大利亚、日本、俄罗斯、马来西亚、印度尼西亚、泰国、越南、韩国、智利、古巴及中国香港、澳门、台湾等国家和地区约130所大学和学术文化机构建立了合作交流关系。已正式开办三所海外孔子学院：日本札幌大学孔子学院、俄罗斯乌拉尔大学孔子学院、秘鲁圣玛利亚天主教大学孔子学院。①

---

①　参见 http://www.gdufs.edu.cn/gaikuang/introduce.html。

广东外语外贸大学英语语言文化学院在语言学及应用语言学研究方面享誉海内外。该校的语言学及应用语言学研究是迄今为止我国在上述领域唯一的国家级重点学科。在诸多学术带头人的带领下,该学科点形成了具有自己特色的研究方向,创建了一支年龄结构合理、科研能力强的科研队伍。在过去20多年里,他们积极参与国家和省部级一系列的人文社会科学研究项目,在外语学习、心理语言学、语用学、语料库语言学、语言测试及词典编纂等多个领域取得了丰硕成果,多次受到国家、教育部、广东省等各级政府的奖励。不少研究成果已经得到运用,取得重大的社会效益;许多毕业生已经成为重要机构和著名高校的骨干。[①]

项目的合作方英国利兹大学是一所历史悠久的知名大学,1904年利兹大学获得皇家许可而成为独立的大学。经过一个多世纪的发展,利兹大学成为英国最负盛名的大学之一,也是最受英国本土学生欢迎的大学。据《上海交通大学世界大学学术排名》统计,2008年、2009年、2010年世界大学500强中利兹大学排100—150名;利兹大学官方网站宣布的目标是到2015年跻身世界大学排名前50。作为世界知名的大学,利兹大学是目前英国规模最大的大学之一,在最近的科研评估中,利兹大学的35个系获得国内或国际"优秀"级别,800多名研究人员参加了具有国际重要意义的研究项目,而且都获得五或五星级评分。该大学提供语言中心学习、国际预科、本科课程、研究生课程,并且研究生课程开设有远程教育。

利兹大学拥有九个学院,其教育学院在英国教育界享有盛名,在历年的教学评估中一直位于前三名。在本年度的教学评估中,利兹大学教育学院获得满分,名列英国教育专业的第一名。利兹大学教育学院有一支很强的师资队伍,对外合作与国际办学经验丰富。早在20世纪80年代,利兹大学教育学院的马丁博士就作为英国文化委员会派遣的专家,协助当时广州外语学院系编写我国第一套交际法教学教材《交际英语教程》,期间还参与了英语文化委员会与该系合作的高中等学校英语教师培训工作。多年来,利兹大学教育学院积极参与中国的英语教育事业,先后与广东、上海、天津等地的教育部门合作,从事英语师资及教学管理人员的培训工作。利兹大学教育学院不仅在中国开

---

① 参见 http://felc. gdufs. edu. cn/bak/bencandy. php? aid=1721。

展了多个英语教育与培训项目,还在亚洲、非洲和南美洲多个国家从事英语教师培训和学历教育项目,为世界各国培养了大批优秀的英语教学和管理人才。

第二节　广东外语外贸大学中英
合作办学人才培养模式

该项目的人才培养模式是嫁接式应用型人才培养模式,即把英国利兹大学教育学院 TESOL 的学位、课程、教材、师资及评价与广东外语外贸大学英语语言文化学院的课程、教材和师资相嫁接,培养具有 TESOL 新理论、新观点和新方法的高素质英语教师。

一、培养目标

本项目主要面向国内从事中、高等教育的英语教师,目的是通过系统学习和具体研究,帮助他们了解英语教学领域的理论、研究思路、研究问题和研究方法,提高他们从事英语教学研究的能力,从而培养高素质的英语教师,促进中国英语教学改革。

二、培养过程

(一)课程体系

课程的设置旨在深刻理解目前 TESOL 研究的最新观点及问题。具体包括:

1. 观察、回顾、研究教学工作中的各类问题。

2. 准确描述上述发现及问题,论述清晰,令人信服。

3. 评析 TESOL 语言习得、教学及测试的理论框架,并探讨如何在教学实践中运用这些理论。

4. 实施 TESOL 教学法及评估法,并对其程序和结果作出评价。

5. 开发和研究 TESOL 教学法及其他相关课题。

此项目从 9/10 月起到次年 8/9 月终,实施时间为一学年(与利兹大学全日制硕士教育一致)。以下为具体课程设置:[①]

---

① 参见 http://www.gdufs.edu.cn/zhaosheng/050104.html。

表9.1

课程设置		学分
必修课	TESOL 方法及应用环境	30
	二语习得	30
	TESOL 口语和书面语技巧的教授	30
	语言测试	30
科研训练	学术研究	60

本项目所有学生必须修满80个学分(四门课程,每门20个学分)。所有课程均为必修课,没有其他学分选修课,四门必修课分两学期完成。广东外语外贸大学及利兹大学的学期长度基本相同。另外,所有学员都必须修两门不作考评的额外课程:第一学期开设的利兹大学教师教授的论文写作工作坊。这一课程着重介绍硕士论文写作的基本要求。第二学期开设的研究方法。该课程设置及教学工作由利兹大学和广东外语外贸大学共同完成,着重介绍简单的定性和定量研究原则。

(二)师资队伍

基于本项目的培养目标和教学需要以及合作双方各自的优势,中方主要配备了语言习得和语言测试方面的骨干教师;英方主要配备了学术研究方法以及应用语言学方面的专家。

为了保证合作办学的教学质量,中方广东外语外贸大学安排了一批高质量高层次的教师队伍,也有利于今后的持续发展。从中方师资队伍的职称分布来看,具有教授职称的有九人,占所有中方师资力量的75%,其中博士生导师占33%;具有副教授、讲师职称的有三人。既有经验丰富的研究性教师,也有活力四射的教学型教师,给中外合作办学项目增添了色彩。从学历来看,具有博士学位的教师占一半之多,约58%。英方利兹大学投入的师资也是具有高深知识的教授,负责部分教学及学生的论文指导与学术写作工作。

(三)教学方式

本项目采用中、英双方共同分担教学与毕业论文指导工作的方式。中方负责第二语言习得、测试学、教育研究方法与统计学的教学任务,并指导50%

学生的毕业论文;英方负责英语教学的环境因素及方法,英语听、说、读、写教学,以及论文写作的教学任务,并指导 50% 学生的毕业论文。

本项目采取脱产全日制面授培训方式。学生每学期集中上课 9 周,两个学期共 18 周。每学期头三周由英方负责教学,每周授课为 20 课时,总课时为 120 课时;后六周由中方负责教学,第一学期授课 48 课时,第二学期授课 72 课时,总课时为 120 课时。所有课程的教学均采用讲授与小组讨论相结合的方式。

所有硕士生都要进行独立的学术研究(在导师监督下的个人研究,记 40 学分)。学生按兴趣或工作情况选题进行深入研究。要求学员体现就某一调查活动、行为研究及其他相关工作作出课题计划、进行研究,并撰写报告的能力。研究必须应用相关教育理论,体现学术研究能力,并对教学实践或深入研究有一定意义。利兹大学学术研究与中国的硕士论文写作(一年写作期,口头指导,口头答辩)有所不同。利兹大学导师和学生主要通过电子邮件联络。鉴于这种情况,利用利兹大学规定学生只能选择符合以下步骤的研究课题:

1. 选定研究范围。

2. 写出相关文献的概述。

3. 与导师商讨确定详细研究阶段/论文各部分/具体章节。

4. 将相关文献概述改写为论文的文献综述部分。

5. 每隔一段时间将已完成章节发给导师。

6. 导师收到后一周内答复。

7. 各章节综合为完整论文,包括讨论/结论部分。

督导工作根据学生的研究兴趣由利兹大学教师和认可教师(Approved staff)分任。由利兹大学教师督导的学生将会在第二学期与利兹大学导师面谈选题、论文概要及研究方法。他们也能够通过电子邮件与导师联络,如有意可转交广东外语外贸大学的认可教师指导。

以下为建议的项目结构:

表 9. 2

	利兹大学课程	广东外语外贸大学课程
第一学期 9—1 月	10 月/11 月 ·TESOL 适合环境及教学方法 ·论文写作工作坊(不参与评估)	全学期 二语习得
第二学期 3—7 月	3/4 月 教授 TESOL 口语和书面语技巧 学术研究工作坊/督导	全学期 语言测试
	双方共同负责 TESOL/应用语言学研究方法(不参考评)	
论文撰写 时间表	·12 月/1 月(寒假离校前)确定选题范围并以电子邮件寄至利兹大学 ·1 月利兹大学根据选题分配导师(利兹大学或广东外语外贸大学) ·通知广东外语外贸大学导师分配情况并为学员开列核心阅读书目 ·第二学期第一周广东外语外贸大学导师与学员见面,进行选题论证及确定核心阅读书目 ·2 月/3 月学员开始阅读及撰写文献综述初稿 ·根据阅读情况调整选题,准备初稿大纲 ·3 月/4 月利兹大学及广东外语外贸大学的导师与学员见面,就文献概述及论文大纲作出反馈,讨论研究方法,商定论文撰写阶段 ·利兹大学及广东外语外贸大学的导师商定各阶段文献最后期限 ·4 月至 6 月底在最后期限前将文稿各部分寄往利兹大学,利兹大学应于一周内作出反馈 ·6 月最后完稿——将讨论或结论于 8 月 21 日前寄到利兹大学	

(四)实践训练

由于招生要求明确规定考生必须具有三年以上的教学经验等,同时由于学时较为紧凑,暂时没有做硬性的固定的安排。

三、培养制度

(一)招生制度

1. 报名条件,申请参加本研究生班的学员必须符合以下条件:

(1)在职英语教师并已获得中学、大学各级教师资格证书,从事英语教学三年以上。

(2)具有英语本科毕业学历并获得英语语言文学学士学位或其他相关学位(没有获得学士学位者亦可申请,但必须从事英语教学五年以上)。

（3）具备通过互联网与指导教师进行联系,获取英国利兹大学图书资料信息的能力与设备。

2．考试形式：

（1）英语水平考试：所有符合报名条件的申请人需参加入学英语水平考试。入学考试可采取以下任何一种形式：雅思考试、托福考试、由广东外语外贸大学英文学院举行的研究生班英语入学考试(程度相当于英语专业八级水平,题型包括完型填空、改错、阅读三种类型)。

（2）英语写作考试：所有符合报名条件的申请人都必须参加英语写作考试。写作考试时间与研究生班英语入学考试时间相同。

3．录取标准：英语水平考试最低及格线为：雅思成绩 6.5 分；托福成绩 580 分,其中写作成绩为 4 分以上；电脑托福考试成绩为 240 分,其中写作成绩 4 分以上；英文学院入学考试成绩 60 分。在此标准上,由利兹大学结合考生的写作成绩和其他情况择优录取。

（二）基本制度

本研究生班采取脱产全日制课堂面授形式,学生完成所有规定课程并获得合格学分后需撰写毕业论文。毕业论文经审核通过后,将获得由英国利兹大学颁发的《英语教学硕士》证书。

（三）日常教学管理制度

1．中方职责：

（1）本项目的招生宣传工作。

（2）组织入学考试,将合格考生名单寄给英方。

（3）准备三门课程的教材并负责讲学,负责学生辅导工作以及 50% 的学生及教师的毕业论文指导。

（4）保证中英方导师之间的必要沟通。

（5）保证学生及教师与外部评审员每年进行依次面谈。

（6）为保证本项目顺利进行的其他行政职责。

2．英方职责：负责本项目整体协调工作。

（1）制定项目手册,推荐外部评审员并负责其来华费用。

（2）准备三门课程的教材并负责讲学,负责学生辅导工作以及 50% 的学生的毕业论文指导。

（3）负责学生录取、注册工作并保管必要的学生档案。

（4）负责让学生获得利用利兹大学图书馆校外服务及远程教育桌面帮助系统。

（5）负责学位审核并颁发学位证书。

此外，项目规定每门课程修课时间不得少于 80%，因病因故达不到者需重新修课，并按课程门数补交学费。课程不及格者按课程手册的有关规定处理。学术研究阶段，学生须按指定时间提交研究选题，定期与导师通过电子邮件联系，并在规定时间内提交学术研究报告。论文写作期间，可于七月或八月自愿到英国利兹大学访问三至四周，利用其图书资源完成论文撰写。

四、培养评价

学位课程采用论文考核方式。每门课程要求撰写一至两篇论文，总字数 5000—6000 字。学术研究论文总字数为 12000—15000 字。课程论文与学术研究论文由任课教师与论文指导教师批改与评分，并采用抽样复合的方法，从所有论文中抽取 20% 的论文进行复评。中方导师批改的论文由英方导师复核，英方导师批改的论文由中方导师复核，以保证评分的公正性。

为了保证办学质量，我们采取学生评估、教师自我评估和外部评审员相结合的方式，对学位课程以及学术研究论文进行评估。每门课程结束的一周内，学生对课程进行评估，然后由授课教师根据学生评估的意见作出自我评估。在第一学期结束后，由外部评审员对两门学位课程的论文进行抽样审核，并采取座谈方式了解学生与授课教师对课程的意见。在审核学位前再由外部评审员对学术研究论文进行抽样审核，就论文质量及导师评分提出意见。

本项目自启动以来，由于设计合理，配置雄厚，合作协调，运作基本良好。共招生四届，计 96 人。已毕业 85 人，获得学位后基本回到原工作单位，为提高高校师资水平作出了一定的贡献。据英方正式评估，本项目的各项教学目标指数良好，以毕业论文为例，质量优于利兹大学本部平均水平。在课题组的指导下，通过研究和整改，本项目在招生规模、师生互动及学生英语教学能力等方面都得到了提高。

五、存在问题

在嫁接式应用性的合作意向和相关规定下,该模式在具体实施过程中却出现了如下问题:(1)出于对成本问题的考虑,英方教师在中国的授课主要采取一段时间的集中面授,辅之以远程指导。这样的授课方式缺乏对实践教学的指导,较难培养学生的教学实践能力,从而不能成功达到满足项目所着力强调的应用性。(2)招生工作不理想。(3)全日制教学模式与不脱产教学模式的衔接问题。(4)跨文化交际的意识和能力的培养有待提高。

第三节　广东外语外贸大学中英合作
办学人才培养模式的特点

为了本项目的健康发展,以便能够进一步加强学校师资建设,完善本项目的办学模式和效率,通过调查研究,针对现实存在的问题,以及学校发展的需要,这一合作项目在不断地整改中形成了以下特点:

第一,办学目标愈加明确

在招生方面,进一步加强招生工作,以及通过增加办学灵活度来拓宽生源渠道。在教学培养方面,增加利兹大学的进修短访,加强对学生的跨文化交际能力和教学实践能力的培养。

第二,问题意识清晰

本项目以加强师资队伍、提高办学质量为核心,重点解决项目运作中出现的招生工作、全日制教学模式与不脱产教学模式问题、跨文化交际的意识和能力的培养三个问题。

在此项目各项教学目标指数良好的情况下,为了更加完善合作办学的教学管理和规章制度,提高合作办学效率,本项目从实际问题出发,对症下药,进行整改工作。通过进一步持续稳定的改革,加大合作办学项目的宣传和推广工作,增强学生学习的灵活性程度,如可采用全日制脱产学习和在职学习相结合的新形式,加强跨文化交际能力的培养,从而提高国内英语教师的人才培养质量,促进中国英语教学改革,为深刻理解目前 TESOL 研究的最新观点及问题提供教研平台,以达到提高整个合作项目的办学质量的目的,推动中英合作项目的持续高质量发展。

第三,措施具有可行性、灵活性,强调深度合作性及应用性

在招生方面,进一步做好市场调查、宣传和推广工作,拓宽招生宣传范围,加大推广力度,选择多种招生渠道,扩大招生规模。在办学方面,增加办学灵活性:(1)增加非全日制不脱产培养模式、全日制脱产培养模式和非全日制不脱产培养模式相结合。(2)增加利兹大学的进修短访,让更多的学生有机会前往学习,从而体验异国生活文化内容,为学生的学习提供了一个原汁原味的语言学习环境,培养学生的能力。

这个项目的具体特点还在于:(1)深度合作性。中英双方高校均能积极参与教学、管理和研究指导。授课方面,中方教师承担约占2/5的课程,其余大部分课程采用英式的全英语教学,由英国教师任教。(2)强调应用性。该项目注重理论学习与教学实践的结合,着力培养学生观察、解读、分析和创新(英语)教学的能力。鉴于此,我们将这个项目的人才培养模式归纳为:嫁接式应用型人才培养模式。

第四,注重跨文化交际能力的培养

1. 加强文化差异的敏感度和分析能力

(1)本合作办学项目在教学的师资方面不仅依靠广东省外语外贸大学自身一流的师资,同时引进英国利兹大学教育学院在学术研究方法以及应用语言学方面的专家。通过师资的原语言化和专业化,可以为学生提供一种在原英语文化背景之下的思维训练。

(2)教学的过程中采用全英语教学,学生可以直接感受英语环境之中的表达方式和思维习惯。由于师资队伍本土化,学生很难获得一种原语言学习的环境,因此通过其他渠道,如短期访问利兹大学或者前往利兹大学学习,将有利于学生语言交际能力的培养。

(3)通过培养学生自己搜集查阅利兹大学图书馆的英语原版的文献和资料,帮助自己完成毕业论文,有利于提高学生对英语资料的敏感性和分析能力。同时,由利兹大学教师督导的学生将会在第二学期与利兹大学导师面谈选题、论文概要及研究方法。学生可以通过各种渠道,包括面谈、邮件等,与利兹大学的导师商讨问题,从而为学生提供最直接的英语思维方式训练的活教材。

2. 提高不同文化背景的沟通和交际能力

（1）合作方利兹大学拥有大量的英语资料和文献可供学生们查找和利用，从而为双方交际提供了一个很好的了解平台，通过阅读英语原文资料可以了解英语为载体的文化知识，了解英语语言人民的生活习俗、思维习惯、表达习惯，从而为实际性的语言交际行为提供强大的背景知识。

（2）学生有机会前往利兹大学短期学习或者访问，就为学生提供了一个纯粹原语言的语言习得环境，在提高不同文化背景的沟通和交际能力的培养中有着极大的帮助。亲身感受英语国家人民的日常生活方式、语言表达方式、思维方式等，感受不同的生活价值观、文化观，这对英语学习者来说具有极大的益处。

（3）加强课堂教学的互动性，设置情境性教学尤为重要。在教学的过程中，课堂互动教学以及情境性教学能为学生营造一个良好的语言学习环境，从而在英语的学习环境之下获取一种沟通与交际的能力。

第十章 华南师范大学华澳国际
会计学院人才培养模式

第一节 华澳国际会计学院合作办学项目的背景

我国在国际会计教育方面的情况远远落后于经济发展的形式，远远落后于市场对这一类人才的需求。根据人才市场的预测，会计专才是我国加入世界贸易组织之后经济发展最急需的人才类别之一。虽然近年来低层次的会计人员供给相对过剩，但高层次的会计人才，特别是精通英语、熟悉国际惯例、具有先进会计专业知识和专业技能的国际型会计人才是十分紧缺的。

当前我国对国际型会计人才的需要主要体现在如下诸方面：

第一，越来越多的外国企业、外国会计师事务所涌入中国，外国投资者迫切要求中国会计市场能够按照国际惯例和国际会计准则为他们提供规范的会计及相关管理咨询服务。

第二，我国会有越来越多的企业到海外上市、融资，也会有外国企业来中上市、跨国融资、投资、筹资，等等。这一切也都需要国际型的会计人才。

第三，我国加入世界贸易组织以后，国内的企业失去了原有的保护和出口补贴，面对开放的国际市场，企业要按照国际惯例行事，遵守世界贸易组织的规则，参与世界市场竞争。这也离不开国际型会计人才。

第四，与上述情况形成鲜明对照的是，我国现有的国际型会计专业人才严重不足。根据国家经贸委的统计，我国现时需要大约30万名注册会计师，但目前只有7万左右，而且这些注册会计师当中多数还是早期考核通过现已年龄较大的一批从业人员，我们国内符合形势需要的国际型会计人才少之又少。

毫无疑问,高校要加大会计人才,特别是国际型会计人才的培养的步伐。遗憾的是,国内非常欠缺符合国际标准的系列的国际会计方面的专业教材,原有的通用会计教材未能满足培养国际型会计专业人才的需要。另外,原有的会计专业教师普遍年龄偏大、知识结构陈旧、不熟悉国际通用的会计准则、不了解国际惯例、对会计操作实务缺乏系统的认识。

很明显,引进海外有实力的大学和我国大学进行国际会计专业的联合办学会是一个解决问题、满足形势急需的有效途径。华澳国际会计学院正是在这种需求下应运而生的,中方为华南师范大学,合作方是澳大利亚的南昆士兰大学。

华南师范大学始建于 1933 年,是一所哲学、经济学、法学、教育学、文学、历史学、理学、工学、管理学等学科齐全的省属重点大学,是广东省属高校中唯一的国家"211 工程"重点建设大学。华南师范大学现有在校全日制本科生 28681 人,硕士研究生 5416 人,博士研究生 447 人,博士后在站人员 79 人,有来自美国、英国、法国、日本、韩国、俄罗斯、泰国、越南、印度尼西亚、澳大利亚等 33 个国家和地区的留学生 1087 人,形成了学士——硕士——博士——博士后完整的人才培养体系。

学校充分发挥地处改革开放前沿、毗邻港澳的地缘优势和教师教育的特色优势,积极广泛开展对外交流活动,重视国际交流与合作,大力弘扬中国传统文化,学习其他国家和地区的先进技术与管理经验,已与国外、境外几十所高等院校和科研机构建立了合作关系。在引进外国智力与优质教育资源、人才培养、学术研究、合作办学、举办国际会议、出版学术成果、对外汉语教学等方面开展实质性的合作,积极推动学校的教学和科研工作。目前已与美、英、法、澳大利亚、俄罗斯、日本、韩国等 40 多个国家,以及中国港、澳、台地区的 70 余所大学和教育机构建立了密切的教育与学术交流合作关系。[1]

澳大利亚的高等教育在国际上有比较高的声誉,其教育质量达到世界先进水平。澳大利亚的开放式、国际化、高水平的教育值得我们学习和借鉴。在对其充分了解的基础上,华南师范大学选择了南昆士兰大学作为合作伙伴。

---

[1]　参见 http://www.scnu.edu.cn/scnu/Demo/HSschool.jsp? code=1。

南昆士兰大学位于昆士兰州的图文巴(Toowoomba),图文巴别名"花园城市",位于布里斯班以西约90公里处,离黄金海岸及阳光海岸约两小时车程。是澳大利亚领先的教育中心之一。1990年,图文巴曾被媒体评为"澳大利亚最佳的居住地点"。南昆士兰大学创办于1967年,是澳大利亚一所知名的现代化公立大学,成立至今,南昆士兰大学因其出色的教学水平享有极高的声誉,为全球其他高等教育学府、教育人士和国际专业教育机构所推崇。1999年,南昆士兰大学因其高质量的远程教学和开放教育模式荣获联合国教科文组织下属机构ICDE颁发的杰出奖,2000—2001年度获得澳大利亚高等教育界最具公信力的"澳大利亚大学奖"。南昆士兰大学共设有五个学院,分别是文学院、商学院、教育学院、工程与测量学院以及科学学院。大学采取小班授课的教学形式,学生能够从富有经验和学术知识的教师那里得到更多的指导和关注。该校具有学士、硕士、博士学位授予权,在校学生两万余人。该校的教学和研究成果在国际上受到广泛认可,其在会计、工商、计算机等专业尤其有较强的实力。

南昆士兰大学的会计专业拥有优良的师资队伍和相对完备的教材,专业课程实用性强,符合国际标准,受到国际上会计师专业组织的认可。其主导设计的国际会计本科专业课程具有实用性、国际化、双语制、更新快等特点。这所大学在教育输出方面也有丰富的经验,已经与南非、俄罗斯、韩国、新加坡和中国香港等多个国家和地区的高等院校开展了合作办学,都取得了不错的成绩。因此,华南师范大学与南昆士兰大学合作开设国际会计本科专业,进行学术交流和研究,能更好地促进我们的会计学专业的学科建设,有助于解决当前我国缺乏国际型会计师的实际问题。

2002年,华澳国际会计学院经国家教育部和国务院学位办批准,经澳大利亚政府和专业机构认可,学院实施境外学士学位教育,由南昆士兰大学颁授商学学士学位。华澳国际会计学院是广东省首家,也是唯一的一家可颁授境外商学学士学位的教育机构。学院现设有国际会计、国际金融等本科专业,并常年滚动式地开设多种类型的英语培训班,为有意赴澳留学的学生提供转接课程。展望未来,华澳国际会计学院力争发展成为最佳中外合作高等教育学府,积极发展以国际会计、金融为主的学科建设,提供更多专业、更高层次的学历学位教育。

华澳国际会计学院是华南师范大学与澳大利亚南昆士兰大学本着优势互补、共同发展的原则创办的中外合作办学机构,其宗旨在于为适应全球一体化的国际商务需要,培养精通英语、融会中西商务知识的国际型经济管理人才。学院依托华南师范大学和南昆士兰大学的综合优势,由中方负责学生管理,由澳方负责教学管理和授课。作为南昆士兰大学的海外合作学校,华澳国际会计学院 95% 的师资为澳大利亚的专业教授和教师。学院独有的国际化教学模式,培养具有更广阔的国际视野和国际意识的学生。①

第二节　华澳国际会计学院合作办学人才培养模式

经过一系列的深入调查研究,包括华南师范大学与南昆士兰大学在国际会计专业方面开展合作的可能性分析,以及双方有关人员的多次互访、交流与讨论,两校本着"平等互利,优势互补,以我为主"的办学原则,以"教育为社会,为学生创造价值和竞争力"为宗旨,坚持华南师范大学的"严谨治学,开拓创新"的办学理念,于 2002 年决定开展中澳合作的国际会计本科专业的合作项目。华南师范大学和南昆士兰大学一致同意在华澳国际会计学院实施国际会计商学士学位教育。该课程学制四年,学生学完规定的课程并达到规定的要求之后,可获得南昆士兰大学授予的学士学位。

该项目的人才培养模式为"嫁接式应用型人才培养模式",即把南昆士兰大学会计专业的学位、课程、教材、师资及评价与华南师范大学的课程、教材和师资(约占 1/3)相嫁接,培养应用型外向型会计专业人才。该项目的特点体现在:(1)深度合作性。该项目起初(2008 年秋季以前)为全面直接引进南昆士兰大学的课程和教师(属于移植式)。一段时间后(2008 年之后),学院将对部分课程进行本土化改革,1/3 专业课程由中国教师担任,人才培养模式转变成嫁接式。(2)外向型。培养精通英语、熟悉国际惯例、具有先进会计专业知识和专业技能的会计人才,服务于外向型单位。(3)应用性。除了对培养目标强调应用性外,该项目专业课程教师绝大多数为"双师型",既是专业课程的教师,又身兼会计师、审计师、财务分析师,或律师等

---

① 　参见 http://news.xinhuanet.com/classad/2003 - 07/23/content_990253.html。

工作。

一、培养目标

(一)总体目标

通过中外合作办学,培养兼具中国与澳大利亚会计专业知识的,熟练运用中文与英语两种语言处理国际商业运作的,面向国际会计师事务所和国内大型会计师事务所急需的国际注册会计师专才。学生完成课程后,将同时获得CPA(澳大利亚注册会计师公会)、ACCA(英联邦国际注册会计师公会)的准会员资格,在未来从事会计岗位满三年,同时参加 CPA 的六门课程考试,或参加 ACCA 的四门课程考试,将正式成为国际会计协会的正式会员及"国际注册会计师"。

(二)培养规格

通过合作项目的教学,学生应达到"三专人才"的要求:

英语专才——学生应达到或超过商务英语本科生的要求,雅思英语水平在六分以上;

会计学专才——学生要系统地学习国内"会计学"本科专业所要求的八门核心课程,基本掌握国内会计专业本科层次的知识要求,初步具备"初级会计师"所要求的专业素质;

国际注册会计师专才——通过项目引入澳大利亚南昆士兰大学商学士会计专业方向的课程及师资,学生完全进入与澳大利亚本土一致的学习系统,通过与澳大利亚本土同步的教学、考核等,使学生在完成课程后具备国际通用的"商科学士"学位,并获得国际注册会计师的准入门槛,为未来三年后成为正式"国际注册会计师"铺平道路。

二、培养过程

(一)课程体系

合作项目融和了中国"会计学"专业的核心课程与澳大利亚"国际会计"专业的核心课程,按澳大利亚南昆士兰大学商学士学位会计专业的教学要求,共开设了 24 门专业课程,使学生能够熟练掌握国际会计事务准则。具体的课程体系设置参阅表 10.1。

表 10.1　会计学专业课程设置

英文课程	Organizational Behavior and Management(组织行为学) Accounting for Decision Making(决策会计) Accounting Information System(会计信息系统) Introduction to Law(法律概论) Management Accounting(管理会计 1) Financial Accounting(金融会计) Law of Business Organization(公司法) Company Accounting(公司会计) Financial Accounting Theory(财务会计理论) Auditing(审计) Revenue Law and Practice(税法及实务) Introduce Computing(计算机应用基础) Introduce State(数据分析) Marketing(市场学) Economic(经济学) Management of Financial Institution(金融管理) Business Finance Ⅱ(商务金融 2) Management Accounting Ⅱ(管理会计 2) Introduction to HRM(人力资源管理入门) Global Financial Markets(国际金融市场) E-finance(电子金融) International Finance(国际金融) China Taxation(中国税制)
中文课程	Economics Law(经济法) Statistics(统计学) Introduction to Computer(计算机入门)

(二)师资队伍

"双师"型华澳国际会计学院的师资队伍早期在课程未本土化之前,是全外教的,教师由南昆士兰大学派遣。在课程部分本土化后,增加三门中文课程,其师资增加了中国本土教师。其中,英文课程 21 门,由外教授课;中文课程三门,由中方教师授课。预科阶段教师具备 TESL 证书+雅思考官资格证书,专业课程教师为高级讲师以上职称+国际注册会计师(或律师等)等专业资深人士。现有 15 名外教,所有澳方课程全部由 USQ 直接派出的教师承担教学,以全英语形式讲授。

华澳国际会计学院的专业课程的教师绝大多数既是专业课程的教师,同时本身又是会计师,或审计师、财务分析师、律师,等等。例如,莫里斯·健纳

（Maurice Jenner）教授,他是财务管理硕士,南昆士兰大学会计系的资深教授,同时又是澳大利亚的注册会计师;彼得·洛宾逊（Peter Robinson）先生是应用科学学士、法律学学士、法律学硕士,一方面是南昆士兰大学派来的会计系的教师,另一方面又是澳大利亚南威尔士州的最高法院等多个法律机构的法律顾问、出庭辩护律师,等等。这些兼有双重资格的教师不仅向华澳国际会计学院的学生讲授会计专业知识,还为他们带来了异国文化以及和会计专业直接或间接有关的其他学科领域的知识。这对于扩宽学生视野,增长见识,灵活运用本专业的知识和技能无疑起着不可估量的积极作用。

针对中方教师的水平,如英语水平、对澳方课程理解的水平不高等问题,学院对教师进行岗前培训,使教师改变过去传统的授课方法,掌握模块教学方法。学校每年都派出教师到澳洲学习,亲身感受澳洲南昆士兰大学的教学环境,学习其先进的教学方法和教学技能,并将其运用到日常的教学活动中。充分利用澳方资源,为外籍教师配备中方教师作为助教,中方教师在协助外籍教师进行教学的过程中,不断学习和提高自身素质。

三、培养制度

（一）招生与录取

经合作双方大学的协商确定,并报教育部批准,该合作项目招收"高升本、专升本"两类学生。招生实施"自主招生、考试录取"。

"高升本"学生为高中起点,录取线为高考成绩"本科 B 线",如达到"专 A 线"学生,则参加由项目组织的英语单科考试,英语单科成绩在雅思 4.5 以上为合格。

"专升本"学生为国内大专毕业生,参加项目组织的雅思考试,成绩在 4.5 分以上者,录取进入项目学习。项目将根据学生在大专的成绩、所学专业等,由外方学术院长进行评估,批准一定的免修科目。

（二）教学管理

该合作项目充分吸收了两国大学的教育管理经验,创造性地开展了有特色的教学管理:（1）"两段式"教学:第一阶段是以英语为主的预科阶段,分三个级别,学生英语达到雅思 6.0 后转入第二阶段;第二阶段为专业课程阶段,学生需完成 24 门课程。（2）"双证式"培养:USQ 商学学士学位教育+澳大利亚注册会计师（CPA Australia）或英联邦特许注册会计师（ACCA）专业资格培训。（3）"学科领导人"（Unit Leader）制度下的教学考核及质量保证体系。（4）"三学期、学分制"与国外大学完全接轨：每学年设定为三学期，每学期学生完成四门课程，学生修满24科后毕业，学生在校期间随时可以出国继续完成学业。

澳大利亚南昆士兰大学的商学院在教学管理上有这样一个安排：每门学科都设一个不直接参与授课的"主任教授"，负责定制定该科课程的教学要求，制定教学大纲，然后发给海外各合作单位的具体授课的教师参照实施。通过这样的制度安排，即使教学和考试的具体操作者不是同一个人或同一群体，也保障分布在世界多处地方的合作教学点的教学质量和进度与澳大利亚校本部保持一致。

四、培养评价

课程开设以后，"主任教授"还负责回答南昆士兰大学分布在海外各地的该大学的合作点的相关课程的教师和学生提出的问题。这些在海外教学的教师和学习的学生不断通过交换电子邮件的方式和这位"主任教授"取得联系。"主任教授"也从而知道各个教学点的教学情况、教学进度，以及师生们遇到的问题，等等，相应地，"主任教授"会及时给予指导，进行调控，作出必要的调整。另外，各阶段的考试题目也是由校本部的"主任教授"命题，通过保密渠道发到各教学点的考场使用，华澳国际学院包括在内。考试完毕后，"主任教授"要对各地的考试情况进行一定比例的抽查和复核。

项目中USQ课程实施"教考分离"，所有科目为考试科目，考试实行两级评价，由任课教师负责初步评价，然后由USQ本校教师进行第二级评价。在每个课程的等级评价中，日常的"小论文"的成绩占考试评价中的20%。

华澳国际会计学院的国际会计专业的教学面对的是国际市场上的需要，培养的是"外向型商业人才"和过渡阶段的"中外复合型人才"，其教学质量受到CPA和ACCA这样的世界知名会计师公会的认可。因此，华澳国际会计学院的历届毕业生都广泛地受到国内许多外资企业、大型会计师事务所，以及国际性的会计事务所的欢迎。据统计，在过去八届毕业生中，有20%入职包括德勤、普华永道、毕马威等国际"四大"会计师事务所，另有24%的毕业生就职于国内会计师事务所,另有 20% 毕业生到国外大学继续研究生的学习,其余毕业生就职于外资企业等。华澳的毕业生在这些企业或机构入职后很快熟悉业务,并且业务工作能力较强,起薪点一般都在月收入 5000 元以上。

五、存在问题

华澳国际会计学院的人才培养模式的发展过程是不断解决问题的过程,其在人才培养过程中,也遇到了一些问题和困难。首先,在人才培养目标上,由于受中国传统应试教育思想的影响,中学教育以高考为指挥棒,填鸭式的学习方式使得学生自主学习的能力不强,甚至是被动地接受知识。这些学生升入大学后,给大学的人才培养造成了一定的困难,特别是对于华澳国际会计学院这类学校。要培养学生从事国际会计事务,必须使学生具备较强的自主学习能力。因此,学生的自主学习能力不强成为摆在华澳国际会计学院面前的一个难题。

其次,在人才培养过程中,课程的设置存在一定的问题。按澳大利亚南昆士兰大学商学士学位会计专业方向的教学要求,共开设了 24 门专业课程,通过课程的学习,学生能够熟练运用国际会计事务准则,但由于对中国的经济、法制情况及会计事务准则不甚了解,这给部分想在国内就业的学生带来不便。所以课程设置与中国国情的适应性不强成为华澳国际会计学院面临的又一个问题。

再次,在培养方案上,教学方式的改革也成为当务之急。教师的教学活动仍然停留在主要由教师讲授的方式,这样不能很好地激发学生的学习兴趣和对知识的实际运用能力。

最后,中方教师的水平,如英语水平、对澳方课程理解的水平等成为澳方课程本土化的掣肘。

第三节　华澳国际会计学院合作办学
人才培养模式的特点

华澳国际会计学院在不断地摸索中积累了丰富的办学经验,形成了鲜明的特色。

第一,不断优化课程体系,人才培养具有高度专业化、国际化。

华澳国际会计学院的国际会计专业是直接采用澳大利亚南昆士兰大学相

应的课程设计,课程直接由南昆士兰大学输入,专业课程的教学在初始阶段完全按照世界上高等教育中的先进体系进行,所有教学活动与在澳大利亚本土的南昆士兰大学的课程体系和考核模式相同并同步进行。专业课的教师也是由南昆士兰大学选派,并以南昆士兰大学的资深教授为教师团队的核心。所有这些构成了华澳国际会计学院的国际会计专业教学质量高、专业化、国际化的重要因素。

表 10.2 优化后的课程情况

英文课程	Accounting for Decision Making(决策会计) Economic(经济学) Introduction to Law(法律概论) Organizational Behavior(组织行为学) Introduction to Marketing(市场学导论) Business Finance(商务金融) Accounting information System(会计信息系统) Financial Accounting(金融会计) Management Accounting Ⅰ(管理会计1) Law of Business Organization(公司法) Company Accounting(公司会计) Financial Accounting Theory(财务会计理论) Revenue Law and Practice(税法及实务) Auditing(审计)
中文课程	Statistics(统计学) Introduce Computing(计算机应用基础) Introductory Accounting(基础会计) China taxation(中国税法) Intermediate Financial Accounting(中级财务会计) Auditing(审计学)
英文选修课	Financial Markets(金融市场) Managing Financial Institutions(金融机构管理) Management Accounting Ⅱ(管理会计2) Human Resource Management(人力资源管理) Managing Organization(组织管理) Consumer Behavior(消费者行为) International Finance(国际金融)
中文选修课	Economics Law(经济法) E-commerce(电子商务)

华澳国际会计学院的国际会计专业课程已经获得世界上最具权威和影响力的国际会计师协会——C.P.A(澳大利亚注册会计师公会)和 A.C.C.A(英

联邦特许公会会计师公会)的认证。华澳国际会计学院的毕业生毕业之后自动成为澳大利亚注册会计师公会的准会员;华澳国际会计学院的毕业生如欲参加英联邦特许公会会计师公会的资格考试,可豁免其 14 门考试科目中的8—10 门。华澳国际会计学院毕业生的这些标志性特征都是国内一般的高等学校的会计专业的本科毕业生所无法比拟的。

华澳国际会计学院还根据社会对学生的需求不断优化原有的课程体系,使学生在掌握国际会计专业知识的基础上,对中国会计知识与理论有基本的认识。

如表 10.2 所示,优化后的课程体系中第一个明显的变化是加入了英文选修课程和中文选修课程,将一些不是特别重要的课程划归选修课的范畴,使学生集中精力学习重要的会计专业知识课程,更能培养学生的学习兴趣和增加学习的可选择性;第二个变化是将原来的四门中文专业课程经济法、统计学、市场学、计算机入门改为统计学、计算机应用基础、基础会计、中国税法、中级财务会计、审计学等八门课程。

第二,改变传统的教学方式,引入课程模块教学,即大班制讲授课程、小班制的讨论课程、实训课程等。

提高高校合作办学的质量,完善合作办学人才培养模式,不仅要引入国外优质的教育资源,而且要对国外的优质教育资源进行消化和吸收,学习国外先进的教学和管理手段,为我所用。华澳国际会计学院改变原来以授课为主的教学方式,引进模块化教学,将教学过程分为三个模块进行:第一个模块主要为大班授课,主要讲授基础理论知识;第二个模块将一个大班按人数分为几个小班,主要进行案例教学,使学生将所学的理论知识应用于实践,在讨论中加深对知识的理解;第三个模块为作业或一项任务,在结束理论知识的学习后,学生提交一份作业或分组完成一项任务。经过三个模块的学习,学生能灵活掌握所学专业知识。

第三,"双师型"的师资队伍结构。

华澳国际会计学院的专业课程的教师绝大多数既是专业课程的教师,同时本身又是会计师,或审计师、财务分析师、律师,等等。这些兼有双重资格的教师不仅可以向学生讲授会计专业知识,还可以让学生间接或直接地接触其他学科领域的知识,可以让学生拓展视野,增长见识。

第十一章 广州大学中法旅游学院
合作办学人才培养模式

第一节 广州大学中法旅游学院合作办学项目的背景

广州大学中法旅游学院合作项目从 2000 年开始洽谈。2001 年 5 月,广州大学代表团应法国教育部邀请赴法访问。访问期间,中法双方均表达了希望开展旅游教育合作的意向。2001 年 11 月,法国教育部代表团访问广州。经与广州市政府、广州大学协商,双方同意在广州设立中法旅游学院,旨在开展旅游学历教育与继续教育,并进行旅游方面的研究与咨询活动。广州市政府、广州市教育局、广州大学、法国国民教育部、法国昂热大学、法国尼斯大学等几方面的代表共同签署了《广州大学中法旅游学院的成立与管理章程协议》和《关于成立中法旅游学院的意向书》等文件。2002 年 5 月,经广东省人民政府批准,广州大学中法旅游学院正式成立,9 月开始招收第一届学生。

广州大学属于广州市的市属高等学校,是公立普通综合性大学,实行省市共建、以市为主的管理体制。学校于 1958 年开始招收普通本科生,1983 年获硕士学位授予权,2006 年获博士学位授予权。学校办学规模较大,学科门类较全。截至 2009 年全校共有普通全日制本科生 20063 人,各类博、硕士研究生 2097 人。学校设有 26 个学院(部),设有 69 个本科专业,涵盖哲学、法学、教育学、文学、历史学、理学、工学、经济学、管理学九大学科门类。

学校注重开展国际学术交流活动,先后与 17 个国家或地区的 50 多所大学和科研院所建立了教育与科技合作关系。其中,广州大学中法旅游学院即是 2002 年与法国教育部(Université d'Angers University of Angers & Universite Nice Sophia Antipolis, UNSA)的合作项目。中法旅游学院由原广州大学旅游管理各本科专业方向组建而成,包含中法合作项目和国内普通本科教育。广州大学原旅游管理教育开办于 1985 年,是全国最早的、为数不多的开设宾馆管理专

业的学校之一。20 多年来,广州大学成功地为社会输送全日制本专科毕业生
3000 多人,成人毕业生 4000 多人,为旅游企事业单位培训人才 8500 多人。

该合作项目开设酒店与餐饮管理、会展与商务旅游、旅行社经营管理、旅
游规划与景区管理四个专业方向,是国内旅游专业方向覆盖面最宽的学院之
一,其中会展与商务旅游方向为国内首创。每年法国著名的昂热大学、尼斯大
学将派出教授专家来学院担任教学与科研工作。就读该专业的学生毕业时通
过法国方面组织的学士考试还同时可以获得法国本科文凭,部分优秀学生还
可以到法国学习一年。

学院特别重视抓好法语教学,坚持采用国外最新教材,保证各教学班均有
中方教师和法国教师共同授课。现在,法语教学已成为中法旅游学院最鲜明
的办学特色之一。目前,中法合作项目每个学生四年的法语课时总计达 810
学时,法语教学规模在国内高校位居第一。通过中法旅游学院这一国际合作
平台,学院教师获得了国际交流资助的宝贵机会。2003 年,中法旅游学院联
合欧洲四所大学,共同向欧盟申请了以培训旅游高等教育师资、提升教师素质
为主要内容的"亚细亚计划"。由于有国际项目的依托,在 500 多个竞争高校
中,广州大学与欧洲四所大学的申报获得成功。到现在,学校已派出数十名教
师到法国、意大利、西班牙学习,另有欧洲四所大学派出的多名教师来广州讲
学。学院开办以来,广州大学已累计投入近 700 万元用于教学和实验室建设。
法国方面则主要负责中法旅游学院法方教师的派遣和部分资料的投入。①

参加合作的伙伴昂热大学(Université d' Angers)是一所具有 700 年历史
的法国公立大学,是法国中西部最大的综合性公立大学之一,位于人文历史资
源丰富的卢瓦尔河谷腹地,文理均衡,尤以旅游、生物、数学等学科突出。国立
昂热大学也是一所在传统教学方式的基础上开拓新的并具有创造性课程的学
校。现在,学校有 230 种不同的文凭,有 800 余名教授为 1200 多种专业提供
短期课程及讲座,拥有大约 16000 名注册学生就读于不同的专业,这些学生来
自世界各个国家。学校重视学科合作和教学的灵活性,国际联系服务部已和
全世界 30 个多国家超过 75 所大学学府合作并进行学术上的交流。昂热大学
旅游学院(ESTHUA)承担了广州中法旅游学院合作项目的旅游教学与科研工

---

① 参见 http://baike. baidu. com/view/2081371. html? fr=ala0_1。

作。该学院的规模和教学水平在全法国首屈一指,该学院下属酒店管理与文化遗产管理两个专业,涵盖从学士到博士超过 20 个专业方向。该学院开展国际合作办学经验丰富,合作项目涉及欧、亚、美洲的多个国家,在我国也与北京、河北、浙江、海南等地的一些高校有合作关系。广州大学中法旅游合作项目是其在全球范围内投入力度、开展规模最大的合作项目。

另一合作伙伴尼斯大学成立于 1965 年,位于法国最著名的旅游地区蔚蓝海岸,是法国南部最著名的综合性公立大学之一。经过 30 多年的发展,目前堪称法国最大的多学科综合性大学。尼斯大学目前在册学生多达三万人,教师及研究人员共计 1200 余人,各类行政及服务人员 600 余人。教学领域涉及广泛,能够提供除药剂学以外其他任何学科从本科到博士程度的各类教学安排,分别可以授予 200 多种国家文凭及 80 多种本校文凭,其综合多科性程度便可见一斑。为顺应每一位学生自身发展的需要,学校规定学生可以在各院系之间任意转学,改变学习计划。其地理与规划学科是法国重要科研基地之一,在此基础上发展起来的旅游规划、旅游管理学科也在该领域享有盛名。参加合作的具体单位是该校旅游学院,开设有旅游规划、商务旅游管理、旅游企业管理等方向。

中法旅游学院合作项目旨在通过中法双方共同努力,创立一个国内与国际结合、理论与实际结合、宏观与微观结合的旅游教育大平台,旨在通过政府、大学、行业管理部门和企业多方共同合作的方式,充分利用政府行业管理部门在宏观管理方面的经验优势、企业对市场的敏感性以及大学丰富的教育资源,以旅游学院为合作基地,共同培养出更加适合社会发展需要的旅游业人才,并积极开展旅游发展方面的研究工作。

中法旅游学院实行理事会领导制。理事会对中法旅游学院人才培养规格,办学模式及教学计划进行研究与审议。理事会成员包括广东省旅游局、广州市教育局、广州大学、广州市贸易促进委员会、广之旅国际旅行社、广州花园酒店、广州东方宾馆、法国教育部、法国昂热大学、法国尼斯大学、雅高集团、法国蔚蓝海岸地区旅游委员会、巴黎工商会、普罗旺斯—阿尔卑斯—蔚蓝海岸地区政府。

中法旅游学院合作项目的日常运作归属广州大学管理,作为广州大学下属教学与科研单位之一,中法旅游学院各项工作均需符合广州大学相关管理规定。中法旅游学院的行政工作由广州大学旅游学院承担,不设专门管理岗位。和广州大学其他学院一样,中法旅游学院没有独立的财务管理权,由广州大学进行财务管理。但由理事会共同任命的中方和法方两名院长可以负责协调学院行政、财务工作。学院各专业教学计划、课程设置及教学组织均由中法双方共同制定与监督执行,教学管理由中方具体负责执行。

第二节 广州大学中法旅游学院合作办学人才培养模式

中法旅游学院合作项目属于非营利性学历教育,实施全日制教学。教学活动主要在广州本地展开,学生在广州进行为期四年的学习,部分优秀学生第五学年可在法国昂热和尼斯进行硕士研究生的学习进修。合作项目实行双文凭制,符合要求的毕业生可以同时获得中法两国本科文凭和学士、硕士学位。学生就读中法旅游学院,缴纳学费金额与当年广州大学收费标准一致,无特殊收费。注册法国高校阶段,完全参照法国本国大学生标准,只缴纳法国高校注册费(250—380 欧元/年),无须缴纳法国高校学费。

一、培养目标

中法旅游学院合作项目专业层次定位是:以本科教育为主,积极发展研究生教育。中法旅游学院合作项目服务面向定位是:地域上立足广州,面向全国,辐射欧洲。行业服务以培养旅游企事业的"职业经理人"为主,同时为国家政府机关、科研单位、高等院校输送部分优秀专业人才。

基于对市场人才需求的分析,结合学院综合实力和历史发展的特点,中法旅游学院合作项目从成立开始,就将人才培养目标定位于外向型、应用复合型的"旅游业职业经理人"。"旅游职业经理人"主要包括酒店与餐饮的职业经理人、会展业的职业经理人、旅行社经营的职业经理人、旅游物业管理的职业经理人、旅游景区的职业经理人以及高尔夫球会的职业经理人。

中法旅游学院合作项目专业特色定位是:一方面把专业基础理论课和实践紧密结合,培养宽口径的应用复合型人才;另一方面是继续加强和拓展国际合作办学,强化学生外语能力的培养,积极推广双语教学,打造一批既通晓国际旅游管理惯例与规则,又有深厚专业理论知识和实际运用能力的外向型高级"职业经理人"。

二、培养过程

（一）专业设置

中法旅游学院是国内目前开设旅游管理专业方向覆盖面最宽的学院之一。中法项目的专业方向包括酒店与餐饮管理、会展与商务旅游、旅行社经营管理、旅游规划与景区管理。

（二）课程体系及特点

1. 课程体系

中法旅游学院建立的是整合式课程体系，所有专业方向教学计划均由中法双方协商制订，并在合作院校备案。其课程体系由基础课程与专业课程构成，详见下表。

表11.1 中法旅游合作项目课程体系

专业	基础课程	专业课程
酒店与餐饮管理	马克思主义哲学原理、当代世界经济与政治、大学体育、英语、英语口语与听力、专业英语、入门法语、法语理解表达、交际法语、法语阅读写作、法语旅游词汇、法语专业词汇、深入法语、法语职业技能、计算机、高等数学、管理学原理、世界旅游地理、中国旅游地理、西方经济学、营销原理、(世界)旅游史、中国文化、西方文化、旅游概论、旅游住宿业概论、社会学概论、中国法律基础、基础会计、统计学、服务营销、地理学与交通经济、餐饮管理、饭店运作管理、会议与商务旅游、旅行社概论、文献检索、经济法、旅游经济、旅游营销、旅游机构作用、国际旅游、亚太地区旅游现状、西方人旅游现状、世界酒店介绍、自我推荐技巧、职业计划战略与制订、国际法(私法)、旅游产品贸易与零售、营销步骤/案例分析、旅游消费心理和顾客介绍、促销方法、文化遗产概论与旅游文化、滨海旅游、山区旅游、城市旅游、乡村旅游、社会学方法论、调查和谈话方法、旅游信息分析和处理、财务管理、财政政策、商务谈判、旅游法、价格政策与收益管理、人力资源管理、就业培训、服务质量观念与战略、服务质量控制方法、旅游发展战略、旅游可持续发展、区域旅游开发、论文研究方法、论文研究指导、人际关系技巧、第一次就业营销、不同文化调解等	中国美食、法国美食、葡萄酒产地与知识、美食品尝的理论与实践、食品与酒水、餐桌的风格与艺术、美食历史、酒店管理会计、酒窖与酒吧管理、酒店安全、酒店与餐饮营销、饭店设备管理等
会展与商务旅游		会展组织与管理、会展服务组织、文化旅游事件组织、企业会展宣传、展馆管理、交易会展览会大型公关沙龙管理活动、商务旅游会计、航空交通与旅游等
旅行社经营管理		规划原理、区域资源的分析与判断、地方政府对区域旅游项目开发评估、自然保护区、政府旅游管理模式、地区旅游发展政策与规划、旅游接待的营销计划、文化遗产开发等
旅游规划与景区管理		旅游产品理论、产品线路设计与组织、国际著名旅行社知识、旅游创新、航空交通与旅游、旅行社采购管理、旅行社零售点营销、旅行社网络管理、旅行社管理会计等

2. 课程体系的特点

（1）以基础、专业、实用、复合为特点构造课程计划。

旅游"职业经理人"的人才特点是专业性、实用性及复合型相结合，因而其在课程计划包括四大模块：经济与基础知识与技能、旅游基础知识与技能、专业理论与技能、复合与专业知识与技能。学生在一、二年级以基础知识与技能为主，培养管理、经济、旅游业的基本知识与技能。学生具有了扎实的基础，才能顺应旅游业变化快的特点。三年级开始选择专业方向，并进行专业知识与技能学习，包括餐饮与酒店管理、会展与商务旅游、旅行社经营管理、旅游规划与景区管理等。第四年进行模块选修课程，选修课从两方面进行，一方面以复合型人才为特点，学生可以在专业的基础上选择其他专业方向的课程模块，拓宽知识与技能；另一方面以专业性人才为特点，学生可以在原专业基础上进行深度学习，具有更为专业的能力，以提高就业能力。

（2）注重旅游业的人文特点，加强人文类课程。

旅游高等教育归属于管理学科后，由于管理课程体系的特点、学时限制等多方面的原因，导致专业课程较多，文化类课程几乎不再存在。但是，在旅游人才分析中，我们发现：旅游既是一种经济现象，更是一种文化现象，文化素养是旅游人才必备的条件，而这一方面恰恰在欧洲旅游高等教育中被特别强调。因而在课程计划中增加了文化类的课程，以提高学生人文精神与文化素养。同时，突出旅游国际性的特点，增加了不同文化的特点以及不同文化之间交流等方面的课程，如中国文化和西方文化课程。

（3）注重职业价值观念的培养，以人与职业环境相配合为指导，制订课程计划。

国内旅游高等教育往往只注重知识传授，不重视职业价值观念的培养与教育，这是学生毕业进入社会后，对旅游业认识不清，转行从事其他行业工作的重要原因之一。欧美发达国家非常重视这方面的教育。因而，中法旅游学院课程计划中增加了这方面的课程。在课程设置中还充分考虑到，只有人与职业环境相配合才可能形成职业满意度，才有职业稳定性和职业成就感。因而，学生在经过前两年对旅游业整体学习之后，三年级才开始进行专业划分与选择，在学生选择专业方向之前，开设专门的课程帮助学生根据自己的特点正确选择专业方向,注意个性特点与职业相互之间的匹配,例如,职业规划战略与拟定等。

(4)注重课程设置的渐进性和专业性。

传统的旅游高等教育课程设置中有两个局限。首先,课程内容包罗万象,专业性不强。例如,餐饮经营管理学,包括了餐饮从市场营销、管理、成本控制、采购、生产、餐厅服务、人力资源、组织设计、餐饮设施设备管理等,课程的内容多而杂,只能起到一般性的知识介绍的作用,形成不了专业知识与技能。其次,每门专业课程集中于一个学期内讲授,完全不考虑学生认识的渐进性特点。新的课程计划将原来综合课程分为若干专业性的课程,每门专业性的课时在 15—30 学时之间。同时,依照人思维认识的特点,由浅入深,把同一门课程放在不同的学期中讲授,并配合各学期的实习,以便让学生充分认识与掌握。

(5)强调实习环节,注重学生技能的培养。

在中法旅游学院的课程计划中,实习真正成为教学的重要组成部分,分散在各个学期之中。总实习学时达到了 52 周,占全部教学时数的 1/3。实习训练体系由认识实习、服务实习、技能训练、专业实习、管理实习等构成。实习的每一环节,既与教学相配合,又自成体系,是技能与实践能力的培养方式之一。学院已与广州中国大酒店、广州假日酒店、广之旅、广州莲花山高尔夫球场四家单位签约建立校外实习基地。此外,与学院有实习合作伙伴关系的企业还包括广州花园酒店、珠海度假村、广东省中旅集团公司、广东省燕岭大厦、广州中央大酒店、广东省绿色旅行社、广州名泉居度假村、广州博物馆、中国出口交易会、南越王墓博物馆、广州市陈家祠、深圳万科集团、广东碧桂园集团、广东奥林匹克花园等及云南等省外基地。

(三)师资队伍

法方每年派 2—3 名教师在学院上专业课,每年资助两名学院教师到法国进修或攻读学位。学院成立至 2006 年年底,法国方面已有超过 80 人次的教师来广州为中法项目学生讲授旅游概论、娱乐概论、旅游行业介绍、旅游营销、旅游交通等课程。选派来广州授课的法方教师,均系法国高校正式教师或取得法国高校授课资格的旅游行业资深人士,全部拥有博士学位。大部分专职教师也在法国旅游管理部门、旅游企业中有过相当时间的从业经验。法国方面还数次派遣法语教师来广州,与学院法语教师共同研究教学方案,跟踪教学情况,商讨改进措施。中法旅游学院成立后,昂热大学和尼斯大学共接待了24名中方教师进行进修和考察。此外,法国方面还安排五名毕业生来学院协助参与法语教学工作。

中法旅游学院还不断加强师资队伍建设,强化教师教学管理。首先,鼓励教师不断加强自我素质的提升,攻读硕、博士学位,并提供机会让年轻教师到法国进修。加强"双师型"教师队伍的建设,要求教师深入服务的第一线,积累实践教学的经验。其次,加强对法方教师的监管力度。如法方需提前提供授课教师名单,其课程时间安排必须服从中方管理。法方需事先提供书本和讲义给学生(可适当收费)。到广州上课的老师除了给四年级学生上课外,需与三年级的学生有一两个小时的见面,对自己所讲的课程进行大致的介绍,让三年级的同学有准备的方向。再次,组织培训,提高素质。通过组织教学管理人员参加各种形式的研修班、与国内外高校同行交流、实地考察学习等方式,不断提高教学和管理人员的教学和管理水平及综合素质。

三、培养制度

(一)招生与注册

作为广州大学旅游学院的国际合作项目,中法旅游学院的招生完全隶属于广州大学全日制招生计划。每年从当年高考成绩达到广州大学录取分数线的考生中择优录取120名学生。在广州大学建立学籍档案的同时,录取同学名单同时发往法国昂热大学和尼斯大学备案。

(二)教学管理

为保证中法合作项目的顺利实施,学院专门成立中法项目办公室,统筹领导项目的管理和实施。中法项目办公室下设教研室,具体负责教学工作。对于项目的开展,学院将在教师人事安排、学生学籍管理等方面给予一定程度的政策倾斜。

中法旅游学院合作项目采取计划学分制,以课堂教学为主,辅以一定数量的实践和实习。作为广州大学下属机构,在日常教学管理方面,中法旅游学院完全遵循广州大学各项规章制度。教学计划由中法两方共同制订,法方同时负责监测学生的语言水平考试。

课程方面,所有基础课和大部分专业课由中方承担教学、考核和成绩管理,某些专业课由法方承担。每学年法国昂热大学和尼斯大学派遣20人次的法方教师来广州授课,同时负责提供相关课程成绩。中法双方对对方所提供的成绩均予承认。

中法旅游学院为了优化课程体系、深化教学内容、改革教学方法,还提出了以下具体的措施:(1)由中法双方共同参与修改教学大纲及课程安排。(2)为弥补法方教师面授机会减少的不足,学院采取远程教学的方式以增加学生与法方教师的交流。(3)改革法语课程的教学。法语教学逐渐从传统教学向实用性旅游法语教学靠拢。通过编写新教材等方式,力争让学生在学习两年法语之后具备在旅游实践活动中初步运用法语的能力。加强高年级法语教学的深度,特别强化听说训练,培养一小批高素质的旅游外语实践性人才。(4)学校积极创造条件,开展形式各样的交流活动,如参与法方在中国举行的各种商业性的推广活动,鼓励专业教师进行学术研究,通过参加各种国内外学术研讨会,参加教学研究立项等活动,推动项目的建设和发展。此外,中法双方还将互派学生到合作国实习,为学生提供一种国际性的学习环境。

(三)学制

中法旅游学院合作项目原来的学制为"3+1",即三年在国内读,一年在国外读,后来,改为四年在国内读,第五年赴欧读研究生课程。为保持中法项目的特色,课程教学计划仍由中法双方共同制订,学生在一、二年级接受法语教学,三、四年级选择不同的学习模块,报读 Licence 课程和考试,参加赴法选拔。这样可以增加学生自由选择适合自身发展渠道的机会。

所有中法项目学生均属旅游管理专业,区别只在于所修课程不同。按照所修课程的组合,可以划分为以下两个"方向",具体方案如下。

表 11.2　学制的具体方案

	不选择 Licence 方向的学生(40—60 人,偏重培养倾向本地就业、实践能力强的复合型管理人才)	选择 Licence 方向的学生(60—80 人,偏重培养以语言为工具、倾向出国学习或在本地提供跨文化服务的服务人才)
四年级下	论文和实习模块	论文和实习模块

续表

	不选择 Licence 方向的学生（40—60 人，偏重培养倾向本地就业、实践能力强的复合型管理人才）	选择 Licence 方向的学生（60—80 人，偏重培养以语言为工具、倾向出国学习或在本地提供跨文化服务的服务人才）
四年级上	实习模块 （增加的实习模块，为学生提供长达 12 个月的实习机会，侧重实践）	Licence 模块（180 学时） （完全由法国承担，课程数量可以适当减少，但质量要求大幅度提高。本模块仍然是教学计划不可分割的一部分，无法通过本模块的学生，不能获得广州大学的毕业证）
三年级 （约 630 学时）	国际旅游模块（396 学时）/会展与商务旅游模块（378 学时）/宾馆与餐饮管理模块（414 学时） （三选二或三选一）	商务旅游模块/人文旅游模块（约 300 学时） （二选一）
	管理模块（234 学时）	法语模块（288 学时或增至 400 学时）
学生在进入三年级时按照个人志愿和成绩进行选拔。或者以语言和法国课程为方向，或者放弃法语，转向国内学习。前者必须注册 Licence 课程，参加选拔的同时就要缴纳注册费。后者也可以自由选择是否注册 Licence		
二年级 一年级 （1734 学时）	法语课：法语精读、法语听力、法语写作、法语旅游词汇、法语阅读 （648 学时）	
	旅游管理专业主干课：西方文化、旅游概论、旅游经济、中外旅游地理、酒店服务技能训练、国际旅游现状、旅行社管理、酒店经营管理 1、会展概论、服务营销、旅游文化（396 学时）旅游心理学、人力资源管理、法律基础与旅游法、财务管理、人际沟通与商务谈判、服务质量管理、科研方法与论文写作（234 学时）	
	学科平台课：高等数学、管理学原理、西方经济学、基础会计、统计学原理、市场营销原理、社会学概论（324 学时）	
	校级平台课：马克思主义哲学原理、当代世界经济与政治、大学体育、大学英语、计算机基础（366 学时）	

四、培养评价

　　中法旅游学院合作项目实行双文凭制。中法项目学生是国内普通高校全日制学生，按照国家有关规定，修满足够的学分，可获得广州大学旅游管理专业毕业证书，通过论文答辩者，还可获得管理学学士学位。除此之外，中法项目学生还将同时获得法国国家授予的旅游管理 licence（学士）和 Maîtrise（硕士）学位证书。上述证书与普通法国大学生的毕业证书完全相同，并可通过中国国家教育部认证部门认证。

第三节 广州大学中法旅游学院合作
项目人才培养模式的特点

　　广州大学中法旅游学院在发展的过程中,不断争取外部资源,合理调配内部资源,力求使其发挥最大价值,从而推动中法合作项目的进一步发展,形成了自身鲜明的特色。

　　第一,参与合作的面较广,具有广泛性和代表性。理事会由中法双方参与合作的教育管理部门、旅游行业管理部门、高校、企业等共 14 个单位组成。其中,法方的部门有法国教育部、昂热大学、尼斯大学、雅高集团、法国蔚旅色海岸地区旅游委员会等;中方的部门有广东省旅游局、广州市教育局、广州大学、广州花园酒店、广之旅国际旅行社、广州市贸易促进会等。由于参与合作的单位既有广泛性,又有代表性,因而理事会可以发挥各方面的潜能。同时,由于理事会作为专业教学的指导机构,负有审议和确定学院人才培养规格、办学模式、教学计划、课程设置、社会实践、质量评估等重大职责,这也便于及时将市场信息反馈到育人过程中来,促使学院在人才培养方面更加符合中法两国旅游事业的发展规划、旅游市场的变化对旅游人才知识与能力结构的要求等,从而确保所培养的人才始终具有较强的针对性与适用性。

　　第二,本土色彩浓厚,法方参与性有待提高。中法旅游学院合作项目的人才培养模式可以归纳为"本土式应用型人才培养模式",即这种人才的培养主要沿用广州大学的旅游专业课程、教材、师资和考评体系,同时借鉴法方的旅游教育理念、课程资源、短期留学和文凭考试等,培养懂法语的旅游专业人才。在中外合作办学的过程中,合作各方是否具有互动性,将直接影响到各方的积极性,进而影响到合作办学的质量与效益。实践证明,要增强互动性,关键是各方要有共同的目标和共同的需要。随着我国综合国力的增强和高等教育规模的扩大,以前"扶贫"式的中外合作办学,逐渐转向各方针对新时期共同面临的新问题,开展"互动"式的中外合作办学。增强我方在合作办学过程中的主导性与参与度,进而使人才培养更加适应我国经济社会发展以及参与国际竞争的需要,正是新时期中外合作办学发展的趋势与必然要求。为此,中法旅游学院在以下几个方面做了探索：为适应旅游业的国际衔接与相互连动的需要，在强化人才培养特色方面，加强双方的互动；为实现人才培养特色，加强双方在育人过程中的互动。诸如互派教师进修与授课，双方共同制订教学计划，共同研究课程内容与教学大纲，并根据各自对课程内容的不同理解、中外旅游以及文化的差异开展研讨式备课，等等。

第三，专业结构具有较强的系统性与市场适应性。中法旅游学院要建成一个融合旅游研究、旅游教育、旅游职业培训于一体的大平台，就必须从多方面满足旅游市场的需要。因而，学院的专业设置不仅覆盖面广，而且都有较强的市场适应性。例如，目前除设有"宾馆与餐饮管理"、"旅行社经营管理"等较传统的专业外，还开设了"会展与商务旅游"、"旅游规划与景区管理"、"国际旅游与导游"、"旅游物业管理"、"高尔夫经营管理"等紧缺的新专业或专业方向，其专业结构几乎涵盖了旅游业的主要方面。实践证明，专业设置的系统性，将有利于更好地发挥学院作为旅游教育大平台的功能与作用。①

第四，法语教学的鲜明特色。根据合作办学协议，法国昂热大学和尼斯大学派教师到广州大学参与专业教学。几年来，法国方面累积已有 80 多名教师来到广州大学教学。学院特别重视法语教学，坚持采用国外最新教材，保证各教学班均有中方教师和法国教师共同授课。现在，法语教学已成为中法旅游学院最鲜明的办学特色之一。中法合作项目每个学生四年的法语课时总计达810 学时，四个年级共有学生近 500 人，法语教学规模在国内高校位居第一。中法旅游学院首届 2002 级学生 118 人在广州参加了法国国家学位考试，有102 人成绩通过。经过严格选拔，26 名通过考试的学生于当年 9 月前往法国继续大学四年级的学习。通过首届学生考试的情况，可以看出法语教学取得的成果。为了提高法语的教学质量，学院还缩小法语教学规模，从 120 人缩减至 60 人，目的是增强高年级法语教学力量，创造更良好的语言学习环境，激发学生的学习动力，同时亦给语言学习有困难的同学提供选择的渠道，必要时部分法语课程还实行小班上课以提高学习效果。这一专业的学生毕业时如果通过法国方面组织的学士考试还同时可以获得法国本科文凭，部分优秀学生还

---

① 参见黄家泉、彭青：《中外合作办学新模式的实践探索——广州大学中法旅游学院办学特点浅析》，《高教探索》2004 年第 3 期。

可以到法国学习一年。

第五，注重应用型、外向型人才的培养。中法旅游学院合作项目的人才培养模式可以归纳为"本土式应用型人才培养模式"，即这种人才的培养主要沿用广州大学的旅游专业课程、教材、师资和考评体系，同时借鉴法方的旅游教育理念、课程资源、短期留学和文凭考试等，培养懂法语的旅游专业人才。该项目在人才培养上一方面注重外向型，通过法语教学、引进法国权威证书和考试、选派优秀学生到法国留学深造等方式，培养外向型人才；另一方面注重应用性，其人才培养目标定位于应用复合型的"旅游业职业经理人"，学生毕业后，能胜任旅游企业中层部门的见习经理岗位。

近年来，中法旅游学院已发展成为法语教学全国最大、旅游高等教育全国第五、广东旅游本科教育规模最大的基地，并取得了会展管理专业（方向）办学水平全国第三的成绩。在全国旅游高等教育专业对口就业率平均只有30%的形势下，中法旅游学院的专业对口就业率达到了69%。包括芒果网、广州长隆集团、澳门永利酒店集团等旅游企业均成批招入学院应届毕业生。除了就业渠道众多，中法项目学生复合型、外语好的特点也逐渐开始显现。部分学生选择了与法语相关，或与法国有业务往来的工作岗位，薪酬明显高出一般旅游专业毕业生。

中法项目在取得成绩的同时，也暴露出不少问题。目前看来，问题主要有以下几点：

第一，学生法语水平难于达到标准。学生法语水平不足有两方面的原因。首先是学习目标太高。中法项目对学生的法语水平要求是能够听懂外教讲授的专业课，能够完成法方组织的 Licence 考试，能够适应法国高校的专业学习。客观上说，这个目标已经超过了专业外语院校法语专业本科毕业生的平均水平，难度不言而喻。其次是学院和学生个人对法语学习给予的时间不足。从学生角度而言，研修一门新的外语需要花费大量的时间和精力，与此同时，还要付出相当大一部分时间用于专业课学习和社会活动。由于学习时间上的不充裕，进而影响了学生法语水平的提高。

第二，学生学习动力不足。学生学习动力不足的原因比较复杂。首先是社会因素的影响。目前的社会诱惑太多，能够沉住气踏实学习的学生越来越少是不争的事实。其次是生源方面的影响。此外，诸如学生对法国文凭重视程度不够,中法项目的学习负担过重,部分同学确实不适合外语学习,等等,这些都是造成学生学习动力不足的症结所在。

第三,经费不足。由于该项目为非营利项目,法方没有投入,收费低,导致经费不足、法国教师参与不足。在项目创建初期,法方人员往来尚属频繁,并且为项目申请了亚细亚项目的资助,但事实上法方并无实际投入,法方教师来广州费用都是由中方学生承担。就目前形势来看,法方并没有进行实际投入的打算,尼斯方面还存在消极合作的倾向,而且也不排除法方将来再次提出增加注册费的可能。经费的缺乏可以说是阻碍中法项目进一步发展的一大问题。

第四,整个项目以中方教学和管理为主,法方对教学过程的介入较少。合作的深度不够,导致无法有效地引进法方合作院校的教学资源、管理模式和师资力量。

第十二章 广东技术师范学院中英跨国 高等教育人才培养模式

第一节 广东技术师范学院中英合作办学项目的背景

2003 年 10 月,广东技术师范学院与英国哈德斯费尔德大学经过多次磋商,正式签订了关于联合举办"教育管理与发展学士学位"的合作办学协议,经报广东省教育厅研究同意并报国务院学位办公室正式批准(学位办〔2004〕63 号),于 2004 年 10 月正式启动。2007 年 4 月该项目又经过教育部复核通过(项目批准号 MOE44GB2A200403240)。至今,该项目已在广东技术师范学院顺利实施四届。

一、两个学校的简介

广东技术师范学院(原名广东民族学院)始建于 1957 年,是一所以本科教育为主的具有硕士学位授予权的省属全日制普通高校,前身为广东民族学院,是省政府直接管辖的综合性的普通高校,所设立学科专业有文、理、工、管理、教育等。学校拥有硕士、学士学位授予权,是为广东职业技术教育培养师资人才的唯一一所师范学院,先后被教育部、财政部、省政府命名为"全国职业教育师资培训重点建设基地"、"国家技能型紧缺人才培养培训院校"、"中央财政重点支持职业院校"、"广东省高技能人才实训基地"、"广东省中职校长培训中心"、"广东省中小学教师继续教育基地"。

广东技术师范学院设有 14 个二级学院,以及社会科学部、大学英语部、体育部三个教学部和省级示范性软件学院,共有 41 个本科专业,学科覆盖理学、工学、经济学、管理学、文学、教育学、法学七大学科门类。学校于 1977 年开始招收本科生,2006 年开始招收硕士研究生,并于 2000 年开始招收留学生,与美国、英国、加拿大、日本、澳大利亚及中国港、澳、台等国家和地区的有关高校进行广泛的交流与合作。广东技术师范学院的未来发展目标是,利用该校具有的硕士学位、学士学位授予权,面向职教的师范教育和多学科协调发展的优势,以该校广东工业实训中心、师培中心和高教职教研究中心为基地,努力凸显出"面向职教、服务职教、引领职教"的办学特色,力争建成在国内同类院校中居于前列,在职教领域具有一定的国际影响,多学科、多层次协调发展的综合性大学。

英国哈德斯费尔德大学始建于 1841 年,自 1992 年起正式确立为大学,位于英国东部约克郡的哈德斯菲尔德市,是英国一所知名的公立综合性大学,所设立学科专业有文、理、工、管理、教育等,拥有博士、硕士、学士学位授予权,是英国历年综合质量评估优秀高等学校之一。2001 年英国高等教育质量保障局"专业评估"公布该校的"教育专业"获得 22 分(优秀),在最新英国大学排名中位于前 50 强;2004 年该校"教育质量"在英国排位第三,"学生就业率"在英国排位第三;2007 年《泰晤士报》教育增刊公布英国新大学中"学生最满意的学校"名单,该校排名第一。

学校共设七大学院:应用科学、工程技术与计算学、设计技术、教育与专业培训、哈德斯菲尔德大学商学院、人类与健康科学院、音乐与人文学院;提供150 多项包括电子工程、精密科技、网络集成、社会科学、音乐、商务、健康等在内的本科和硕士课程。许多课程都有在产业或商业界的工作实习机会。目前有在校学生 17000 多名,其中有将近 1000 多位来自海外。学校历年来以高就业率闻名全英国,每年都有 96% 以上的毕业生顺利找到工作。学校每年都举办规模盛大的音乐艺术节,吸引了全世界著名的音乐团队来此表演。学校具有 50 多年招收海外留学生来本校学习的悠久历史,而其卓越的就业前景、极佳的学生住宿,再加上相对较低的生活费用,吸引了英国各地、欧盟和全球 80多个国家的学生前来求学。

二、项目的优势

(一)国家正式批准项目:此项目经国务院学位办(www.jsj.edu.cn)审核批准(学位办[2004]63 号),2007 年 4 月又经教育部复核通过(项目批准号MOE44GB2A200403240)。国家教育部授权教育部海外留学服务中心对此项目学位证书予以确认。

（二）合作院校具备合法资质：此项目的合作双方——广东技术师范学院和英国哈德斯费尔德大学都是具有长期办学历史的、合法的、具有学士培养资格的公立大学。

（三）合作培养专业是教育管理与发展：合作双方自身都设有教育学专业，而英方的这个专业在英国高校里是知名专业，属于优质的教育资源。特别是在众多的中外合作教育项目里，教育专业属于紧缺专业。

（四）原汁原味的英式教学和相同的学位证书：该项目的教师、教材、课程计划、录取标准、考核标准、学位授予等都是由英国哈德斯费尔德大学负责，实施原汁原味的英国教学模式，中国学生参加该项目等于是"不出国的留学"，与出国留学相比，成本大大降低，毕业时所获得的学位证书与在英国本土学习所颁发的学位证书是相同的。

（五）专科升本科的市场需求：近几年，我国高等教育发展迅速，但专科生比例明显高于本科。由于就业的竞争压力，更多的学生在专科毕业后选择再读本科，同时由于国内高校投入有限，导致一方面是"专升本"市场需求巨大，另一方面是"专升本"的机会有限。因此，该项目是对巨大市场需求的弥补。

三、双方的义务责任

英国方面负责：招生录取、学生注册、教师委派、教材选用、教学日常管理、项目负责人（或班主任）、成绩考核与评定、学生毕业文凭颁发等。

中国方面负责：项目的全面监控、招生宣传、提供教学场地与设备、办公场地与设备、提供教务秘书、提供图书借阅服务、提供师生食宿安排等。

双方共同负责：招生宣传（以中方为主，英方实施审定）、课程计划编排（以英方为主，中方实施审定）、教学管理（以英方为主，中方协助）。

第二节　广东技术师范学院中英合作
办学人才培养模式

该项目实施的教育为学位教育，实施单校园（在国内的大学校园）、全日制的教学，是通过计划外招生渠道录取生源的单文凭（英国文凭）、单段式（完全在国内教学)、培养既精通英语同时具有国际化教育职业素质的人才培养模式。

招生对象:在中国境内取得大专及其以上学历的毕业生。

招生来源:计划外招生。

办学层次:本科层次。

学制规定:一年。

学习方式:全日制脱产学习。

学习地点:中国广东技术师范学院。

专业设置:教育管理与发展。

学位授予:学士学位。

学位颁发机构:英国哈德斯费尔德大学。

一、培养目标

该项目培养具有教育职业知识、技能和责任感,了解国际教育与发展的趋势,能够对中国教育中的实际问题进行分析和处理的人才。具体要求有(1)素质要求:具备浓厚教育兴趣、良好工作责任感、自我学习与自我发展意识、积极主动参与精神、良好团队合作意识。(2)知识要求:了解把握国际上通行的教育学、教育管理知识及英语教学的基本规律、基本理念、专业术语和词汇。(3)能力要求:从事教育职业研究的计划与组织能力;使用口头英语和书面英语表达理念的能力;从纷繁信息源中筛选获取有效信息的能力,以及在论文写作中正确使用文献的能力;对相关的教育研究文本采取批判眼光的能力;对实际工作中的建议进行合逻辑的辨认判断能力;将自己学习获得的理念运用到中国教育具体实际的能力。

该项目主要为教育机构或其他社会机构培养教师、培训师或管理人员,同时,学生毕业后也可从事翻译、文秘、新闻等工作,也可免雅思考试直接赴英国或英联邦国家的大学攻读硕士。

二、培养过程

(一)课程体系

该课程由六个模块构成,共120个学分。这六个模块分别是教育调查、课程研究、教学技能、教育机构的组织与管理、人力资源发展(或第二语言发展、双语教学)、发展研究。

1. 教育调查:10个学分。该模块主要介绍社会科学尤其是教育学的调查方法,为后续的"发展研究"模块奠定基础。

2. 课程研究:20个学分。该模块介绍课程设计、课程编排,以及课程管理的理论关系。它汇集了来自学习理论、教育社会学,特别是教育哲学方面的有关理念,并被放到教育实际状况中加以具体运用。

3. 教学技能:20个学分。该模块将发展实际的教学技能,包含了各种学习理论的研究,重点则放在如何提高教学效果以及如何促进教学互动的能动的教学方法。

4. 教育机构组织与管理:20个学分。该模块研究如何为教育机构的组织与管理确立原则,包含了历史影响、组织构架、职员发展、管理功能、有效领导等一系列问题。

5. 双语教学:20个学分。该模块介绍为什么以及怎么样用外语进行教学,理解用外语进行学习活动的一般原则,重点放在用外语讲授课程的自信心发展和竞争能力发展上。

6. 第二语言发展与学习原则:20个学分。该模块介绍第二语言学习的种种原则以及如何在课堂上发展这种技能,同时也关注英语作为一种国际语言的发展和演进。

7. 人力资源发展:20个学分。该模块介绍一个国家或一个企业的人力资源发展的方方面面,研究如何对培训需求进行分析、如何对培训效果进行评估。

8. 发展研究:30个学分。该模块在课程的后期进行,要求学生利用本课程各模块中所学到的知识,结合在中国具体工作中发现或遇到的某个问题进行深度的研究。该研究要求学生独立完成,而导师仅提供帮助。

(二)师资队伍

师资全部来自英国大学。这些教师都是符合英国大学教师资质,同时又具有多年海外教学经验的老师。

(三)教学模式

该课程的教学采取课堂教学(Tutor led study)、个别辅导(Tutorial)、个人自修(Individual study)的模式进行。

1. 课堂教学:356 课时,包括教师讲授、小组讨论(Group discussion)、公共论坛(Seminar)、模拟演示(Presentation)、节目表演(Role play),以充分调动学生的注意力和参与的兴趣。

2. 个别辅导:461 课时,教师对学生进行"一对一"的教学辅导,目的在于了解学生的具体问题,根据不同学生的不同学习习惯,有针对性地传授知识和技能。学生对这种方式非常认可。

3. 个人自修:712 课时,根据所布置作业(论文或报告),让学生利用大量的阅读和思考巩固和完善自己的知识和技能。

(四)教学模式特色

1. 原汁原味的教学:地道的英国大学教师、英国大学教学资料、纯正英语授课、英国教学模式。

2. 教与学的互动:通过各种形式,充分激发每个学生的学习兴趣,调动每个学生的主动参与性。

3. 知识与能力并重:在该项目教学过程中,知识讲解只是一个方面,能力培养才是关键所在。或者说,知识讲解只是培养的借助手段之一,能力培养才是培养的最终目的。

4. 教学手段的多样:每个模块都是由知识介绍、小组讨论、小型论坛、模拟课堂、案例调查与分析等组成。

三、培养制度

(一)专业设置

开设教育与人力资源专业,包括人力资源管理、双语教学(含教育管理)和应用英语(含教育管理)三个方向。

(二)招生和录取

招生对象:已经在中国取得国家认可的三年制大专及以上学历(以往所学专业不限),有志从事教育和人力资源开发与培训职业,并有一定英语基础(原则要求是雅思 6.0 或托福 600 分,英语过六级者优先录取)的人士。招生对性别、年龄、地域等不设限制。

录取方式:英国考官来中国对报名的学生进行笔试和口试,笔试以测试学生的英语语言水平为主,口试以考察学生的英语交流能力以及对教育的理解为主。考官根据学生的笔试和口试的综合成绩择优录取。

(三)管理制度

1. 机构组织管理

首先,成立以中方为主英方参与的"合作项目管理委员会",主要是由双方的管理人员构成,中方主管校长担任委员会的主任。根据《中外合作办学条例》基本精神,"合作项目管理委员会"负责对合作项目实施全程监控。

其次,设立"课程管理委员会"、"学生班会"、"导师辅导制"、"课程负责人"、"课程秘书"等机构或岗位对项目实施全面管理。

(1)课程管理委员会:由英国大学教育与发展学院院长、国际教育处负责人、课程(项目)负责人、全体任课教师、中方合作管理人员、学生代表等共同组成。职责是确保课程计划符合学生的实际需求,确保课程符合英国大学的质量标准。委员会一年召开两次会议,主要讨论课程内容、检查课程实施、讨论学生意见与建议、提出改进的反馈意见。

(2)学生班会:每个模块期间都要召集一次(一年六次)以班为单位全体学生和任课教师一同参加的会议,主要讨论项目实施中所出现的与教育教学相关的各种问题,解答学生的困惑,促进任课教师与学生的交流沟通。

(3)导师辅导制:每个模块的教师同时又是学生的导师,要求导师定期与学生或面对面地交谈或通过电话、电子邮件等通讯方式,解答学生所提出的学术问题以及与教育教学相关的任何问题。

(4)课程负责人:由英国大学指定,主要负责课程的总体协调,要求通过面对面的交谈或电话、电子邮件等通讯方式与学生、教师随时沟通和交流,随时解答学生和教师的问题,协调解决项目实施中出现的各种情况。

(5)课程秘书:由中方派出,负责课程的具体事务协助,协助英方课程负责人以及模块教师在中国国内实施和开展教学工作,包括讲义印发、作业收交、事件通知、信息传递、考勤记录、图书管理等。

2. 质量管理

(1)管理标准:符合《英国国家质量保障机构 QAA》的标准。

(2)学术标准:由英国大学学术委员会制定。

(3)课程质量:参照《英国哈德斯费尔德大学课程进程质量保证手册》。

（4）学生考核标准：参照《英国哈德斯费尔德大学考核考试条例》。

（5）论文写作标准：采用哈佛标准。

（6）年度评估：每年一次，由英国哈德斯费尔德大学评议委员会组织该校内外专家具体实施，主要检查项目整体质量，采取组织教师与学生代表座谈、检查教学文件、检查学生论文、与中方管理人员座谈等方法进行整体性评估。在评估中特别重视学生的反馈意见，在每个模块结束时都要求学生填写"模块评价问卷调查表"，整个课程结束时要求学生填写"课程评价问卷调查表"。这些调查表成为大学评价课程质量的重要信息依据。在2005、2006两年的评估中该合作项目都以管理符合规范、质量得到保证而受到积极肯定。

（四）教学制度

1. 教学时间安排：1529学时／年。其中课堂授课356课时，约占计划学时的23%；个别辅导461课时，约占计划学时的30%；个人自修712课时，约占计划学时的46%。

2. 教学内容安排：包含教育调查、课程研究、教学技能、教育机构的组织与管理、人力资源发展（或第二语言发展、双语教学）、发展研究六个模块。

3. 教学组织安排：各模块依次集中安排时间进行。课堂教学（Tutor led study）和个别辅导（Tutorial）共需三个星期，个人自修（Individual study）也需三个星期。

4. 教学原则：突出以学生为中心，强调启发式和互动式教学，采取多种形式以发挥和调动每个学生的主动性和参与性。

四、培养评价

（一）评价制度

该课程的评价不是依赖于整个课程结束时的一次性考试，而是依赖于六个模块各自结束时递交的小论文（或书面报告）以及每个模块中的模拟实践的评价。如"教育调查"要求完成一篇2500字的研究报告。"课程研究"要求完成一篇在公共论坛上所做的1000字的演讲报告，并提交一篇4000字的论文。"教学技能"要求完成备课文件夹一套，再完成一篇2500字论文。"教育机构组织与管理"要求完成一篇2000字的调查报告，再完成一篇3000字论文。"双语教学"要求完成一节课的课堂设计方案，并进行15分钟的模拟试讲,再完成一篇 3000 字报告。"人力资源发展"要求完成一篇 5000 字论文。"发展研究"要求独立完成一篇 7500—9000 字的论文。

(二)评价方法和步骤

评价方法主要有两种:一是根据平时课堂教学中学生在讨论、模拟、演讲中的表现给出成绩(占 15%—20%);二是对学生提交的书面报告或书面论文进行评定给出成绩(占 80%—85%)。

书面报告或论文评定的步骤是:学生在规定的时间上交报告或论文初稿——任课导师进行初评提出修改建议和意见——报告或论文返还学生进行修改并在规定时间上交定稿——任课老师进行成绩评定——校外考官对报告或论文进行质量检测把关——将学生总体成绩报该校学术委员会裁决是否给予学生学位。

(三)评价原则

公开原则:学生开学后就可立即获得一本《学生手册》,其中考核的办法、考核的时间、考核的总体要求和详尽要求、老师评分的标准,等等,都被交代得清清楚楚。

公平原则:学生对老师的评分标准如有疑问,可先向老师进行申辩,最后直至向该校学术委员会申辩。对于学生的申辩,老师和校学术委员会都要作出明确的书面答复。

公正原则:每个学生的报告或论文必须独立完成,而且所引用文献必须符合文献引用标准,否则不能得到成绩和学分,也就不能毕业。

(四)评价体系

分"平时表现"与"报告/论文写作"两个部分。平时表现主要是评定学生在课堂教学过程中如小组讨论、模拟演讲、POP 制作、表演展示等活动的主动参与程度和质量。报告/论文写作主要评定学生的研究理念、研究方法、逻辑表达、语言能力、文献引用等。

第三节　广东技术师范学院中英合作办学
项目人才培养模式的特点

广东技术师范学院中英合作办学项目从 2004 年到 2010 年已经实施了 7

年,先后招收和培养6届学生,总的来说,该合作项目取得了显著效益,也显示出自身的特点。

第一,引进了国外优质教育资源。哈德斯费尔德大学历史悠久、积淀厚实,其教育专业在整个英国大学里面知名度较高,尤其是在英国东部大学里更是名列前茅,这样的优质教育资源,是人才培养质量的一个保证。2004年和2005两年中该项目共招收和培养学生144人,顺利取得学位的125人,占总数的87%。

第二,契合了市场对教育人才的需求。由于该项目培养的学生具有国际教育管理理念和良好的英语交际能力,从而具备了较为明显的就业竞争力,一些人甚至被花旗银行、渣打银行、箭牌公司等国际知名企业以及南方电视台、南方航空公司等大型国有企业正式录用。2004、2005两届毕业生整体就业率达到了95%,其中继续到国外攻读硕士的11人,在教育行业工作的28人,在国内企业就业的62人,在外资企业就业的28人。

第三,促进了高等教育课程的国际化。该合作项目一是为那些无法出国留学的学生提供了接受国际教育课程的机会,二是可以带动我国高等教育课程的国际化发展。比如,"以学生为中心"的理念、注重学生学习主动性、强调学生技能的培养等,都可以启迪国内高等教育从业者的思考。

第四,推动了中西文化交流。(1)教师、教材、教育理念、教学方法全部来自英国大学,地道的英国高校教师、英国高等教育教材、英国高等教育理念、英国大学的教学方法,等等,使中国学生不出国就可以亲身感受英国的语言和文化。(2)在整个项目合作期间,中英两国教师以及管理者保持着高度密切的联系,大家常在一起开会交流、在互联网上往来通信,这大大推动了两国教师间的教育交流与合作。(3)定期组织英国教师在省内参观游览,让他们不断加深对中国自然山水风光、中国风俗人情、中国改革开放成就的认识和了解。不少英国教师都是第一次来中国,通过参观游览,他们表示感受到了中国的可爱和中国人民的友善与热情。

广东技术师范学院中英合作办学项目的发展过程,也是一个不断遇到问题和解决问题的过程。

第一,图书和资料信息不断增加。主要是英文原版图书在国内买不到,从国外带来又受限制,所以还不能满足学生的需求。同时,运用网络查找相关资料也因技术原因而受到限制。针对这一问题,项目组一是积极要求英国 HUD 大学尽量从英国购置一些原版书籍和资料带到中国,以不断满足学生的学习需要;二是在中国本土购置部分中文版的书籍和资料,作为学生学习时的参考。据统计,该项目专用的图书资料拥有量不断增加,目前仅英文原版图书就达到了 1000 多册。

英文原版图书的不断增加有力地丰富了学生的学习资源。原来学生查阅英文原版资料要预约登记排队,而且借阅时间被限制在一个较短的时间内,甚至有些资料被限定在阅览室阅读。现在学生查阅英文原版资料再也不用预约登记,借阅时间也大大延长,所有图书基本上都可以借出。学生普遍反映,现在的论文写作可以查阅的资料多了、对资料的检视更从容了。同时,学生也更期望尽早用上视频课室,可以更为便利地与课程教师进行直接地沟通和交流。

第二,学生与教师的交流日益通畅。由于每次模块教学(持续三个星期)后英国教师就返回英国,学生与老师的联系全靠电子邮件,学生感到与教师的交流没有面对面的方式更为直接和方便,效果不理想。项目组为了解决这一问题,一是建立国际间视频会议室,由广东技术师范学院投资建成的视频会议室已于 2008 年 4 月正式投入使用;二是建立国际间视频教室,目前这项工作已于 2008 年年底完成并投入使用。

第三,学生的主动参与意识增强。我国的教育模式与西方发达国家的教育模式差异甚大,部分学生在与教师互动中缺乏勇气和主动性,而在自修过程中又表现出自我约束能力不强、自主学习意识不够等缺陷。因此,项目组强调加强学生的自主学习意识。一是在学生入学前对他们实施必要的入门辅导,将英国高等教育的注重自主学习的特点详细告知学生;二是在学生入学前组织往届优秀毕业生用现身经历和体会对新生进行引导;三是在学生入学后通过建立自律委员会以及班主任等措施,促使学生对日常学习进行自我管理和自我督促。

正是由于加强学生的自主学习意识的培养和引导,该项目历年来学生的毕业通过率一直在稳步提升。对全部结束的三届(2004 级、2005 级、2006 级)学生毕业率进行的统计数字显示:2004 级毕业率是 90.5% ,2005 级毕业率是 91.4% ,2006 级毕业率是 83% 。对全部结束的四届学生初次毕业率(按英国大学规定,学生完成学业后一年内可以得到三次毕业学位的申请机会,所谓的初次毕业率是第一批就顺利通过毕业审核）进行的统计数字显示：2004 级是 60%，2005 级是 67%，2006 级是 69%，2007 级则是 73.1%。

第四，项目对中国的教师的影响越来越大。中外合作办学的根本目的是引进国外优质教育资源以推动中国教师对国内教育发展作出相应的探索和思考。但由于这个项目是"原汁原味"的英国教育，即教师全部都是由英国 HUD 大学直接从英国本土派遣，中国教育专业的教师就很少能直接感受到英国的教育特点和特色并对中国本土的课程改革进行借鉴性的思考与探索。因此，项目也在加强与中国教师的交流和扩大其影响方面作出了努力：一是建立英国教师在广东技术师范学院的"系列教育讲座"，广东技术师范学院的相关专业教师与研究生参与讲座，并与英国教师展开对话；二是组织力量对该合作项目进行总结梳理，以期对中国的大学教育改革起到借鉴和探索的作用。

通过对该合作项目的总结和论文推广，以及敦请英国教师在广师举办系列教育教学报告等活动，有力地推动了广东技术师范学院教师特别是青年教师的教学改革积极性。从 2006 年开始，广东技术师范学院每年都举办一次"中青年教师双语教学大赛"和"中青年教师课堂教学观摩比赛"活动。自觉进行课堂教学改革和课堂教学探索已经形成广东技术师范学院广大中青年教师的风气。

第十三章 华南师范大学 RMIT"1+2"商务本科项目人才培养模式

第一节 华南师范大学 RMIT"1+2"商务本科项目的背景

随着形势的发展,越来越多的高校希望引进中外合作办学项目,以引进促发展,学习世界高水平大学先进的办学理念、管理体制和办学模式,以达到提高人才培养质量的目的。RMIT"1+2"商务本科项目是经广东省教育厅批准,2001年年底由华南师范大学与澳大利亚皇家墨尔本理工大学(简称 RMIT 大学)联合创办的。该班由澳大利亚皇家墨尔本理工大学提供教材、在线学习资源和资深教师,实行全英文授课。华南师范大学是 RMIT 大学在广东省的唯一合作伙伴。这种"1+2"全新的中澳合作办学模式,无任何中介环节,学生在出国留学前就在全英文环境中接受系统、正规的学习,当他们走出国门后就能较快适应国外的学习和生活。

华南师范大学是一所哲学、经济学、法学、教育学、文学、历史学、理学、工学、管理学等学科齐全的省属重点大学,是广东省属高校中唯一的国家"211工程"重点建设大学。华南师范大学南海校区(学院)是经广东省人民政府批准,由华南师范大学与佛山市南海区(原南海市)政府共同创办的华南师范大学新校区,学生的毕业证书及相应学位证书由华南师范大学颁发。南海校区(学院)创办于2000年,其创办实现了名校优势与经济强区的强强联合,优势互补,是高校与地方政府合作办学的成果。

南海校区(学院)现设27个专业,其中有14个本科专业,13个专科专业。今后计划通过华南师范大学本部的支持,设置部分研究生专业。2004年校区(学院)的毕业生以良好的综合素质和实践能力走出校门,受到社会的普遍欢迎。

华南师范大学南海校区(学院)非常重视与国外大学开展合作交流及办学项目,创办 10 年以来,一直在努力探索与国外著名大学的联合办学与学术交流,充分利用国外的优质教育资源,积极推进办学国际化,与美国、加拿大、法国开展教师与学生互换项目,并成功启动英国阿伯丁大学"2+2"本科班,并在此基础上开办了国际财务管理专业特色班。

为了配合华南师范大学南海学院(校区)的建设,在系统评估了澳大利亚皇家墨尔本理工大学的办学资质和办学特色后,经广东省教育厅批准,2003年华南师范大学和澳大利亚皇家墨尔本理工大学联合开始在南海校区开办RMIT"1+2"商务本科班。该合作通过"借鸡产蛋"的方式,引进优质教育资源,积极开展交流,促进了新校区的教育、教学及管理水平的提高。至今已输送两百多名学生赴澳留学。同时,建立教师培训和学生实习海外基地,推动中澳教育交流和合作,目前已有 70 多名师生赴澳大利亚学习进修或海外实习。在联合办学项目运作的过程中,中外双方领导高度重视,教师认真负责,学生刻苦勤奋,以 2005 年、2006 年为例,南海校区 RMIT"1+2"商务本科班雅思考试通过率超过 95%。

合作方澳大利亚皇家墨尔本理工大学(RMIT)建校于 1887 年,是澳大利亚最大的多层次综合性大学,是一所城市化、多元文化的大学,是澳大利亚提供课程种类最多的学校,也是一所在世界上具有重要影响的国际化大学。墨尔本理工大学以其高水平的学生、多样化的课程和密切联系地方工商界而闻名。2005 年,墨尔本理工大学居《泰晤士报教育增刊》全球高校排名榜第 55位,2007 年,它被《泰晤士高等教育》评为全球前 200 名的大学。墨尔本理工大学的课程强调课堂学习和商业实践的紧密结合,教师将现代实际的商业知识带进课堂,让学生分享他们在商业社会取得成功的专门技术和经验,以达到学以致用的效果。其先进的教育教学和管理理念,恰恰是中方大学在办学过程中所急需的。

墨尔本理工大学拥有 60000 多名学生(其中包括近 18000 名国际学生),分布在 RMIT 墨尔本校区、维多利亚州校区和越南分校,或者通过在线方式、远程教育和遍布世界各地的合作机构学习。这使得 RMIT 成为澳大利亚最大的高等学府之一。墨尔本理工大学课程设计的基本理念,就是为学生打造全球性的职业通行证,以确保他们具备必要的技能和视野,在世界舞台上展示亮丽的风采。学校不断地根据业界的需求定制、优化课程设置,其课程的高度实用性吸引了大量的学生,因为这种学习模式使学生有大量的机会在实践中学习,并且能很快适应各种工作环境,毕业时成为优秀的职业人。

中澳合作 RMIT"1+2"商务本科项目旨在充分利用中澳双方商务领域办学优势,探索全球经济一体化条件下在国内培养与国际接轨的人才培养模式。根据项目的实际情况,中澳双方签订了有关协议,明确了双方职责与义务,根据相关规定:在合作办学中,华南师范大学南海校区的主要职责是提供教学场地,负责宣传、招生、教务管理、学生管理、协助出国学生办理签证等工作;澳方RMIT 负责课程设置、教材选用、提供外方教师、培训中方教师、协助出国学生的签证办理等工作。

第二节 华南师范大学 RMIT"1+2"商务本科人才培养模式

人才培养模式即人才培养的标准形式(或样式),包括人才培养目标、培养过程、培养制度、培养评价四个方面。该项目由中澳双方高校共同实施,考察其总体情况可以将其人才培养模式称做"移植式",即直接引入澳方的课程体系、教材和考评体系和大部分教师,中方部分教师参与教学和管理。特点在于:(1)直接引进澳方课程体系和管理、评价模式,全英文教学。大部分课程由澳方教师承担,中方教师则在 RMIT 经过学习培训后,回校承担部分课程的教学任务,专业课程教学逐渐以中方教师为主。(2)应用性。强调学生实际商业技能的掌握,关注学生综合能力、创新能力和人际沟通能力的培养。(3)注重教学的过程性。中澳项目的教学过程是不断发展、改革、创新的,教学过程包括教学计划的制订、教材内容的更新、教学方法的运用、测验考核的实施等。

一、培养目标

人才培养目标在培养模式中处于统领全局的地位,决定着课程设置、教材选择、教学方法和管理模式,等等。华南师范大学中澳合作 RMIT"1+2"商务本科项目的目标在于培养具有国际意识,掌握专业技能的商业人才,因而,应用型的人才是培养的核心与关键。该项目通过系统的教学和实践活动着重培养学生三方面的能力:(1)学生在通过本项目的语言学习以后,能够具有扎实的英语语言知识基础和较强的英语听说读写运用能力,可以运用英语进行专业学习和交际沟通。(2)学生通过专业课程的学习,能够掌握国际商务基本理论、基本知识和从事商务贸易、管理等所需要的基本技能。(3)通过课程的学习和教师的指导,学生可以熟悉当前世界商务运作的制度环境、法律环境、文化环境,具有较好人际沟通协调能力和国际商务业务经营能力。

本项目采用全英文的教学语言和环境,学生的英语水平是学习专业技能的基础,而入学时学生的基础是不同的,怎样保证英语成绩稍差的学生也能符合专业教学的要求,学习到实实在在的技能,保证学生能够顺利到国外深造,就需要学校采取措施。因此,学校多方面采取措施,让参与语言培训的学生能在短期内提高英语听说读写能力,毕业生能熟练运用英语交流,以顺利继续接下来的国外专业学习。

二、培养过程

(一)课程体系

根据人才培养目标,该项目在引入阶段就吸取了同类项目的办学经验和教训,制定了相应的培养方案。总体来说该项目共分为两个阶段:第一阶段为英语强化培训。本阶段的目的主要是提高学生的语言水平,为学生的课程学习、与教师交流和出国深造打下坚实的基础。这一阶段学习时间半年到一年不等,根据学生的入学语言水平进行分层次教学。每个课程教学时间为250小时,折合380学时,由拥有教师资格、学士或硕士毕业、TESOL等教师资格证书、三年以上教学经验的资深中外教师任教。语言课程采用分级教学和小班教学,学生入学前参加分班考试,根据考核成绩实施分级教学,每班学生人数一般在10—20人之间。分级教学使得教学目标更加明确,让教师能因材施教。小班教学采用互动性强的交际语言教学法,使学生课堂训练和得到教师辅导的机会更多,同时也可以让教师把握每位学生学习的状况,因材施教。第二阶段主要是一年商务专业基础课程,共34周,开设微观经济学(Microeoconomics)、商业法(Business Environment)、宏观经济学(Macro

Economics)、市场营销(Marketing)、组织行为学(Organizational Behavior)、商业统计学(Business Statistics)、会计学入门(Introduction to Accounting)、计算机系统应用(Applied Computer Systems)8 门课程。由澳方资深大学正式教师和华南师范大学南海学院富有潜力的教师联合授课。

专业课程重视学生创新能力和综合能力的培养,教材使用国外原版教材和教学大纲,主要由 RMIT 委派正式资深澳方教师和曾到澳大利亚接受过教学法和专业培训的中方教师采用外语(英语)授课,借鉴其教学大纲、课程计划,采用国外互动和启发式教学方法。教学过程中,引导学生培养良好的学习方法,掌握文献检索、资料查询、互联网学习等独立获取知识的能力,培养国际化人才。当然,专业课采用双语上课在一定程度上可以更加完善学生的语言能力,达到专业术语灵活运用的程度。

(二)师资队伍

教师是教学中的关键要素,培养国际化的学生首先要培养国际化的教师。该项目采用的是外籍教师与本土教师相结合的方式,而澳方教师具有很大的流动性,因此,从长远来看,利用本次合作办学的契机,使本土教师把握国外课程的内容,掌握其教学方式、教学技能以胜任教学的需要,是解决师资问题的关键。

为了提高本土教师的水平,在项目实施过程中中澳双方还专门对此问题进行了探讨,形成了较为科学合理的教师培训与交流制度。在教学中中外教师的结对教学有利于中方教师提高水平,近距离的接触使得中方教师在教学方法、文化理解等方面都有很大的提高。在教师的培训上,根据双方有关规定,语言培训的教师和专业课的老师都由华南师范大学南海学院选拔,RMIT需要每年拨一定的培训经费为中方教师提供课程培训。语言培训的教师主要在 RMIT 环球英语语言中心参加教学法的培训,专业课的教师在 RMIT 商学院参加专业课程的学习和培训。经过一段时间以后,受训教师要在澳方老师的指导下上一节课,在实践中检验自己的水平,达到双方要求以后方可具备教课的资格。另外,每年 RMIT 环球英语语言中心的负责人会到南海学院进行质量评估,对于发现的问题进行及时纠正,同时还有一些国外资深教师到南海学院开展讲座,为全体语言教师提供教学方法的指导,让教师的教学水平能够得到切实的提高。

三、培养制度

实行弹性学制,基本学制为一年,成绩合格者,可出国继续学习。为了保证人才的培养质量,华南师范大学 RMIT"1+2"商务本科项目实行双文凭和两段式相结合的人才培养方式。

所谓双文凭,就是在教学中全面引进澳大利亚专科文凭课程,在华南师范大学南海校区实施教学和人才培养。华南师范大学认可其大专课程学分,按规定修满学分者,华南师范大学南海校区专科学籍学生能同时获取中澳双方的专科文凭,这就增加了项目的吸引力,在一定程度上增加学生学习的积极性。

所谓两段式,即"1+2"的培养方式。学生在国内一年的专业学习,可相当于国外 RMIT 本科第一年的学习,在国内学习满一年以后,可以赴澳继续修读两年,学满毕业获得相应的学分以后,即可获得澳方 RMIT 本科学士学位。通过国内一年学习,学生能够为出国深造打下坚实的基础,在文化、课程等方面也有很好的过渡,同时节省了一定的留学费用。

四、培养评价

培养评价对人才的质量具有重要作用。中澳合作办学重视评价制度,强调教学的过程管理,办学过程包括教学计划的制订、教材内容的更新、教学方法的运用、测验考核的实施等都通过中外双方直接参与管理。教学中严把质量"出口"关,即考核评价关,采用一次小考、一次小组作业和一次期末考试这种形成性评价与终结性评价相结合的评价模式。

第三节　华南师范大学 RMIT"1+2"商务本科人才培养模式的特点

项目引进以后,华南师范大学本着打造精品项目的决心,始终关注项目的成长,2007 年上半年南海学院组织人员对项目进行了调查研究,发现还有一些问题需要不断优化,如怎样更加科学合理地保证英语水平较差学生的学习质量,怎样培养适应国际化发展的应用型人才,怎样借此机会实现我方教师的国际化,怎样改变传统的考核制度,实现中澳评价制度的有机结合等。通过

10 年来的努力,华南师范大学中澳合作 RMIT"1+2"商务本科项目达到了预期的目标,取得了显著的成果,也形成了自身的特色。

第一,强化英语语言培训。为了提高学生的语言能力,南海学院从技术设备到教学方式都进行了一定程度的调整。RMIT 环球英语语言中心有多年的办学历史,在长期的发展中积累了丰富的经验,为了提高学生的英语语言能力,使学生分级教学更具有科学性,中澳"1+2"合作办学项目引进了该中心开发的分级课程体系。入学考试采用牛津大学英语水平智能测试系统(Oxford Quick Placement Test)开展上机考试并采用 RMIT 环球英语语言中心的写作和口语试题进行测试,学生根据成绩被安排在不同语言级别的培训班,这样可以保证水平较高的学生能够加快学习进度,也可以保证对水平较差的学生作针对性的辅导。课程设置具有弹性并具备人性化,每个课程的教学时间为 250小时,折合 380 学时。每个班配备一名中方老师和一名外方老师,中外教师结对教学(Co-teaching),这种方式能使教师之间相互交流,取长补短,从不同的教学重难点上对学生的英语能力进行强化培训。教学采用 REW 的分级教材开展针对性培训,关注学生听说读写能力的综合发展。与此同时,从澳方引进的语言自主学习中心(Self Access Center)定期更新 RMIT 提供的语言学习材料,中心的外教除了对学生的自主学习进行辅导外,还定期为学生开办关于语言学习或者西方社会文化的专题讨论会,使学生在学习到西方文化知识的同时提高语言能力,增强了学生学习的兴趣。

通过改革探索新的语言学习方式,学生的的语言能力有了很大的提高,并且对语言的学习兴趣逐步提升。从学生最终的反馈情况来看,在学习中,学生与教师的交流机会更多,对语言和商务知识的掌握更加扎实,学风良好,上课迟到现象比较少,下午教室自习报到率比较高,作业上交率达 100%。从考核考试情况看,语言课程考试通过率约 85%—95%,学生参加国际的雅思考试 5分通过率为 92%,专业课程(全英文)通过率也达到 95% 以上,学生人数从2003 年开办时的 23 位增加到今年的近 200 位,这些成绩的取得都与良好的改革是分不开的。

第二,实施教师培训与交流制度,建设了一支高水平、高质量的教师队伍。早期合作办学采取以 RMIT 外派老师授课为主,中方老师辅助教学的师资结构,这就造成了项目进行中澳方教师流动性大,不利于学生系统培养的问题。

改革以来,华南师范大学南海校区选派年轻教师做助教,并赴合作院校进修相关课程,学成回国后与外方教师联合执教,用英语教学,从而培养了一批能用外语开设教授专业课的教师队伍。随着中方教师海外培训及在职培训的开展,本土教师对于外方教学方法、课程特点、办学模式、文化背景等各方面有了比较深刻的了解,因此师资结构逐步从中外教师合作授课过渡到中方老师独立授课。在 2007 年 12 月和 2008 年 5 月的两次 RMIT 教学评估中,中方老师的授课水平已经得到认可,目前专业课程已经完全由有经验的中方老师授课,根据上学期期末教学评估,对教师的教学满意度达到 85% 以上。通过本项目,南海学院培养了一批教学水平较高、质量过硬的语言和专业教师,达到了中外合作办学的基本目的。

第三,保证专业课程的质量,注重应用型人才的培养。华师南海校区与澳大利亚知名大学合作办学的模式最大优势在于使学生在出国前就能接受系统、正规的语言及专业课程学习,当学生走出国门时,能够以最快速度适应国外的学习和生活。RMIT 大学商学院项目主管 Theresa Lyford 女士表示,经济全球化的背景下,更要求学校要培养出具有全球化视野和创造性思维的新一代人才,跨国教育的模式,对培养年轻人的博识广闻很有帮助,RMIT 大学所提供都是如会计、商务管理等很有实用性的课程,因此,中澳联合办学项目培养出来的学生,都受到了中国和澳大利亚许多企业的欢迎。

专业课是课程体系的核心,中澳“1+2”合作办学项目第二阶段的学习为一年的商务专业基础课程,教学由讲座(Lecture)和小班辅导(Tutorial)组成。讲座内容围绕本专业发展的重点和热点内容,关注世界商业发展最新动态,具有实用性的特点。小班教学可以使教师了解每一个学生的水平和特点,学生也有更多的机会与教师进行面对面的交流,便于对所学知识的理解和操练。教学中采用双语授课,教材使用国外原版教材,考试试卷也是用全英文答题。

技术和继续教育学院(Technical and Further Education,TAFE)是由联邦政府和各个州政府共同投资兴建并进行管理的庞大教育系统,是澳大利亚教育的重要组成部分,距今已有 100 年的历史。现今澳大利亚的 TAFE 体系已成为全球最为成功的并具有鲜明特色的职业教育体系之一,这种体系在世界上被广泛运用,积累了丰富的本土化经验,为世界培养了众多的应用人才。为了提高学生应用能力,南海学院在与 RMIT 商学院合作中直接将技术与继续教育(TAFE)应用型人才的培养模式引进来,在专业设置和课程内容上,紧跟市场需求,体现时代气息和最新的技术要求,以实用技能和专业训练为教学重点,从教学上关注国际商科热点问题的探讨,通过案例实施教学提高学生的批判思维和应用能力。另外,借鉴澳方教学经验,部分课程教师在分析课程特点的基础上组织学生到企业、工厂进行参观实习,在实际操作中给予学生一定的指导,学生参观之后还需要进行总结,提交一定的实习报告。这种理论与实践结合的办法,对于提高学生的动手能力,增进学生对知识的理解和应用分析能力具有重要作用。

中澳合作RMIT"1+2"商务本科项目还建立了交换生制度,在南海学院学习的学生有机会被分派到国外进行实地学习和交流,开阔眼界,为学生的进一步深造打下基础。

通过校内专业课程和校外实习相结合的方式,学生不仅系统学习了丰厚的理论知识,更为重要的是开阔了眼界,掌握了国际商业活动所需要的技能,学习到了实在的本领。从学校层面来说,通过整改,学校对于提高合作办学水平进行了有益的探索,从课程内容到教师授课方式,从学生学习手段到评价考核制度都具有了系统的制度保障,取得了较好的效果。随着改革的深入及条件的成熟,下一阶段项目改革的方向是不断完善、深化成果,继续提高。华南师范大学中澳合作商务本科项目将实行"1+2"、"1+1+1"、"2+1"等多样化的培养模式。

第四,教学评价制度的系统化和合理化。评价制度是教学制度的重要环节,良好的评价制度能促进和保障教育教学水平的提高。为了保证教学质量,提高学生的英语水平,南海学院通过改革对原有的评价制度进行丰富化。在英语强化培训课测评方式上,每五周一次期中考试(MCA),每十周一次期末考试(EOC),考试分为听、说、读、写四科,考试标准严格,任何一科没有达到及格要求,学生都不能升入下一级别。在专业课程上,对于学生成绩的评定主要通过案例分析、论文报告、调查报告、操作、开卷考试、闭卷考试等形式,作业和考试由中方教师批改,试卷寄到澳大利亚进行质量评审,通过后最终给定成绩。只有学习表现和学习成绩均合格,获得全部学分,学生方能进入国外进行更高层次的深造。

第五,重视跨文化交流和国际理解。以本项目为依托,南海学院加快了国际化步伐。通过院校互访、开设讲座、合作校来南海学院教学指导和评估、交换生项目、中外籍教师合作授课等几个方面活动，在频繁的中外方教学、管理人员的接触、理念的碰撞中，中澳双方逐步达成了相互的理解和认可，增进了互信。这对于促进南海学院的国际交流，建设教书育人的国际化环境大有益处。

第十四章 广东农工商职业技术学院
BTEC 人才培养模式

第一节 广东农工商职业技术学院 BTEC 项目的背景

广东农工商职业技术学院(以下简称农工商学院)BTEC 项目的引进实施与研究已有 7 年的历史。它的引进,是广东省高等职业教育改革大环境下的产物。

一、我国高等职业教育需要积极探索与国际接轨的教育途径

从深层次讲,我国的高等职业教育也亟须探索与国际接轨的教育途径。较长一段时期,我国高等职业教育停留在"应试教育"、"传承式教育"层面:在教学内容上,过于侧重理论知识;在教材使用上,内容普遍陈旧,而且变化少、灵活性小,学生的知识被局限于教科书内;在教学方式方法上,仍然主要采用传授和灌输,对学生职业能力的养成作用不大;在考核上,讲求标准统一,学生只是靠死记硬背书本和教师讲授的内容获得零散的知识性评价;在人才素质的培养上,侧重记忆能力的开发,培养的是接受前人知识结晶的人,忽视了其他能力的开发,尤其像适应能力、创新能力、思维能力、分析能力、沟通能力、学习能力等。在我国的就业市场上,高职教育毕业生普遍处于较为尴尬的境地。在理论上,高职教育学生不如本科生扎实深厚;在技能上,高职教育学生又不如技工学校的学生熟练,最终导致他们在就业中"高不成低不就"的现象。要扭转这种局面,必须加大对高职教育教学改革的力度,重点强化学生职业能力的培养。因而,通过引进国外先进教育模式,吸取国外优质的教育资源及有益成分,并以此为契机,进而形成课程体系、教学内容、教学方法、考评方式等全方位的改革与创新,将有利于高职教育摸索出一条新路。

在探索中,我国相继引进了德国的双元制、国际劳工组织开发的 MES、北美的 CBE、澳大利亚的 TAFE 等模式以及联合国教科文组织倡导的国际 TVET 的就业导向观点。这引发了我国 20 世纪 90 年代职教课程改革的热潮。每种课程模式的产生,都有其相应的经济基础和人文背景。例如,在德国很适用的双元制核心阶梯式课程,由于国情和人文背景等方面的区别,在我国难以大面积推广;MES 课程模式,比较适用于职业培训。国外的种种职业教育模式均难以原封照搬。面对我国加入 WTO 对国际型人才需求增加的需要、教育必须与国际接轨的必然趋势、形成鲜明特色的高职教育模式、增强同学的就业竞争力和培养大批双语授课的教师队伍的客观要求,广东农工商职业技术学院近些年来一直在积极寻找适合于我国高等职业教育的教育模式。

二、"以学生为中心"教育思想需要具体的平台落实

2000 年,广东省教育厅与英国教育文化委员会进行了合作与交流,成立了广东省中英职业教育合作项目指导小组。初期,指导小组主要是选派职业院校专业教师到英国学习、观摩,重点借鉴"以学生为中心"的教育思想和教学方法,推动全省职业院校教学改革。指导小组回国后,将具有国际先进水平的教育理念——"以学生为中心"的教育思想,在全省职业院校中进行了大力的推介。

但是,在深入推介过程中,农工商学院发现,仅处于理念层面的"以学生为中心"的教育思想由于缺少承载该理念的载体,因而,无法在该理念的指导下创新我国高职教育人才的培养模式。

随着合作与交流的深入,指导小组发现英国爱德思国家职业学历及学术考试机构开设的 BTEC 课程,是一个"以学生为中心"的教育典范和承载"以学生为中心"教育理念的实践平台,从教育理念到职业资格证书、课程体系、教学内容、教学方法、考评方式等,都有学习与借鉴的积极意义,且兼顾了职业性(职业岗位能力培养)与学术性(综合素质能力培养)的统一。

三、合作双方情况介绍

2002 年 5 月,农工商学院与英国爱德思国家职业学历及学术考试机构联合举办了"BTEC 教育项目"。同年 9 月,该项目被确立为广东省中英职业教

育合作项目(见粤教高[2002]120号)。项目以中英职业教育合作项目指导成员为骨干,广东技术师范学院、顺德职业技术学院、番禺职业技术学院、广东轻工职业技术学院、广东水利水电职业技术学院、白云职业技术学院(以下简称白云职院)、广州大学、农工商学院等10所院校直接参与,通过省内院校的联合,最终起到辐射华南乃至全国的作用,使引进与借鉴国外先进教育模式、推动高职教育教学改革工作进入了实质性的发展阶段。

广东农工商职业技术学院前身为创办于1952年的广东农垦机务学校,1984年开始举办大专学历教育,2000年转制为职业技术学院。目前,有全日制在校生16229人。广东农工商职业技术学院是一所培养高级技能、应用型人才,以商务管理类为主、农工商并举的省属公办全日制普通高校。广东农工商职业技术学院设立商务系、财经系、计算机科学系、电子与信息工程系、热作与管理工程系、人文艺术系、外语系、BTEC教育中心和继续教育部。学院有专任教师600多人,高职称教师占专任教师的30%,具有"双师"素质教师占71%。40岁以下的青年教师具有研究生学历或硕士以上学位的占专任教师总数的39.8%。①

广东农工商职业技术学院广泛开展对外交流及合作办学,与德国 F+U 培训中心的合作为学生赴德实习创造了良好条件,几年来已派出近10批师生前往德国培训学习。此外,与英国、美国、加拿大、马来西亚、新加坡等国家及中国香港、台湾地区的大学和教育机构均有不同程度的合作。学院与英国爱德思国家职业学历与学术考试机构合作举办的 BTEC 教育项目,是广东省在高职院校中引进英国职业资格证书制度的试点项目,从2004年秋季开始已纳入全省统一招生。英方评估确认该项目是目前中国境内办得最好的 BTEC 示范性教育机构。

BTEC 为英国商业与技术教育委员会的简称,于1986年由 BEC(商业教育委员会)和 TEC(工艺技术教育委员会)合并而成。1996年,BTEC 又与伦敦考试与评估委员会(ULEAC)合并。伦敦考试与评估委员会的历史可以追溯到1838年,具有160多年的历史,它与剑桥、牛津并列为英国三大考试与评估机构。BTEC 与伦敦考试与评估委员会合并之后,成为了英国最大的考试

① 参见 http://www.gdaib.edu.cn/aib.asp? msgtype=xyjj。

认证机构——英国爱德思国家学历及职业资格考试委员会(Edexcel)。全球很多高等教育机构和雇主都认可 BTEC 的课程和 Edexcel 的资格证书,有一百多个国家在运行 BTEC 课程。

BTEC 教育,首要的是使学生获得一种有利于他们职业发展的教育,着力于提高学生的职业技能。同时,BTEC 课程将英国的学术传统和现实工作中所需的主要技能的开发和评估结合在一起,在设计上讲求学术性与操作性的统一。从学术角度来看,BTEC 教育具有较为宽泛的理论要求,这可以很好地开发学生的潜能和提高学生的分析能力;从职业角度来看,它讲求实用的岗位技能,并在促进其职业发展的同时,使学习者获得学习能力,使其理论分析和概念理解的能力、应用解决问题的技巧、进行独立的研究能力、原创能力等,均得到开发。

在英国的教育体系中,包含有普通学历教育(图 14.1,左侧系列)、职业资格证书(图 14.1,右侧 NVQ 系列)和 BTEC。BTEC 位于中间,不仅四通八达,而且是兼有学历文凭与职业资格的证书。

BTEC 既包含了学历文凭,又包含了职业岗位证书,且学员所获得学历文凭同时还包括了资格证书的功能。这一点不仅与我国的单纯学历教育和单纯的岗位资格培训机制有着明显的不同,而且其贯通的学历也与我国相比也有优势。英国的学士学位教育学制为三年,在这三年中,如果前两年学习的是 BTEC,毕业后可获得国家高等教育文凭 HND 而直接就业,也可以续读第三年获得学士学位,再读一年获得硕士学位,或者在通过 HND 后经过三年的实践经验后,读一年获得硕士学位。

第二节　广东农工商职业技术学院 BTEC 项目人才培养模式

BTEC 教育项目内含有多个实用性的专业,其目的在于提高学生的职业技能,使学生获得一种有利于职业发展的教育。广东农工商职业技术学院目前开设了商业、旅游和计算机三个专业。该项目的人才培养模式是移植式应用型人才培养模式,即全面引进合作大学的学位(或文凭)、课程、教材和考试评价,实行 BTEC 教学。该模式的特点在于:(1)移植 BTEC 课程、文凭考试及

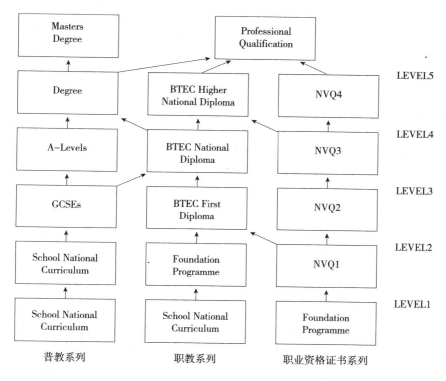

图 14.1　英国教育体系

资料来源:杨群祥、贾剑方等:《广东农工商职业技术学院 BTEC 教育模式的引进实践研究问题报告》,2005 年 8 月。

教学模式,培养过程由中方按照 BTEC 的要求和标准来组织和实施。严格来说,这是一个英国课程体系和文凭资格考试在中国高等职业教育中的应用。(2)应用性。以能力为本位的非学科化培养方式,强调培养学生的自我管理和自我发展、与他人合作共事、解决问题等通用能力,以及科技的应用、设计和创新等职业技能。

一、广东农工商职业技术学院 BTEC 项目人才培养模式的基本情况

(一)培养目标

该项目的培养目标是面向未来的人才,侧重学习能力、思维能力、创新能力、适应能力的培养,训练学生拥有个人主见、形成自己知识能力的品格。通

过这些能力的训练,培养出英语应用能力和专业动手能力强、综合素质高、在企业里非常具有竞争力的人才。目前学生的就业方向包括外资企业、事业单位、国营单位、民营企业等,就业单位包括广州壳牌石油化工有限公司、上海通用汽车有限公司、广州日立电梯有限公司、汇丰银行广州分行、深圳华为技术有限公司等著名企业。

(二)培养过程

1. 教学进程与课程编排

学生入学后,分小班编制,通过英语的强化进入专业课的"以汉语为主的双语授课"——"以英语为主的双语授课"——"英语授课不断深入的教学阶段"。第一学期安排英语强化课程和一门专业基础课程,以奠定语言基础并形成合适的学习方式;第二学期安排三门专业基础课程和英语课程;第三、四、五学期各安排四门专业课程;第六学期集中实习。前期加大英语课程,强化英语教学,后期英语课程逐渐减少;前期以基础课程为主,进入第三学期全部为专业课程和部分英语课程。

目前,BTEC实行学年学分制。但学生在条件允许的情况下,可以经过教师的指导选择不同年级开设的课程,完成学分之后可提前毕业。

教学的基本途径是课堂教学、自主学习、实践、交流。自主学习是重要的学习途径,网络、图书、办刊、市场、企业、师生等是主要的学习途径和工具。学生的实习分布在各学期之中,课堂教学结束之后仍安排相对集中的实习活动。

2. 师资队伍

从师资的构成来看,该院的教师主要由五部分组成,包括外籍教师、海外留学归国学者、本院教师、企业界人士、外校教师。主要成分是本院教师。其学历水平均在硕士以上,且或外语水平较高,或具有在企业、国外学习的经历。

所有教师都具有中英双语教授专业课能力,80%以上教师具有海外生活、留学和工作背景,80%以上教师具有企业工作经验,90%以上教师具有双师资格。

(三)培养制度

1. 生源状况

农工商学院BTEC生源来自三个方面:(1)计划内统一招生部分。2004年BTEC与国内专业并轨后,按照3A线实行省内统一招生录取,同时注册英国爱德思 BTEC 的 HND 学籍,毕业获得国内国外双文凭。(2)社会招生部分。招收具有中专/高中以上学历学生,面试入学,毕业获得英国爱德思 HND 文凭。(3)另外有一小部分来自其他院校的在读本科生和专科毕业生。

社会招生的比例一般不超过 10%。由于 BTEC 不强求学生相同的基础,教学所面对的就解决现实中的新问题,所要实现的目标是形成个人对事物的观点看法,所以,基本不存在生源基础参差不齐而影响教学的问题。因而,几种生源的学制均为三年,以三年的时间完成英国两年的 BTEC 课程。

2. 学生与学籍管理

(1)学生管理比照该院国内专业《大学生学籍管理规定》执行。

(2)计划内统一招生部分除注册该院大专学籍外,同时注册英国爱德思 BTEC 的 HND 学籍,获得国内国外双学籍。社会招生部分在入学后注册 BTEC 学籍。BTEC 学籍五年内有效,学生随时可以出国或转到其他中心继续学习,累计学分。

3. 学生对教学、管理、生活等各方面的问题,具有申诉的权利。

(四)培养评价

1. BTEC 对学生学习结果的考核评估不是通过书面考试的方式,而是通过课业来考核。课业可以是书面的,也可以是操作的过程、操作成果、交流等方式。

2. 教师按照评估标准,每门课程为学生设计 3—5 个课业。任课教师布置课业时,需要公开考核标准。考核没有统一的答案,但有统一的标准。

3. 评估员对学生的完成情况进行评定。评估的依据包括学生的课业,还包括学生发言交流、课下交谈等。教师需要提供学生的课业、课堂记录、课下交流记录、学生进步情况等能够反映学生对标准实现情况文字的、音像的、实物的证据。

4. 对教学效果的监控还有内审和外审。内审员由学院内本学科领域的教师组成。其任务是对教师、评估员的教学与评估进行审查。外审员由英国爱德思机构外派。其任务是对学院的办学条件、教学水平、学生学习情况、内审员的工作等进行审查。外审每学期审查一次。

5. 评估的标准。获得 PASS 等级,每门课程有不同的标准,以小企业管理课程为例,如表 14.1 所示。而 Merit 或 Distinction 等级,所有的课程的都有一致的要求。如表 14.2。

表 14.1 "小企业管理"课程的 PASS 等级的考核标准

A. Analyze performance of a small business enterprise	a. Describe the profile of the business b. Review the performance of the business c. Identify strengths and weaknesses of the business
B. Propose changes to improve management and business performance	a. Recommend appropriate actions required to overcome business weaknesses b. Investigate ways in which existing performance could be maintained and strengthened c. Suggest new areas in which the business could be expanded
C. Revise business objectives and plans to incorporate proposed changes	a. Review existing business objectives and plans b. Revise business plans to incorporate appropriate changes c. Prepare action plans to implement changes
D. Implement changes in all areas of the business	a. Assess the impact of changes on the business and associated personnel b. Explain how the implementation of changes will be manages in the business c. Monitor improvements in business and management performance

表 14.2 良好与优秀的评估标准

	Standard
In order to achieve a distinction the student must:	a. Use a range of methods and techniques to collect, analyze and process b. Apply and analyze detailed knowledge and skills, using relevant theories and techniques c. Coherently present and communicate work using technical language accurately
In order to achieve a merit the student must:	a. Check validity when collecting, analyzing and processing complex information/data b. Evaluate and synthesize relevant theories and techniques to generate and justify valid conclusions c. Show an individual approach in presenting and communicating work coherently, using technical language fluently

　　广东农工商职业技术学院 BTEC 项目的毕业生就业状况喜人,并得到社会的认可。BTEC 教学模式,培养了一批通晓外语、熟悉国际惯例、技能型、创新型、外向型的,具有实践技能和充满自信的实用型人才,并深受社会欢迎。

目前,该校已有四届学生毕业。第一届学生 40 人,37 人顺利毕业,毕业率 90%。在这 37 人中,继续学习深造的有 18 人,另外的 19 人直接走上工作岗位。在参加工作的 19 人当中,有 9 人在涉外岗位上工作,即有 47.2% 的同学在涉外岗位上就业。第二届 57 人,毕业率 92%。第三届 113 人,毕业率 96%。第四届 106 人,毕业率 95%。

二、广东农工商职业技术学院 BTEC 项目人才培养模式存在的问题

(一)师资问题

从师资的培训来看,任课教师均须经过系统的专门培训才可以担任 BTEC 课程,但教师的思想认识、案例的编写、教学的设计、方式方法、英语水平等还仍然存在着一些问题。这也阻碍了推广工作的进一步展开,主要表现在以下几个方面:

1. 教师对教育理念的认识还不甚到位,教学方式因惯性及惰性而守旧

任何一种教育理念,都反映着一种哲学思想。任何一种哲学思想,都反映一种社会存在。部分教师对 BTEC 的教育思想和哲学依据认识不足,对这种哲学思想反映客观存在仍无动于衷,在思想深处仍然恪守着传统的教育程式。经过对教师的培训和实践的探索,大多数教师对新的教育理念形成了深刻的认识,但部分教师仍然对 BTEC“以学生为中心”的教育理念的理解还不到位。

任课教师虽然均经过系统的培训,但是由于多年来的国内教学和自身求学经历,以及学生喜好的学习习惯的关系,经常出现一些教师在授课一段时间后,不自觉地回归到传统的教学方式中去的现象。此外,教师的惰性较重,主观上不愿意改变既成的教育程式。最终导致有些课程演化成为课业加英语,丢掉了最为重要的建构学生知识意义的目的。这是影响教学质量的核心问题。

2. 部分教师的英语水平还不过硬

在英语水平上,除一部分外籍教师和留学归来的学者外,其他的教师英语素质偏低,难以形象地使用英语授课,甚至个别教师的双语教学变成了汉语教学,而外籍教师对国内的案例又存在着掌握不足的问题。所有这些都影响着授课的水平。按照学院的初衷,BTEC 试点展开之后,需要推广到国内各个专业中去,推动全院职业教育的改革。但是,教师的思想认识、案例的编写、教学

的设计、方式方法、英语水平等难以到位,影响了授课的水平,也妨碍了下一步推广工作的展开。

（二）学生问题

1. 生源素质偏低

由于生源的限制,在招生中该项目有饥不择食的现象,把一些基础素质偏低的学生招收了进来,特别是来自社会上的学生和高考落榜的学生,其英语基础尤其是对英语听说写的运用能力大都较差,因而难以负担繁重的学习任务,常常成为影响全班教学进程的因素。

2. 学习惯性较大

学生在入大学之前,经历了 12 年的基础教育。在 12 年的传承式教育中,形成了根深蒂固的学习惯性:只希望教师来讲,自己来听,希望老师将结果直接展示出来,自己理解、记忆、提取,而不愿意独立思考,不愿意课堂提问,不愿意讨论交流。这种观念和学习惯性,也严重阻碍了这种新的教育模式实施。

3. 实践教学问题

在教学计划中,学习分三年五个学期授完课堂教学内容,第六学期进入实习阶段。学生的实习,在部分课程中还存在着课堂教学与实习两张皮的现象,还没有实现"小企业管理"课程那样的将课堂教学与实习融在一起,在时间上交替进行,在内容上循序渐进。其根源仍然是教师对 BTEC 的认识不到位,对教学的设计不到位的问题。

（三）应对措施

1. 从以教师为中心的教学转向以学生为中心的教学,全面转变教师的角色。该项目实施的关键在于教师。BTEC 要求,教师应当从课堂上的主宰者、知识的主动施教者,转变为学生意义建构的积极的引导者、合作者、高级伙伴、点火人、场外指导和教练,从以教师为中心、以知识为中心的教学转变到以学生为中心、以能力为中心上来。在教学过程中,学生不应再是简单被动地接收信息,而应该是认知的主体,应在自己的经验背景基础上,对外部信息进行主动地选择、加工和处理,对新信息重新认识,从而建构自己的理解。这种建构是教师不能替代的,教师也不应直接地传递知识或代替学生思维而将自己思维的结果传递给学生。教师的任务是搞好教学设计,组织好教学,引导、把握好谈论的方向。教师教学的目的是通过情境的创设、教学的过程设计、交流讨论等方式帮助学生建构自己知识的意义,达到学生建构自己观点的目的。

2. 从传承知识的教学设计转向知识意义建构的教学设计,处理好理论教学与实践环节的关系。中国传统的教育侧重于记忆的训练,而 BTEC 则侧重于思维的训练;国内专业课程往往注重集中的实践活动,而 BTEC 的实践活动则被安排在每门课程的教学之中与其"交替"进行。中国传统的教育在教学设计上突出的是如何将教学内容尤其是知识内容传递给学生,而 BTEC 比较侧重于如何获得知识和学习的方式方法,突出思维的训练和学会学习。在这一方面,国内教师接受的训练和教学实践较少,一方面是不懂得如何进行这样的教学设计,另一方面也不愿意采取这样的方式进行设计,而喜欢直来直去地传输知识。此外,传统的教学往往采取三段式或其他方式,将理论教学与实践教学分开,把实践活动作为对理论教学内容的验证,而 BTEC 的理论教学与实践教学的关系是,通过实践教学来获得理论知识,且实践活动贯穿于整个教学过程之中,甚至可以说,每一项教学任务的完成都离不开实践教学活动。这两种教学的设计存在着颠覆性的差异,因而也会产生不同的教育效果。

所有课程的教学设计均应实现课堂教学与实践教学的融合,"学"与"工"交替进行,工中有学,学中有工,"工学交替"。参照"小企业管理"的课程设计,不经过实践,则无法完成学业。

3. 从灌输式教学转向协作学习的教学上来,丰富教学的方式方法,全方位提高师资的技能素质。在传统的课堂讲授中,由于极少提供具有生动性、丰富性的实际情境所,因而不利于激发学生的联想思维,难以使学生完成对知识的意义建构。学习总是与一定的社会文化背景即情境相联系的,在实际情境下进行学习,能够激发学生的联想思维,能够使学生利用自己原有认知结构中的经验去同化新内容或对原有认知结构进行改造与重组,从而在新旧知识之间建立起联系,并赋予新知识以某种意义。

教学设计应是针对学习环境的设计而非教学环境的设计,因为学习环境则意味着更多的主动与自由,而教学环境设计意味着更多的控制与支配。学习中的各种信息资源是用来支持学而非支持教的,是为了支持学生的主动探索和完成意义建构,支持学生的自主学习和协作式探索而设置的,并非是用于辅助教师的讲解和演示讲义的。如此种种,诸如此类的教学方式方法和教师的英语授课能力等方面,均需要发生根本性的转变。

4. 转变学生的角色,从被动学习转向建立自己的观点认识上来。从以学生为中心的一般性学习过程来看,大致包含了这样几个部分:提出问题、制订计划、调整计划、搜集信息、讨论交流、整理观点、完成课业、分享评价成果等。这其中的环节往往是循环往复进行的。师生之间、学习者之间正是通过这种反复的讨论、交流,通过不同观点的交锋,在共享集体思维成果的基础上,不断地补充、修正、加深每个学生对问题的理解,达到对概念比较全面、深刻的理解,最终完成对所学知识的意义建构。这种特色的学习方式,决定了学生需要转换相应的角色。

学生需要由被动学习者转变为主动学习者和思想者。学生需采取一种新的学习风格、新的认识加工策略,主动地去搜集和分析有关的信息资料,对所学的问题提出各种假设并努力加以验证,善于把当前学习的内容尽量与自己已有的知识经验联系起来,并对这种联系加以认真思考。

学生需要由被动的刺激对象转变为主动的刺激者。在学习中,学生需要提出个人的见解、善于对他人见解提出质疑,以引发、刺激其他同学参与问题的讨论,从而转变成为学习的演讲者、辩论者、展示自己思维成果者。

学生需要从被管理者转变为学习活动的控制者和管理者。在整个学习过程中,学生需要制订包括搜集信息、现场考察、实践等在内的学习计划,并能够协调、组织团队的分工与交流活动,扮演自我管理和团队管理者的角色。

5. 加大师资培训力度,提高师资素质

(1)进一步开展教育理念的培训,使每位教师都能够内化"以学生为中心"的教育思想,并能够将这一思想落实到教案设计、课堂组织、教学环境的布置、教具的运用、教材的使用、考核的手段、评估的标准等环节中去。

(2)通过培训不断提高教师的英语水平,包括送出国外学习、国内进修、校内短期培训、校内英语环境的形成等途径,提高英语能力。

(3)采取邀请国外专家来校培训教学方法和落实教学经验交流的方式,以及开展观摩课、教研论文评奖等方式,吸收、丰富、探究与模式相适应的教学方法。

(4)开展思想教育活动,加强教学管理。通过思想灌输和教学监控,从思想上引起教师的高度重视,在行为上规范教师的步调,使之主动和被动地丢掉传统的教学方式,采用与模式相适应的方式方法。

6. 提高生源素质,改变学生的学习惯性

(1)严把入口关。高考录取尽力把握住英语成绩关口。从 2009 年招生开始,对学生的英语水平作出要求,英语成绩必须在各门课程平均成绩以上。

(2)做好专业调整工作。对于英语成绩偏低、英语基础偏差的学生,为不影响其高考录取,可在录取后通过劝说等方式使其转入国内普通相关专业就读。

(3)对来自社会的生源,入学就读的面试考核要突出考核其英语能力。

(4)调整教学计划。将 432 课时的英语授课上调为 600 学时以上,并加大前期的课时比重。

(5)试行预科制度。在正式开课前,补习两个月的英语课程。

(6)探索学习方法方面的课程建设,对入学新生进行学习方法的介绍和训练。

(7)2009 年着手编纂学习方法课程的教材。

7. 完善教学管理,加大教学监控力度

(1)加强教学监控和教学管理工作,保障各种制度的落实,特别是对教学设计和实施的监控。

(2)建立一定的保障措施:成立以学院第一把手为首的项目小组,完善、落实改革方案;合理搭配资源,将新生集中在东校区进行封闭的短期英语的强化和学习方法训练;完善各种制度,通过制度规范教师的授课;对教改项目采取倾斜的政策,包括培训经费的预算、教师的授课工作量的计算、教学设备的配备等;增加 BTEC 教学人员的编制;完善学院的实习实训机构,以方便 BTEC 教学的进行。

第三节 广东农工商职业技术学院 BTEC
项目人才培养模式的特点

农工商学院的 BTEC 项目丰富发展了"以学生为中心"教育理论的哲学依据,为教育理念的落实提供了研究平台,形成了本土化的职业教育教学模式和可操作的评估体系和教学监控程序,为文科类"工学结合"成功探索了可操作的新途径,吸引了省内外 30 多所院校观摩、参观、效仿,并在推广中取得了明显的效果,也具有了鲜明的特点。

第一,"以学生为中心"的教育思想得以明晰和发展。

研究人员和任课教师在英、德等欧洲国家感受和学习了新的职业技术教育理念,并邀请了英国教育文化委员会、英国黑斯汀大学校长、金斯顿大学校长、博尔顿大学等国外专家来该院讲授"以学生为中心"的教育理念。通过对"以学生为中心"的教育理念的深入研究,得出的结论是:(1)在教育发展史中,"以学生为中心"的理念是最前沿的教育思想,是具有时代性的基于建构主义哲学的教育理论。(2)知识不是学生被动地被灌输进头脑中的,而是在外界环境、自己已有知识、学习共同体(教师、学生)的相互冲撞中,学生自己形成的个人的观点看法。这种知识的获得是教师所无法替代的,它是"主动学习"的结果。(3)这种知识获得的过程,有着特殊的价值,它是思维、创新等能力的培养的关键,对学生的未来发展和社会进步有着重要价值。与以传承过去的人类知识为主的教育相比,它是面向与未来的教育,它迎合了社会对人才发展的需要。(4)体现了人本教育思想。"以学生为中心"的教育思想,尊重学生发展的意愿,重视不同学生个体潜能的挖掘,充分考虑学生的学习能力、适应能力、思维能力和创新能力的获得。

第二,教学的目的发生变化,注重通用能力培养。

"以学生为中心"的教学目的与传承式教育有着明显的不同:它强调以学生为中心而非以知识为中心,强调学习过程的最终目的是完成意义建构而非完成教学目标。因而,教学也从以知识、记忆为中心的教育转变为学生思维的开发、创新能力、学习能力的提高,强调在学习过程中充分发挥学生的主动性,体现学生的首创精神,让学生有多种机会在不同的情境下去应用他们所获得的知识,让学生能根据自身行动的反馈信息来形成对客观事物的认识和解决实际问题的方案,实现自我反馈。

培养从事各种岗位所共同需要的基础能力是增强学生适应和应变力的关键。项目课题组在教学中特别注意培养学生的通用能力。包括:(1)管理和发展自我的能力。有效地管理自己以实现目标。(2)与人共事相处的能力。与他人有效地合作,懂得自身在团队中的作用以及有关团队合作方面的相关理论。(3)交流通讯的能力。有效沟通,无论是主动的还是被动的,口头的还是书面的。(4)完成任务和解决问题的能力。有效地掌控问题并最终找到问题的解决办法。(5)运用数字技术的能力。在各种场合运用数字和高科技技术。(6)运用设备和软件的能力。(7)创新和设计的能力。在工作中运用创造力,并不断思考,为未来的发展做好准备。

第三,教学设计围绕意义建构这个中心。

教学设计通常不是从分析教学目标开始,而是从如何创设有利于学生意义建构的情境开始,整个教学设计过程紧紧围绕意义建构这个中心而展开,不论是学生的独立探索、协作学习还是教师辅导,学习过程中的一切活动都要从属于这一中心,都要有利于完成和深化对所学知识的意义建构。这与传统教学设计中,教学目标既是教学过程的出发点又是教学过程的归宿,有着很大的不同。多数教师的教学设计能够按照这一要求实施教学。教学设计的变化表现在以下方面:

(1)教材的地位发生了很大的变化。教材不再是教科书的概念,不再是教师传授内容的主要依据,不再是学生学习的主要内容、学生复习和应试的依托,而只是教师提供给学生的大量的教学阅读、参考书籍。这些作为知识的载体的教材,与其他媒体一样,只是用来采集信息、创设情境、进行协作学习和讨论交流、探索的工具。

(2)教师在信息源的使用上发生了变化。教学设备及信息源主要不是用于辅助教师的讲解、演示讲义、教案和思维成果的,媒体也不主要是帮助教师传授知识的手段、方法,而均是用于学生自主学习和展示学生思维成果的,是用于支持学生的自主学习和协作式探索的,是用来创设情境、进行协作学习、探索和讨论交流、演示的工具的。

(3)教学方式方法更新。多数教师授课能够贯彻问题主线、项目驱动、鼓励学生主动参与、鼓励学生协作学习、注意培养自我调控能力、注意个性化教育,鼓励大胆创新、创设学生自我表现机会等教学手段;多数教师的教学方法是灵活多样的,问题教学法、项目教学法、案例教学法、随即进入教学法以及脚手架式教学法等,是适宜的教学方法。这些教学方法的特点是,教学环节中都包含有情境创设、协作学习、讨论交流,并在此基础上由学生自身最终完成对所学知识的意义建构,包含着学生的自我反馈式和教师的启发引导。每种教学方法,都能使学生获得理想的能力。

第四,创新型的教学策略。

（1）鼓励学生主动参与。学习是学生自主建构意义的过程。因此，在教学过程的每一环节都必须组织学生主动参与，达到相互激励和共享信息，从而拓展学生发展空间，引导学生发挥潜能，开发自己的创造力。教师对学生的思维闪光点要尽可能给予鼓励性评价，对学生见解中出现的错误、偏颇持宽容态度，并引导学生自己发现问题、自我矫正，将机会留给学生，热情鼓励学生敢于质疑、辩论，敢于发表不同意见，使学生有心理安全感。

（2）鼓励学生协作学习。协作学习既是一种学习形式，也是一种教学思想和教学方式。它使得教师在权威、导师、顾问、同伴几种角色中轮转，使学生在竞争、合作的关系中处理问题，使师生形成良性促进的和谐关系。

（3）授课贯彻问题主线。教师尽可能地向学生提出具有挑战性、激励性的真实问题，不仅是开发、发现这些问题，重要的是认识到复杂问题有多种答案，并及时鼓励肯定学生的见解，支持学生对问题解决的多重观点。这是激发学生的学习兴趣、培养学生创造性思维、引发和保持学生的学习驱动力的有效措施。

（4）注意培养自我调控能力。引导学生善于倾听、学习、吸收他人的观点，尊重不同的意见，不固执己见，对困难和挫折有坚强的毅力，启发学生反思自己的思维障碍、疏漏和失误，领悟思维策略，形成良好的思想品质。培养学生自我选择、自我监控、自我调节的能力，逐步形成自我学习能力。

（5）注意个性化教育，鼓励大胆创新。"以学生为中心"的教学理论认为，创造性是主体性的最高表现。不同学生有着不同的生活经验、不同的知识背景和不同的思维方式。在师生的共同体中，不同的人必然存在着对问题的看法和理解上的差异，这些差异本身应当被看做是教学中一种宝贵的资源。

（6）创造学生自我表现机会，使学生不断获得成功体验。把体验学习作为教学活动的重要手段，使学生体验到探究过程的价值和参与的价值，体验成功和表现的喜悦，增强学习的信心。

第五，主动性的学习方法。

学生学习方法包括主动学习、大量阅读、勤于思考和实践、创设自我表现机会、充分利用教学设备、交流分享、自我调控等，这些都是与教学方法相配合而不可或缺的学习方法。（1）主动学习是学习成果获得的根本。主动学习的含义在于由学生在以往积累的认识，包括教师赋予、书籍等媒体信息、同学交流、自身生活感知等积累的认识,与完成当前学习任务亲身实践中所得到的感知发生碰撞,从而形成自己新的认知。(2)学生是学习的主体。学生在学习任务面前,自主制订完成学习任务的计划和步骤,自主为完成学习任务而利用各种设备手段搜集信息、实践验证、请求帮助和交流。(3)协作学习是主要的学习方式。从教师布置学习任务、学生制订完成学习任务的计划、交流改进学习计划、搜集信息、归纳思考、实践探究与印证、交流认识感受、再搜集信息再思考、再实践再交流等反复的过程,使学生形成逐渐接近事物本质的认识。(4)学会学习是重要的目的之一。教师所教、学生所学均是有限的,且在社会发展十分迅速的情况下,学会学习是十分重要的。

1. 学生在主动性的学习方法指导下,学习习惯发生了变化:

(1)学生多年来"你讲我听"惰性习惯发生了改变。传统的基础教育,使学生不爱思考,习惯于"你讲我听",刚入学的高职学生往往要求教师多讲解。然而,BTEC 教学模式改变了学生这种学习惰性。

(2)学生的独立思考和分享思考成果的主动性增强。教师没有现成的教科书,教师不把自身思维的成果灌输给学生,教师的任务和教学的设计是调动学生思维和将自己思维的结果、实践的感受展示出来。课堂不是教师讲授,而是成为了学生的辩论、不断借鉴他人、批驳他人、修正自己、完善自己观点的过程。交流、分享、乃至争论,都使学生展示的欲望和表达的能力有所增强。

(3)自主制订学习计划和主动按计划实践探究的动力增强。完成一项教学的任务(现实生活中的、富于挑战性的、学生认为自身不断发现的发现新的秘密的任务),激发了学生争论、探究的兴趣,激发了学生学习的动力。

(4)搜集信息的意识和使用设备的能力增强。学习任务的完成,不仅需要亲身去实践验证,而且需要在实践之前准备大量的资料,逼迫着学生收取搜集信息,去学习、利用各种设备和软件去获得信息;还需要在实践之后,在交流分享、争论之后,继续搜索信息、查找证据、归纳理论根据,以支持自己的观点、批驳他人的观点。

2. 学生的综合能力和整体素质得到了均衡发展,并在院内同专业中优势凸显:

(1)学生的自我管理和发展自我的能力、与人共事相处的能力、交流通讯的能力、完成任务和解决问题的能力、运用数字技术的能力、运用设备和软件的能力、创新和设计的能力七种能力和专业技能得到了均衡发展,学生的思维得到了开发,学生的适应性等通用能力明显增强。

（2）完成项目的能力大大增强。BTEC教学模式没有了传统的考试方法,而是通过每门课程完成3—5个课业来进行考核。学生需要用英文来完成篇幅很大的课业。所有16门专业课程共需要完成50个以上的课业,每一个课业,就是一个项目,都是围绕企业的现实问题。完成全部课业,就等于完成了50多个项目。这有利于培养学生的社会调研、思考问题、口语表达、写作能力等。

（3）练就了锐意进取的竞争意识。BTEC的学习是十分艰苦而有意义的。很多同学在艰苦的学习中尝到了成功的喜悦,产生了成就感。正如一位BTEC学生的日记中所写的:"我真为自己惊叹,两年中,我似乎读完了一生读过的书,一筐又一筐。BTEC不是懒人的温床,别奢望悠然自得地度日,我体会到了竞争。多少个烈日炎炎,我奔波于大街小巷、公司车间、店铺摊位,目的就是为课业寻找真实有力的数据和背景材料。多少汗水和心酸,都在完成课业的刹那间烟消云散。有成功的喜悦,再苦再累也值得。"

（4）岗位实际能力得到了提高。尽管BTEC的学习很艰苦,但非常有意义。因为,他们的专业能力与综合素质得到了大幅提升:在院内推销实战比赛中,BTEC团队获得了比赛总分第一名;在学院英语比赛中,BTEC学生以其大方、自信、得体、出奇的创意、感人的语言和流利的英语获得了第一名;在歌咏比赛活动中,BTEC学生也有极好的表现,不仅获得了全院的歌咏比赛第一名,而且还在省内比赛中取得了优异的成绩,等等。

第六,探索出了"工学交替"式的可行性工学结合途径。

"工学结合"是目前职教界的难题,很多院校探索了各种不同形式的工学结合途径,但是难以实现"工学交替"。而"工学交替"是"工学结合"的核心,是实现工学结合目的的必备要素。而其他已有的"工学交替"均因成本过高或企业缺乏积极性而只停留在理论层面无法在现实中实现。该项目探索出了可行的"工学结合"途径,属于国内首创。

参 考 文 献

一、著作类

1. 陈学飞:《高等教育国际化:跨世纪的大趋势》,福建教育出版社 2002 年版。

2. 陈学飞:《美国、德国、法国、日本当代高等教育思想研究》,上海教育出版社 1998 年版。

3. 陈学飞等:《西方怎样培养博士——法、英、德、美的模式与经验》,教育科学出版社 2002 年版。

4. 王廷芳:《美国高等教育史》,福建教育出版社 1995 年版。

5. 格兰·琼斯主编,林荣日译:《加拿大高等教育——不同体系与不同视角》(扩展版),福建教育出版社 2007 年版。

6. 侯建国:《加拿大高等教育改革与发展》,高等教育出版社 2006 年版。

7. 龚思怡:《高校中外合作办学模式与运行机制的研究》,上海大学出版社 2007 年版。

8. 顾建新、徐辉:《跨国教育发展理念与策略》,学林出版社 2008 年版。

9. 郭丽君:《全球化下的跨国高等教育——视点问题与中国的应对》,中国社会科学出版社 2009 年版。

10. 王剑波:《跨国高等教育与中外合作办学》,山东教育出版社 2005 年版。

11. 赵彦志:《中外合作办学:治理与发展》,东北财经大学出版社 2010 年版。

12. 张民选、李亚东等:《中外合作办学认证体系的构建与运作》,高等教育出版社 2010 年版。

13. 菲利普·G.阿特巴赫著,蒋凯译:《高等教育变革的国际趋势》,北京大学出版社 2009 年版。

14. 陈昌贵、谢练高:《走进国际化:中外教育交流与合作研究》,广东教育出版社 2010 年版。

15. 曾晓东、曾娅琴:《中国教育改革 30 年:关键数据及国际化比较卷》,北京师范大学出版社 2009 年版。

16. 皮特·斯科特主编,周清、高耀丽译:《高等教育全球化理论与政策》,北京大学出版社 2009 年版。

17. 罗伯特·M.赫钦斯著,刘文华译:《美国高等教育》,浙江教育出版社 2001 年版。

18. 简·柯里、理查德·德安吉里斯、哈里·德·波尔等著,王雷译:《全球化与大学的回应》,北京大学出版社 2010 年版。

19. 张建新:《高等教育体制变迁研究:英国高等教育从二元制向一元制转变探析》,教育科学出版社 2006 年版。

20. 王璐、顾明远:《英国教育督导与评价:制度、理念与发展》,高等教育出版社 2010 年版。

21. 天野郁夫著,陈武元译:《高等教育的日本模式》,教育科学出版社 2006 年版。

22. 陈永明:《日本教育:中日教育比较与展望》,高等教育出版社 2006 年版。

23. 弗莱克斯纳著,徐辉、陈晓菲译:《现代大学论:美英德大学研究》,浙江教育出版社 2001 年版。

24. 大卫·科伯著,晓征译:《高等教育市场化的底线》,北京大学出版社 2008 年版。

25. 姚寿广、经贵宝:《新加坡高等职业教育:以南洋理工学院为例》,高等教育出版社 2009 年版。

26. 祝怀新:《面向现代化:澳大利亚高等教育研究》,浙江大学出版社 2009 年版。

27. 邢克超:《共性与个性:国际高等教育改革比较研究》,人民教育出版社 2004 年版。

28. 于富增:《教育国际交流与合作史》,海南出版社 2001 年版。

29. 格兰·琼斯著,林荣日译:《加拿大高等教育——不同体系与不同视角》(扩展版),福建教育出版社 2007 年版。

30. Lee, M. N. N, *Restructuring Higher Education in Malaysia.* School of Educational Studies, University Sains Malaysia, 2004.

31. The Association of Universities and Colleges of Canada, 2007. *Trends in higher education Volume 1.* Enrolment.

32. Bird, Charles, *Higher Education in Germany and England*, NABU PR, 2010.

33. Ulrich Teichler, Jurger Enders, Oliver, *higher education in a globalizing world*, springer, 2002.

34. Kemal Guruz, *Higher education and international student mobility in the global knowledge economy*, SUNY Press, 2008.

35. Currie, N., & Newson, J., *Universities and globalization: Critical Perspectives*, Thousand Oaks, CA: Sage, 1998.

36. Zaghloul Morsy, Philip G. Altbach, *Higher education in an international perspective: critical issues*, New York: Garland Pub, 1996.

37. Leo Goedegebuure, *Higher education policy: an international comparative perspective*, New York: Published for the IAU Press by Pergamon Press, 1993.

38. James E. Mauch and Paula L. W. Sabloff, *Reform and change in higher education: international perspectives*, New York: Garland Pub, 1995.

39. Terrence J. MacTaggart and associates with Cynthia L. Crist, *Restructuring higher education: what works and what doesn't in reorganizing governing systems*, San Francisco: Jossey-Bass Publishers, 1996.

40. Hans de Wit., *Internationalization of Higher Education in the United States of America and Europe*, Greenwood Press, 2002.

41. F. Huang., *Transnational Higher Education in Asia and the Pacific Region*, Hiroshima: Research Institute for Higher Education, Hiroshima University, 2006.

42. De Wit, Hans., *Internationalisation of Higher Education in the United States of America and Europe: A Historical, Comparative, and Conceptual Analysis,*

Westport，London：Greenwood Press，2002.

43. CVCP. *The Business of Borderless Education：UK Perspectives-Case Studies and Annexes*. London：CVCP，2000.

二、论文类

1. 叶林：《美国大学在日分校的历史、现状和将来》，《清华大学教育研究》2005 年第 1 期。

2. 王留栓：《美国高等教育国际化进程展望》，《上海高教研究》1995 年第 3 期。

3. 黄福涛：《"全球化"时代的高等教育国际化——历史与比较的视角》，《北京大学教育评论》2005 年第 3 期。

4. 赵丽：《跨国办学的理论与实践研究》，华东师范大学博士学位论文，2005 年。

5. 张秋萍、谢仁业：《跨国合作办学的国际比较》，《教育发展研究》2002 年第 9 期。

6. 李盛兵：《中外合作办学的人才培养模式——基于广东省高校案例分析》，《教育发展研究》2008 年第 Z3 期。

7. 李盛兵：《中外合作办学 30 年——基于 11 省市中外合作办学分析》，《华南师范大学学报》2009 年第 2 期。

8. 贺长中：《美国高校在国外建立分校的基本状况》，《世界教育信息》2007 年第 5 期。

9. 肖地生、陈永祥：《一个独特的中外合作办学模式——南京大学—约翰斯·霍普金斯大学中美文化研究中心》，《复旦教育论坛》2004 年第 2 期。

10. 张民选：《澳大利亚：迅速崛起的教育出口大国》，《教育发展研究》2003 年第 11 期。

11. 蔡永莲：《全球化趋势对高等教育的影响——关于国际合作办学的一点思考》，《教育发展研究》2002 年第 6 期。

12. 岑劲需：《高等教育的多样化与跨国模式——马来西亚私立高等教育的发展和变革》，《民办教育研究》2006 年第 4 期。

13. 黄建如、李三青：《马来西亚留学教育的变化及其原因探析》，《厦门大学学报》(哲学社会科学版)2006 年第 6 期。

14. 史琦、王建梁:《马来西亚跨国私立高等教育探析》,《职业技术教育》2008 年第 28 期。

15. 邹沐:《培养 MBA 的摇篮——中欧国际商学院》,《浦东开发》1999 年第 8 期。

16.《中国 MBA 的国际化姿态——专访中欧国际工商学院院长刘吉》,《中国新时代》2004 年第 9 期。

17. 王鲜萍:《社会责任视角下的 MBA 教育取向》,《经济研究导刊》2007 年第 10 期。

18. 秦建文、黄小燕:《关于 MBA 教育管理问题的思考》,《广西大学学报》2006 年第 11 期。

19. 广东省教育厅教育研究与评估中心:《广东省 2003 年度中外合作办学机构年检情况的通报》,2004 年 2 月 23 日。

20. 沈三山:《广东外语外贸大学和利兹大学 TESOL 人才培养模式调研报告》,2007 年 10 月。

21. 陈文君、王锐:《广州大学中法旅游学院合作项目人才培养模式调研报告》,2007 年 6 月。

22. 王志强、陈海洪:《华南师范大学华澳国际会计学院中澳合作项目人才培养模式调研报告》,2007 年 12 月。

23. 丁力:《广东技术师范学院"中英合作 3+1 学士项目"人才培养模式调研报告》,《广东技术师范学院学报》2007 年第 6 期。

24. 贾剑方:《广东农工商职业技术学院 BTEC 项目人才培养模式调研报告》,2007 年 8 月。

25. 黄家泉、彭青:《中外合作办学新模式的实践探索——广州大学中法旅游学院办学特点浅析》,《高教探索》2004 年第 3 期。

26. 吴剑丽、吴蔚玲:《华南师范大学中澳合作 RMIT"1+2"商务本科项目人才培养模式调研报告》,2007 年 8 月。

27. 王军、段慧:《加拿大跨国高等教育现状及趋势——中加合作办学项目的实证分析》,《高等农业教育》2009 年第 9 期。

28. 江丽:《中外合作办学的现状及问题分析》,《广东工业大学学报》

2005 年第 2 期。

29. 曾满超、王美欣、蔺乐:《美国、英国、澳大利亚的高等教育国际化》,《北京大学教育评论》2009 年第 2 期。

30. 张建新:《英国高等院校学生的国际流动》,《比较教育研究》2003 年第 5 期。

31. 邓桦:《20 世纪 90 年代以来的英国高等教育国际化研究》,云南师范大学博士论文,2006 年。

32. 孙祖兴:《全球化视景中的跨国高等教育——一种比较研究》,山东师范大学博士论文,2003 年。

33. 黄永林:《英国高等教育国际化的动因、特点及其启示》,《国家教育行政学院学报》2006 年第 2 期。

34. 蔡永莲:《全球化趋势对高等教育的影响——关于国际合作办学的一点思考》,《教育发展研究》2002 年第 6 期。

35. 张秋萍、谢仁业:《跨国高等教育的国际比较》,《教育发展研究》2002 年第 9 期。

36. 李三青:《浅析马来西亚高等教育国际化策略》,《国际高等教育研究》2006 年第 4 期。

37. 周梦君、谢翠蓉、王翔波:《中外合作办学是引进国外优质教育资源提升教育整体水平的有效途径》,《国家教育行政学院学报》2003 年第 4 期。

38. 邱延峻:《大学国际化的发展模式、演进历程与历史经验》,《西南交通大学学报》2010 年第 2 期。

39. 李桂山、冯晨昱:《中外合作办学背景下双语教学模式的建构——以天津理工大学国际工商学院为例》,《高等教育研究》2009 年第 1 期。

40. 王敏丽:《中外合作办学中优质教育资源之内涵》,《江苏高教》2007 年第 5 期。

41. 林金辉、刘志平:《中外合作办学中优质高等教育资源的合理引进与有效利用》,《教育研究》2007 年第 5 期。

42. 黄建如、黄敏:《海峡两岸高校合作办学的新途径——马来西亚国际合作办学模式的借鉴意义》,《台湾研究集刊》2010 年第 3 期。

43. 顾建新:《跨国教育的发展现状与政策建议》,《教育发展研究》2007

年第 Z1 期。

44. 黄磊:《高等教育国际化问题与对策探析》,《广东外语外贸大学学报》2007 年第 5 期。

45. 江彦桥:《中外合作办学政策失真及其对策措施》,《复旦教育论坛》2005 年第 6 期。

46. 天津理工大学国际工商学院:《国际工商学院班导师任职条件和工作职责》,2008 年。

47. 天津理工大学国际工商学院:《学子风采》,2008 年。

48. 梁可:《中外合作办学十年谈》,《21 世纪》2004 年第 12 期。

49. Philip G. Altbach, "Higher Education Crosses Borders", *Change*, March-April 2004.

50. Irshad Hussain, "Transnational Education: Concept And Methods", *Turkish Online Journal of Distance Education*, January 2007.

51. Robin Middlehurst and Steve Woodfield, "The Role of Transnational, Private and For-Profit Provision in Meeting Global Demand for Tertiary Education: Mapping, Regulation and Impact Centre for Policy and Change in Tertiary Education", *University of Surrey*, *United Kingdom*.

52. Lee, MNN, NNL, "Corporatization and Privatisation of Malaysian Higher Education", *International Higher Education*, Winter 1998.

53. Marginson, S. and Grant Mcburnie, "Cross-border Post-Secondary Education in the Asia-Pacific Region", *Background paper prepared for OECD/Norway Forum on Trade in Education Services*. 2003.

54. Altbach, P. G, "Chinese Higher Education in an Open-Door Era", *International Higher Education*, 2006.

55. Jane Knight, "New Typologies for Crossborder Higher Education", *International Higher Education*, 2005.

56. Ching-Mei Hsiao, "Transnational Education Marketing Strategies for Post-secondary Program Success in Asia: Experiences in Singapore, Hong Kong, and Mainland China", *The University of South Dakota*, *USA*. 2003.

57. Knight, J, "Updated Internationalization Definition", *International Higher*

Education,2003，33（3）.

三、网站

1. http：//nanjing. jhu. edu/index. html；http：//nanjing. jhu. edu/index. html,2008－7－1.

2. 中美研究中心：联合硕士学位项目培养方案,http：//zmzx. nju. edu. cn/ZhongMei/page/main96/DisplayInfo. aspx？columnId＝372&articleId＝1077。

3. http：//www. temple. edu；http：//www. tuj. ac. jp，2008－7－1.

4. Mazzaral，T. & Soutar，G.（2001）. The Global Market for Higher Education. Chelenham：Elgar.

5. http：//www. monash. edu. my/2008. 0612.

6. http：//202. 121. 197. 9/silc/cn/academic/ac_overview. html.

7. http：//202. 121. 197. 9/silc/cn/academic/undergrad. html.

8. http：//202. 121. 197. 9/silc/cn/aboutus/intl. html.

9. http：//www. nottingham. ac. uk/.

10. http：//en. wikipedia. org/wiki/Swinburne _ University _ of _ Technology _ Sarawak_Campus. .

11. http：//www. swinburne. edu. my/schools. php.

12. http：//swinburne. edu. my/courses. php？do＝c_bece.

13. http：//courses. swinburne. edu. au/.

14. current update of higher education in malaysia，http//：www. rihed. seameo. org/NewsandEvents/current%20update/pmalaysia. pdf.

15. The Business of Borderless Education：UK perspectives Summary Report. bookshop. universitiesuk. ac. uk/downloads/BorderlessSummary. pdf.

16. 王建铆：中欧简介,http：//finance. sina. com. cn/MBA/mbaemba/20050917/15481976369. shtml,2005－09－17。

17. 中欧课程表,http：//www. ceibs. edu/mba_c/curriculum/calendar/index. shtml,2006－04－05。

18. 中欧课程表,http：//www. ceibs. edu/mba_c/curriculum/calendar/index. shtml,2008－04－05。

19. 中欧实践项目, http：//www. ceibs. edu/mba_c/curriculum/practicum/index. shtml,2007 – 11 – 05。

20. 2008 中欧招生简章,http://www. ceibs. edu/pdf/mba/mba_brochure. pdf。

21. 李佳佳:《"中国—欧盟商务管理培训项目"正式启动》, http://finance. qq. com/a/20080116/000150. html,2008 – 01 – 16。

22. 李波:《中欧 10 年,一所商学院和它的"拿来主义"信念》,http//finance. news. tom. com/1535/1540/2004123 – 120763. html,2008 – 01 – 02。

23. 光华管理学院国际 MBA 课程表, http：//mba. pku. edu. cn/eng/xmgl/imba. htm. 2008 – 02 – 03。

24. 走进光华北京大学,了解 MBA 课程,http://www. jxrzbj. com/news/gsqy/2008118/0811816518_2. shtml,2008 – 02 – 01。

25. 新加坡国立大学管理学院学生管理制度,http://www. bschool. nus. edu/Programs/IMBA/home. html,2007 – 12 – 02。

26. 北京大学与新加坡国立大学联手培养国际 MBA, http：//mba. pku. edu. cn/xwzx/mbanews/52923. html,2008 – 01 – 09

27. 商伟、武常岐:《打造有北大特色的 MBA 品牌》,http://pkunews. pku. edu. cn/Show_News. asp？ Newsid = 115610&zt = 1&zid = 204,2007 – 12 – 04。

28. www. obhe. ac. uk/products/report.

29. http://www. coventry. ac. uk/cu/engineeringandcomputing/a/1358.

30. http：//www. unim. nottingham. ac. uk.

31. http：//www. lancs. ac. uk/users/international/overseas. html.

32. http://translate. itsc. cuhk. edu. hk/gb/www. scs. cuhk. edu. hk/scs/course/lang/eng/ab/doc/083 – 393100 – 01？ disp = ch.

33. http：//www. truworld. ca/internationalstudents/programs/businessadmin/bizset/courses. html.

34. http://202. 113. 73. 122/icbt/academic. html.

35. http://www. ubc. ca/internationalization/index. html.

36. http：//www. ku. ubc. ca/.

37. 吴言荪:《加拿大高等教育国际化的思考》,http：//www. zhuoda. org/canada/35617. html。

后　记

　　本书是广东省高等教育教学改革工程项目——"广东高校中外合作办学人才培养模式探索与实践"的终期研究成果。在历时三年(2005—2008年)的研究过程中,很多人为这个课题付出了大量的时间和精力。现本书即将出版,个人欣喜安慰之余,也对所有参与课题研究的老师和同学表示衷心感谢。特别感谢华南师范大学原校长王国健教授对本课题的关心和支持,感谢课题秘书杨芸茜所做的繁杂但有效的联络沟通工作。

　　为了全面展现广东省中外合作办学人才培养模式的现状,深入调查并揭示中外合作办学中存在的问题,本课题调研目标的选取涵盖了广东省内不同类型和层次的中外合作项目。如研究生层次的"广东外语外贸大学中英TESOL项目",本科层次的"华南师范大学华澳会计学院中澳国际会计项目"、"广州大学中法旅游管理项目"、"广东技术师范学院中英教育管理与发展项目和华南师范大学RMIT'1+2'项目";专科层次的"广东农工商职业技术学院BTEC项目"等。

　　这样的研究选择进而促成了一个特色鲜明的课题组,即由理论见长的高等教育专业的研究者和经验丰富的各中外合作项目的主持者所组成的"黄金搭档"。前者由我所率领的研究生团队(钟建平、马晓洁、邓艳玲、郭英英、王志强、唐信焱和邬英英)组成,在结合"国际高等教育研究"课程学习的基础上,承担了本课题的理论和比较部分的研究;后者由沈三山教授(广东外语外贸大学基础英语学院副院长)、吴剑丽教授(华南师范大学南海学院副院长)、王志强教授(华南师范大学增城华澳会计学院院长)、陈文君教授(广州大学中法旅游学院副院长)、丁力教授(广东技术师范学院国际教育院长)、贾剑方副所长(广东农工商职业技术学院职教所)等每日忙碌在中外合作办学项目一线的管理者组成,这些经验丰富的管理者与理论工作者一道合作开展了对各项目的实践研究。合理的人员构成,在很大程度上保证了本课题研究的方向和质量。

回顾三年研究期间的种种情景,可以"愉快"二字概括:愉快的实地调研、愉快的"轮流坐庄式"的课题碰头会、愉快的项目间的经验交流、愉快的理论与实践的相互学习……三年里,课题组的全体成员走遍了所有合作项目学校,各方都收获颇丰。这种合作研究的方式不但促成了课题组所有成员的积极广泛参与,还通过大大小小碰头会上的集思广益,解决了合作办学项目单位在办学和管理中的诸多难题,从而完成了本课题作为重大教改课题的初衷。

本书各章的具体撰写情况为:前言(李盛兵)、第一章(李盛兵、钟建平、王志强)、第二章(李盛兵、邓艳玲)、第三章(李盛兵、马晓洁、王志强)、第四章(李盛兵、唐信焱)、第五章(李盛兵、郭英英、唐信焱)、第六章(李盛兵、王志强)、第七章和第八章(马晓洁)、第九章(沈三山、邬英英)、第十章(王志强、郭英英)、第十一章(陈文君、邓艳玲)、第十二章(丁力、庄艳)、第十三章(吴剑丽、吴蔚玲)、第十四章(贾剑方、罗小平)。全书最后由李盛兵统稿。

人民出版社方国根先生对本书的出版助益良多,没有他热心、专业、敬业的工作,本书不可能这么快出版,对他的感谢我永存心底!

李 盛 兵

2010 年 10 月于华南师范大学田家炳楼

责任编辑:段海宝

图书在版编目(CIP)数据

跨国高等教育人才培养模式研究/李盛兵 主编. —北京:人民出版社,2010.12
ISBN 978－7－01－009534－9

Ⅰ.①跨… Ⅱ.①李… Ⅲ.①留学生教育:高等教育-研究-世界
  Ⅳ.①G648.9

中国版本图书馆 CIP 数据核字(2010)第 245256 号

跨国高等教育人才培养模式研究
KUAGUO GAODENG JIAOYU RENCAI PEIYANG MOSHI YANJIU

李盛兵 主编

人民出版社 出版发行
(100706 北京朝阳门内大街166号)

北京市文林印务有限公司印刷 新华书店经销

2010 年 12 月第 1 版 2010 年 12 月北京第 1 次印刷
开本:710 毫米×1000 毫米 1/16 印张:14.75
字数:227 千字 印数:0,001-3,000 册

ISBN 978－7－01－009534－9 定价:35.00 元

邮购地址 100706 北京朝阳门内大街 166 号
人民东方图书销售中心 电话 (010)65250042 65289539